让平实课堂
更出彩

安国强 / 主编

中国出版集团　现代出版社

图书在版编目(CIP)数据

让平实课堂更出彩 / 安国强主编. — 北京：现代
出版社，2020.6

ISBN 978-7-5143-8697-4

Ⅰ.①让… Ⅱ.①安… Ⅲ.①中小学—教学研究
Ⅳ.①G632.0

中国版本图书馆CIP数据核字（2020）第109219号

让平实课堂更出彩

作　　者　安国强
责任编辑　张桂玲
出版发行　现代出版社
地　　址　北京市安定门外安华里504号
邮政编码　100011
电　　话　010-64267325　64245264
网　　址　www.1980xd.com
电子邮箱　xiandai@cnpitc.com.cn
印　　制　北京政采印刷服务有限公司
开　　本　710mm×1000mm　1/16
印　　张　17
字　　数　280千
版　　次　2022年6月第1版　　2022年6月第1次印刷
书　　号　ISBN 978-7-5143-8697-4
定　　价　45.00元

编 委 会

第一章　理论探索 \ 1

生本教育理念下课堂教学结构与模式分析 / 安国强 ……………… 2

建构生本教育理念下的平实课堂 / 阳丽丽 ……………………… 7

平实课堂教师评价素养提升策略研究 / 赖婉茹 ………………… 14

在平实的语文教学中丰盈生命的价值 / 曾巧铭 ……………… 20

守平实课堂　教本真语文 / 郑云霞 ………………………… 26

打造平实英语课堂　成就特色英语品牌 / 周 灿 …………… 31

构建扎实有效的数学平实课堂 / 郑王炜 …………………… 37

构建平实课堂，提高新课效率 / 王伟芳 ……………………… 42

生本教育理论下初中化学实验课堂学生基本实验技能的培养 / 汪晓霞 … 47

基于小学道德与法治学科平实课堂的思考 / 贾翠杰 …………… 54

平实的信息技术课堂 / 史慧姗 ……………………………… 59

小学体育教学中如何创建平实课堂 / 苏洁彬 ………………… 63

第二章　策略研究 \ 69

开掘语用潜能　提升核心素养 / 杨宇蓉 …………………… 70

依托"五法宝"，打磨好文章 / 饶红群 ……………………… 76

例谈字词互换法在语文品悟写教学中的作用 / 洪 军 ……… 81

浅谈小学数学课堂教学中有效问题情境的创设 / 陈俊浩 …… 85

小学英语平实课堂实践活动的有效性观察与思考 / 杨 燕 …… 90

小学英语平实课堂中问题设计的有效性实践 / 邬辉云 ……… 95

关注细节力求实效　追寻平实英语课堂 / 金小平 ………… 100

物理实验核心素养培养途径探究 / 李中青 ……………………… 106

浅谈探究性教学在初中化学教学中的应用 / 肖远忠 …………… 112

开发地理隐性课程资源　打造平实生本课堂 / 徐京京 ………… 116

统计图表巧应用　平实课堂见实效 / 于海跃 …………………… 122

谈少儿现代阿卡贝拉乐团的建设与思考 / 黄　章 ……………… 128

第三章　课堂实践 \ 133

让文本在生活体验中升华 / 陈康喜 ……………………………… 134

让读写通融，并蒂开花 / 宋　敏 ………………………………… 142

精彩追问生成平实课堂 / 姚　霞 ………………………………… 148

"启发＋变式"给平实的数学课堂增添活力 / 汤曙初 ………… 156

浸润数学思想　构建高效课堂 / 刘　丹 ………………………… 163

生本教育在小学英语小组合作学习中的应用 / 陈　璐 ………… 172

如何在小学低年段有效开展四人小组合作型同伴阅读教学 / 林芯羽 177

感知、鉴赏、创造、分享，让美根植在孩子心中 / 柴冬雪 …… 184

"五步教学法"在信息课堂中的运用 / 高　悦 ………………… 191

探索问题化探究式教学　提高平实课堂效率 / 曾　蔓 ………… 199

追寻平实的物理课堂，重视学科素养的培养 / 王伟芳 ………… 204

基于生命科学素养　形成生物平实课堂 / 蔡晓霞 ……………… 208

第四章　教研案例 \ 213

无问西东话苏轼 / 语文教研组 …………………………………… 214

【执教者说】 ……………………………………………………… 214

小立课程　大做功夫 / 庄泳程 …………………………………… 214

【课堂实录】 ……………………………………………………… 216

人梅合一　两相契合 / 林泽苗 …………………………………… 216

【同行议课】 ················· 223
　　一节无法模拟的课 / 杨宇蓉 ················· 223
　　在生本课堂里厚实文化素养 / 刘富凌 ················· 224
　　为师有为 / 郑云霞 ················· 227
　　从"三实"谈学生的获得感 / 张　文 ················· 229
山明水秀有新意，"高起低落"谱美育 / 美术科组 ················· 231
　【执教者说】 ················· 231
　　在"高起低落"中，让创意话传统 / 申　慧 ················· 231
　【课堂实录】 ················· 232
　　山明水秀有新意，"高起低落"谱美育 / 李　超　申　慧 ················· 232
　【同行议课】 ················· 235
　　多给学生感悟美的机会 / 潘爱华 ················· 235
　　对《山明水秀》创意表达的一些思考 / 廖梓浩 ················· 237
　　发挥学生的学习主动性 / 靳　洋 ················· 238
　　清新淡雅、简约秀美之《山明水秀》 / 孙美静 ················· 240

第五章　教学随笔 \ 243

深刻理解"课堂革命"内涵，把握教育发展方向 / 程宏亮 ········· 244
教育变革的力量最终来自教师个人 / 罗锐锋 ················· 247
疑则辩，辩则通 / 梁海莲 ················· 250
课室里涌动的诗情 / 庄泳程 ················· 252
一平方米，好大啊 / 陈首红 ················· 257
在平实课堂中悟生本教育 / 韩琼丽 ················· 259

第一章

理论探索

生本教育理念下课堂教学结构与模式分析

安国强

生本教育理念的提出有利于教育学界重新思考、定义师生在教育中的地位与关系，从而促进教师对自己的教育教学工作进行反思，在反思之中得到经验，不断提升自己的教育教学能力。提升教育学界对生本教育理念的重视，也能够促进教师不断利用生本教育理念对课堂教学结构与模式进行一定的修改与完善，从而促进教学水平不断提高。

一、生本教育理念等关键性研究变量的简介

生本理念指教师的教育教学应该真正以学生为主人，以提高学生的学习能力为目的而设计。生本教育理念的思想内核是：教育教学过程中的一切都是为了学生，教育工作者在日常与学生接触时应该做到尊重学生。生本教育理念的提出主要是为了与教育学界原有的传统教育教学理念进行区分，生本教育是一种全新的、年轻的、充满活力的教育理念，运用生本教育理念能够让教育者在实践中体会到教育的真谛，也能够使得接受生本教育理念教学的学生得到全面、良好的发展。

课堂教学结构的构成要素有教学时间安排、课程表的编制和教育教学过程安排等要素。

教学模式则分为传递—接受式、自学—辅导式、探究式教学、概念获得模式和巴特勒的自主学习模式等。

二、现有教学结构与模式存在的缺陷

1. 教学时间安排不恰当

这里的教学时间安排具有一定的综合含义，即指课堂教学时间和作息时

间。教学时间安排不恰当，会降低学生的学习效率。

2. 拓展课程与课本知识脱层现象严重

近些年来，拓展学习与素质教育的呼声不绝于耳，但过于重视所谓的拓展课程与素质教育，就会导致学生在日常学习中轻视课本知识。在现代教育中，课本知识就代表着基础教育，任何拓展学习和素质教育都应该基于一定的基础教育才能够顺利展开。千里之堤，溃于蚁穴，拓展课程与课本知识脱层现象严重将会导致学生的基础不扎实，从而影响他们能力的提高与素质的拓展。真正的素质教育和拓展学习的教育教学重点并不在于教师所教授的内容，而在于学生是否能够完全消化、吸收理解、融会贯通教师所讲解的拓展内容。

3. 以学生完全性自学代替教师的诱导式教学

现阶段生本教育理念在实际运用中仍然存在一定缺陷，教师往往认为强调以学生为本的关键就在于充分发挥学生的主观能动性。这种想法没有任何错误，但教师往往以学生的完全性自学代替教师的诱导式教学，这就导致教师这一辅助角色在学生的学习生活中缺位。现阶段学生的自学能力仍然处于较低水平，学生进行自学时仍然需要教师进行一定的辅导与帮助，而教师的缺位则会导致学生的学习效率低下，甚至会导致学生的学习内容本末倒置，学习中找不到重点，而且他们所实施的学习方法往往南辕北辙，造成学习结果不尽如人意的局面。

三、利用生本教育理念对课堂教学结构与模式进行改善

1. 合理安排教学时间

生本教育要求教师围绕学生进行教育教学改善。教师应该采取一定的措施来合理安排教学时间，合理的教学时间能够最大限度地提升学生的学习效果，并且能够维持学生的身体机能和身心健康。首先，教师应对人体生物钟有一定了解，并根据人体作息特点进行课程表编制。如果早晨第一节课的上课时间早于8点，那么教师最好把第一节课安排成自习，让学生自由分配学习时间，这样能够让学生恢复记忆能力和大脑思维运作能力，也能够使学生在接下来的学习中保持清醒。而体育课一般安排在上午第四、第五节或者下午第三、第四节，这样才能够保证学生尽快调整自己的学习状态，以充足饱满的精神进行学习。教学时间安排并不仅仅包含课程表编制，还包括学生的上

课时间安排。教师应该对上课时间安排做出一定的改动与调整，促进学生能够在有限的课堂时间内获得最多的知识。

2. 将拓展课程内容和课本知识进行有机结合

生本教育要求教师能够根据学生的具体情况进行素质拓展课程内容的选择。随着素质拓展口号的提出，对于素质拓展教学的探讨不绝。但素质拓展应该立足于学生的基础能力，如果学生缺乏基础能力，则学生无法消化他们在素质拓展课程中所学习的知识，这样就会造成素质拓展课程形同虚设。因此，教师应该采取一定的措施将拓展课程内容与课本知识进行有机结合，让学生在拓展课程和素质教育中提升自己的基础能力，巩固自己在课本中所学到的知识；当学生在进行基础课程教育时，学生还可以想到自己在拓展课程中所学到的内容，就可以起到拓展课程内容与课本知识相辅相成、互相促进的作用。拓展课程可以分为群文阅读、课外实践和某一领域学科深造内容。教师应该根据学生的学习情况和学习兴趣为学生提供拓展课程方案，也应该让学生在选择拓展课程方案时拥有一定的自主权，不能逼迫他们进行某一拓展课程的选择。

3. 以诱导式教学为教育主要方法

诱导式教学能够提升学生的思考能力和实践能力。教师应该采用诱导式教学来促进学生积极学习。首先，教师应该采取一定的措施点燃学生的学习激情。"兴趣是学生学习的动力。"教师可以用多种方式进行授课，丰富的课程内容更能吸引学生的注意力。在选择合适的教育方法时，教师需要对自己所教授的学生有一定的了解，在了解的基础上进行教育方式的选择。诱导式教学需要教师细心且耐心，教师应该积极提升自己的表达能力，根据学生的接受能力进行教育方式的改变。教师在使用诱导式教学方案时，还应该注意每次诱导学习的学习量。让学生进行超负荷学习将会给学生带来极大的学习压力，从而降低学生的学习积极性。诱导式教学应该注意维持学生的积极性，这种积极性并不是维持到期末就能够结束的，应该培养学生的终身学习积极性。教师在上课时应该积极利用课本知识处理生活中的问题，让学生明白他们在课堂中所学到的知识是可以应用到社会实践中的，让学生明白可以利用自己学到的知识提升自己的生活水平和生活质量。学生明白了学习的重要性，自然就会维持学习的积极性。

4.构建高效沟通渠道

生本教育要求以学生为主体，这就要求教师应该想学生之所想，忧学生之所忧，因此教师应该采取一定的措施构建高效沟通渠道，以此来增进对学生的了解。本部分提及的沟通渠道主要包括事前沟通与事后反馈。加强事前沟通能够促进教师教育教学策略的顺利落实，也能够促进家长与学生对教师的理解，最大限度地降低家校矛盾与纠纷出现的可能性；事后反馈则能够让教师及时地了解学生的学习情况，让教师能够根据反馈意见更改自己的教育教学计划，从而反向促进学生学习效果的提升。学校管理层人员也可以利用大数据手段收集事后反馈意见，通过对反馈意见的分析更改教育教学方针，从而提升本学校的教学质量。沟通渠道主要分为线上和线下两种模式，线下模式就是较为常见的家长会沟通和期中期末档案反馈。从线下模式的实施情况来看，线下模式存在着沟通不及时和频率较低等问题。在实际中想要克服线下模式存在的问题，需要的成本颇高，因此可以选择线上线下并行这种方式来最大限度地克服线下模式存在的问题。教师也应该积极承担起协助共同的功能，维持教师、家长和学生三者之间的关系，使三方沟通渠道保持畅通，从而消除沟通中可能出现的误解。

四、生本教育理念下课堂教学结构与模式的未来发展

在生本教育理念下，课堂教学结构应该朝着科学化与多样化方向发展。在此模式下，教师应该与学生保持积极沟通，从而共同克服学生在学习过程中遇到的实际困难。教师与家长应该充分围绕学生开展工作和教育，秉持提高学生各项素质的目的，促进学生积极参与到各项活动当中。学校应该做到合理安排教学时间，将拓展课程内容与课本知识进行结合与适当削减，从而为学生适当减负，让学生乐于学习。在实际教学中，教师应该采取诱导式教学对学生进行教育，不能制订不符合实际的教学计划。教师应该采取一定的措施丰富教学模式，采用多种模式进行教学，激发学生的学习积极性。

我们相信，从合理安排教学时间、将拓展课程内容和课本知识进行有机结合、以诱导式教学为教育主要方法和构建高效沟通渠道四个方面改善生本教育理念在实际教育教学中的应用，能够最大限度地促进课堂教学结构与模式的改善。

参考文献

［1］陈小珍.生本教育理念下小学语文阅读教学策略分析［J］.吉林教育，2017（13）.

［2］郭思乐.教育走向生本［M］.北京：人民教育出版社，2001.

建构生本教育理念下的平实课堂

阳丽丽

　　课程建设的变化，尤其是新课程改革理念的更新，需要学校进一步优化教学模式。欲使课堂活动不流于表面，使师生互动、生生互动真实有效地促进教学，使课堂回归教育的本真，并与新理念一起转化为实际的教学实践，就需要建构平实课堂。

　　深圳市坪山区坪山实验学校自建校以来，倡导以生为本，在课堂上充分尊重学生，发挥学生的自主能动性，让课堂教学更加本真、质朴、高效，建构生本教育理念下的平实课堂。

一、生本教育的理念

　　生本教育，即以"生"为"本"的教育，这个"生"既指学生，又可以指代生命，也就是教育要尊重生命发展规律，以学生的发展作为终极目标。

　　郭思乐教授指出："我们提倡的生本教育，就是一切为了学生，高度重视学生，全面依靠学生为旨的教育。""真正以学生为主人的，为学生好学而设计的教育，我们称之为生本教育。"

　　"为了每一个学生的发展"是新课程的核心理念。国家《基础教育课程改革纲要（试行）》指出：教师在教学过程中应与学生积极互动，共同发展，要处理好传授知识与培养能力的关系，注重培养学生的独立性和自主性，引导学生质疑、调查、探究，在实践中学习，促进学生在教师指导下主动地、富有个性地学习。

　　新课程倡导以学生的发展（全体发展、全面发展、个性发展）为基本教育理念，课堂教学中应以学生为学习的主体，让学生积极参与、自主探究，体验感悟知识的形成过程，并获得积极的情绪情感体验。为改变传统课堂教学中"重接受轻探究、重结果轻过程、重认知轻体验"的现状，应大力建构"生本课堂"，即在以"善待差异、激发潜能、生本发展"的理念指导下，营造民主、宽松、和谐的课堂环境，突出知识形成的参与性、探究性和体验性，逐渐形成"学生有特长、教师有特点、学科有特色"的生本课堂新形态。

"以生为本，充分尊重学生，促进学生的全面发展"，这是平实课堂的理论前提，也是我们平实课堂追求的目标。

二、平实课堂的内涵

《中庸》开篇说："天命之谓性，率性之谓道，修道之谓教。"我校的办学理念是适性扬才，为大器人生奠基。在这一办学理念下，我们提出了"平实教育"，打造平实课堂。

"平实"即平稳扎实。课堂本是平实的，实实在在的教法，实实在在的学法，实实在在的活动，实实在在的课堂效果。把高深的理论运用成平实的课堂实践，把平实的课堂实践提升为学校的特色，在平实中坚持，在平实中创新，在平实中铸就品牌。扎实、充实、丰实、真实是平实课堂的主要特征。

（一）扎实，即有意义

在整个教学过程中，无论是教师的备课还是学生的学习，都应该是有意义的。在课堂中，初步的意义是学生学到了新的知识；进步是锻炼了学生的能力，往前发展是在这个过程中有良好的、积极的情感体验，产生进一步学习的强烈要求；再发展一步是学生越来越主动地投入学习。这样学习，学生才会学到新东西。学生上课，要看"进来以前和出去的时候是不是有了变化"，如果没有变化就没有意义。一切都很顺，教师讲的东西学生都知道了，这样的课就没有什么意义。换句话说，平实课堂首先是一节有意义的课，一节扎实的课。

（二）充实，即有效率

一节课面向的是全体学生，不是个别学生。充实是指课堂教学对全体学生中的绝大多数是有效的，如果没有效率或只是对少数学生有效率，那么这就不是一节成功的课。

课堂最成功的表现就是学生都应该有事情做。这节课下来，对全班学生中的多数学生是有效的，包括好的、中间的、困难的学生，他们的学习效率有所提高；从这个意义上讲，这节课才应该是充实的课。整个过程中，大家都有事情干，通过教师的教学，学生都发生了一些变化，整个课堂的能量很大。

（三）丰实，即生成性

一节好课不完全是预先设计好的，而是在课堂中有教师和学生真实的、情感的、智慧的思维投入，有互动的过程，气氛相当活跃。在这个过程中，既有资源的生成，又有过程状态的生成，这样的课可称为丰实的课。

在教学中，教师要善于抓住教学契机，在充分备课、充分预设的基础上，能顺着学生的生成，控制课堂节奏，丰富课堂效果。

（四）真实，即常态性

教师要把每一节课都当公开课来上，每一节公开课都是常态课。平实的课堂应该是真实的课堂，应该是常态性的，课堂的活动应该是真实的。课堂的价值在于有思维的碰撞，有学生的自主、合作、探究的过程。所以，课堂的活动要真实，不矫揉造作，不为表演而表演，而是真正激发学生的思维。

一堂真实的课，或多或少都有一些缺憾，总有需要改进的地方，这是真实的。事实上，每一节课都有值得反思、重建的地方。

三、平实课堂的模式与原则

（一）平实课堂的模式

结合生本教育理论及教学设计，实施"三步五环"的课堂教学模式。三步：前置学习、课堂教学、课后巩固；五环：定标导学、自主互助、释疑深化、主体提升、总结评价。在"导学精练，五步课堂"模式上再形成不同学科不同课型的平实课堂教学模式。

（二）平实课堂的原则

"三步五环"的课堂教学模式遵循了以下三个原则。

1. 学生主体性原则

以学生为中心，是"三步五环"课堂教学模式最为关注的。教学中，教师的责任在于既要激起学生的学习动机，又要帮助学生从"要我学"的状态中走出来，再实现从"我要学"向"我会学"的转变。教师给学生提供了更多的自主学习和自我解决问题的机会，学生在教师的引导下主动参与课堂、积极思考，通过小组合作探究，促使每一个学生都参与到预习、提问、讨论、探究、展示、总结的各个环节，让学生真正成为学习的主人。

2. 教师指导性原则

"授人以鱼，不如授人以渔"，学法指导是让学生学会学习的保证。"三步五环"课堂教学模式，要求教师注重学法指导，帮助学生解决疑难问题。同时在导学课上，每个学科都立足于引导学生通过前置学习的"导学"过程逐渐学会学习。在课堂的开始，教师明确学习目标，"导学"过程中适时点拨疑难问题，提示解题思路，对学生的回答做出合理的评价与纠正。当学生经过自主合作探索得出结论或解决问题的时候，教师还要帮助学生共同总结答题方法和技巧释疑深化，然后通过拓展延伸主体提升，这样就实现了"导""学"互助。

3. 任务活动性原则

"三步五环"课堂教学模式倡导学生自主学习，这种自主学习通过设置一定的问题情境，给学生明确学习任务，让学生通过活动的形式掌握新知。这从导学案的编制上就可以看出来，学习任务围绕三个活动环节展开：活动一，自主合作，展示交流，其任务要求必须先有自主思考，才能进行合作交流与展示，这体现的是个体与团队的联动作用，也使活动不流于形式。活动二，情境创设，质疑探究。这个任务是对上一个人物的深化与总结，由此及彼的过程。活动三，拓展延伸，自主提升。这是第三个层次的任务，由表及里再到运用。围绕学习任务，用活动的形式使学生自发地参与到学习过程中，在自主思考及与同学的合作探究中解决问题，提升能力，活用知识。

（三）平实课堂教学过程

在"三步五环"课堂教学模式中，"三环"即整个教学的三个环节。

第一个环节是前置学习。借助导学案的"前置学习"部分，学生进行课前的自主预习。前置学习的目的是让学生养成良好的预习习惯，对新课有初步的感知，或相关资料的链接，或基本概念的了解，或对新知的质疑。通过前置学习，预习研读，促进课堂教学中师生之间、学生之间的相互设疑答疑，让学生自主探索，激发学习兴趣，为课堂学习打下基础。

第二个环节是课堂学习。课堂学习环节分为五步，即定标导学、自主互助、释疑深化、主体提升、总结评价。

1. 定标导学——体现教师的主导作用

（1）教师根据教学内容和学生的实际情况设定教学目标，并把所设定的目标通过投影或黑板进行展示，且贯穿整个课堂。学习目标要简洁明了，一般不超过三个。

（2）学习目标的功能：引导、定向、规范、激励、评价。其作用在于引导整节课的教与学，以提高学生学习的主动性。

（3）导学的作用在于教师根据学习目标来引导学生进行自主互助学习，从而提高课堂教学效率。

2. 自主互助——体现学生的主体作用

自主互助的过程是教师设定内容，学生自主探究，小组互助与展示。

（1）教师设定内容。教师要根据教学内容创设一组自学指导题并展示出来。自学指导题的设计要精心，能激发学生的思考，有必要的学法指导，有时间规定。

（2）学生自主探究。学生带着问题进行自学，快速完成自学任务。通过自主探究，学生能从整体上感知所学的内容并解决大部分简单的问题，但可能有一些疑难问题没有解决，可能还会衍生出新的疑难问题。教师要关注学生的自主探究，通过鼓励、表扬、督促和个别辅导等方式促使学生高效完成自学任务。

（3）小组互助与展示。在自主探究的基础上，针对没有解决的问题或衍生的新问题，以四人或六人学习小组为单位展开互助学习，进行讨论，并将讨论的成果及疑难问题展示出来。口头展示时要自信，声音要响亮，语言要精练；黑板展示时书写要工整。对于小组不能解决的疑难问题，可以进行组间互助或询问老师。如果仍有共性的疑难问题，留待下一个环节解决。

3. 释疑深化——体现教师的主导作用

教师收集学生提出的各种问题并进行整理归类。针对学生暴露出来的带有共性的疑难问题进行必要的讲解，帮助学生系统地理解问题并总结本节课的学习方法，以提高学生的理解、感悟能力。这个环节的主要作用是承上启下，通过教师的点拨和引导，把学生的思维引向深入，为接下来更为复杂的学习打下良好的基础。

通过教师的引导，突出重点；概括、提炼方法，把学生的思维引向深入。

4. 主体提升——体现学生的主体作用

（1）变式练习，把握本质。在基本完成本节主要学习任务的基础上，为了维持和进一步激发学生的兴趣，引发学生更为深入的思考和探索，丰富和深化学生对知识的理解，锻炼学生的深层次思维能力，教师抛出一些具有挑战性、开放性或综合性的问题，供学生思考或练习。也可以鼓励学生质疑问题，再次进行深入探究，以培养学生深入思考、求异创新的习惯。这实际上是学生第二轮自主互助学习，并非浅层次的学习。

（2）同伴互助，解决疑难。为了深化学生的小组合作水平，提高课堂效率，导学案设置几个复杂的问题交由不同的学习小组来解决，或将一个复杂的问题分解为几个具体的问题，交由不同的学习小组来完成。

（3）师生互动，突破难点。根据学生的答题情况给予必要的指导，及时纠正，避免走不必要的弯路。创设一切可能的条件让学生表现自我，展示的形式除口头问答外，还可以尝试黑板板演、上台表演、进行辩论等，以进一步激活课堂气氛，激发学习热情。学生展示时如达不到所要求的深度，通过追问来深化学生的认识。教师要客观、公正地评价学生的成果或行为表现等，通过主体提升来解决教学难点。

5. 总结评价——体现教师的主导作用，也体现学生的主体作用

师生共同归纳本节课的学习要点，找出新旧知识的联系，使新旧知识得以融会贯通，形成知识结构；学生表达内心的体会和感受，树立正确的情感态度与价值观；反思做题时出错的地方，寻找解题规律、方法和技巧。通过小结，学生的认识得到提升和升华。教师针对学生在课堂上的主动性、参与性、有效性、进步性、成果性进行评估，评估方式有自评、互评、师评。

本环节主要体现建构主义思想，帮助学生对所学知识进行内化，进而建立知识结构体系。

第三个环节是课后巩固。这一步骤就是让学生完成导学案中"反馈练习"部分的相关例题，通过建立旧知识与新知识之间的联系，构成知识链，增强学生对新知识的认识。或联系学生的生活实际，将相同或相似的题型放在一起，引导学生用已学的知识或答题思路解决同一类型的题目，以达到举一反三、触类旁通的目的，从而实现能力的迁移。

以上仅是"三步五环"教学模式的基本模式，各学科根据学科特点和同一学科的不同课型，灵活运用基本模式的变式，形成学科特色和课型特色。

总之，平实课堂是依托于"生于浮躁却立足踏实，长于繁华而显以朴实，起于高位却归之平实"的平实文化，指向常态化行为下"扎实、充实、丰实、真实"的课堂。老师务实，备课扎实，活动真实，过程丰实，结果有实效，让课堂回归原点，让学生在"三步五环"过程中实现自我发展。

参考文献

［1］郭思乐.教育走向生本［M］.北京：人民教育出版社，2001.

［2］叶澜.一堂好课的标准［J］.考试·理论实践，2014（12）.

平实课堂教师评价素养提升策略研究

赖婉茹

课堂评价是中小学教师每天都在做的事，做得好或坏直接影响学生的课堂学习质量和成就体验。如果想把这些事做好或通过评价促进学生的学习，教师就需要具有一定的课堂评价素养。所谓课堂评价素养，就是教师综合运用促进学习的评价观念、知识与方法开展学生学业成就评价所表现出来的基本能力和伦理品格。早在十几年前，国外学者就已充分论证了评价素养对于教师专业发展的重要性，甚至断言"如果教师缺乏评价素养，就意味着专业自杀"。

评价是获得设计、调整教学所必需的信息和推进学生学习的手段，是教学过程中不可分割的一部分，评价与教学应该是一体化的。深圳市坪山区坪山实验学校以办学理念为方向，建构了平实课堂，基于对平实课堂的理论和实践，本人从自我改进评价活动的角度为平实课堂教师评价素养的提升提出一些建议。

一、建立多元的平实课堂评价标准体系

所谓的多元评价包括很多方面，如评价内容的多元化、评价标准的多元化、评价主体的多元化及评价方法的多元化。

1. 根据平实课堂学习目标，选择或开发恰当而有用的评价方法

由于学习目标涉及学生不同层次的认知水平和情感需求，单一的评价方法无法收集全面的评价信息，因此教师应学会综合运用与学习目标相匹配的多元化评价方式。一方面，教师能依据目标选择那些已成熟的评价方法或技术收集信息，如纸笔测验、家庭作业、课堂练习等。教师应清楚地认识到这些方法的目标适应性，如纸笔测验对于考查知识尤其是事实性知识、概念

性知识的掌握是一种很好的评价方式，但对于实际操作或技能运用的评价存在漏洞。另一方面，教师能够自主开发教学所需的评价方法与工具。具体而言，教师能够熟练运用双向细目表编制试题，科学地设计表现性任务与评分规则，开发其他高质量的能够抽样学生真实表现的评价，如提问、练习、观察量表及档案袋评价等。因为这些方法经过个性化的设计与实施，才能准确地收集到与平实课堂学习目标相关的充分证据。

2. 平衡选择与开发的评价方法

没有一种评价方法是万能的，教师应该根据不同的学习目标运用多样的评价方法，经济而有效地收集评价信息，并使各种方法之间保持动态平衡，避免走向方法的单一化和绝对化。平实课堂教学要实现教师从知识的垄断者、传授者转变为学生的指导者、帮助者和参与者，创设出民主、平等、和谐的学习氛围，是指导学生在"自主学习、自主设计、自主探究、自主评价"的过程中实现自我发展的课堂。比如，受考试分数压力的影响，很多教师更愿意采用类似于考试的关注判断的评价方式，如单元测验、课堂练习、课后检测等，而忽视其他质性评价方法。

二、设计平实课堂"学—教—评"一致性方案

预先设计评价方案是教师进行评价的前提，也是教师实施课堂教学的重要环节。学业目标或教学目标是评价设计的方向与核心。教师要准确地将所教学科课程标准规定的课程目标转化为具体的平实课堂目标。

1. 教师要在教学前设计评价方案

教师按照平实课堂的要求进行教学设计时，基于教学目标设计"学—教—评"一致性的方案。一方面，运用课程标准分解技能，正确、具体而清晰地陈述属于教师和所教学生的课堂目标。另一方面，要积极地通过评价方法来判断学生是否达成了预设的目标，如检测学生的"复述"水平，比较好的评价方法有"问答""同伴评价"等。

整合这两个方面的内容，结合平实课堂的要求，就可以形成统一的认识：一是学生现在在哪里；二是我要带学生到哪里去；三是我怎么知道学生已经到达那里了；四是运用什么方法或设计什么活动能够帮助学生更好、更快地到达那里。换言之，教师在开展评价之前，对课堂教学、学习和评价进行整体的审视和规划，改变过去只重视怎么教、轻视学习目标和评价方法的

做法。

"平实"即平稳踏实。踏实是教师高质量履行教育职责后的心理,是一种专业感觉,也是一种专业自信。踏实的核心问题是教师有了明确的评价依据,把握住了学生的学习状态。

2. 引导学生参与评价和自我评价

学生参与的日常评价活动随处可见,无论是考试,还是完成作业,或是参与课堂问答和讨论。如果教师不能很好地引导学生参与评价,无视学生的评价权利与需求,就有可能使评价活动变得低效或无效,甚至会出现严重的评价伦理问题。为此,改善教师学生参与评价的实践是十分重要的,在一定程度上能够提升教师的评价理论水平。

一般的课堂中,教师让学生参与的评价大多是表面的,如参与测验、上台板演、回答教师问题等。平实课堂是平稳、踏实、扎实的课堂。平实课堂的评价要求教师要引导学生参与评价标准的制定或应用评价标准评估自己和学生的表现,激发学生学习的动力和潜力,使教师的评价活动获得事半功倍的效果。

首先,教师要将"学—教—评"一致性方案预先告知学生,或邀请学生参与方案的设计,并让学生知道整个评价流程,激发学生的学习动机与参与热情。其次,要为学生的自我评价提供适当的训练与适时的指导。学生自我评价的主要问题是,只有对自己想要达成的学习目标有足够清晰的了解和认同时,学生才能评价自身。教师训练学生自我评价的方法有多种。当然,认识并形成平实课堂学习目标不可能一蹴而就,它是一个过程,教师应持续地帮助学生认清学习目标,对照自身行动,进行管理、分解、监控。

三、平实课堂评价文化氛围的营造

学校、课堂是教师教学评价素养生长与发展的土壤,教师评价素养的提升离不开学校的支持和用心培养。学校也应该为教师创设良好的平实课堂评价氛围,促进教师评价素养的提升。具体来说,可以从以下两个方面着手。

1. 营造有利于平实课堂评价素养提升的环境

这个环境氛围的营造包括硬环境和软环境两个方面。学校应该配备先进的设施,包括先进的教学评价系统,让平实课堂的评价更具操作性和科学性。有好的系统,更能激发教师践行平实课堂评价的积极性。

一方面，学校需要为教师的评价实践创造良好的环境，培植评价文化，从考试文化走向评价文化，并提供制度保障，让教师在适宜的评价环境中自主发展。另一方面，由于教师日常的评价实践存在严重缺陷，学校必须为教师提供各种专业支持，规范引导教师开展合理的评价活动，促使教师实践这些活动来发展评价素养。

同时，学校还应充分尊重教师评价的权利，学校要对教师的评价给予充分的空间，充分肯定教师的评价能力，对教师试行激励机制。学生需要鼓励和激励，教师亦然。有效的激励机制可以让教师产生一种潜在的动力，并依靠这一动力去努力提升自己的平实课堂评价素养。

2. 提供有助于平实课堂评价素养提升的校内培训

学校不仅应该为教师提供平实课堂教学实践方面的培训，更要为教师进行评价方面的专业培训。这样才能为教师教学评价技能提供必要的知识基础，为教师评价素养的专业发展提供机会。培训必须从理论及实践操作层面对平实课堂的概念、特征、产生的理论基础有一个广阔的认识和理解；还应该理论与实践相结合，具体到教师备、教、改、辅、考等相关的教育教学环节。

同时建立或完善配套的平实课堂管理制度，把日常的、过程性的评价权交给教师。学校从制度上为教师实施评价提供保障和支持，如建立评价课题申报与审查制度，为教师开展平实课堂评价改进方面的探索提供支持。特别重要的是建立基于平实课堂的教师考核评价制度，明确教师在平实评价方面的各种规范和表现标准，引导教师开展促进学习的评价。

四、教师自身素养的提升与发展

教师评价素养的发展离不开教师的参与，这是不言自明的道理。如果教师自己不想发展，无论外部如何推动，都是无济于事的。教师专业发展有两个推动力：一是来自系统的推动力，学校和社会等因素影响；二是个体自身的推动力，受到教师生涯发展阶段生活经验的影响。加强专业学习、改善评价实践是至关重要的。

1. 丰富评价知识，改进课堂问答

由于教师评价知识与技能的明显不足，因此教师在课堂上误用某些评价方法是常有的事。这里重点分析使用频率最高的问答方法和改善的方法。问答几乎伴随我们课堂的始终，每节课都有问答。教师往往把问答看作一个教

学环节，只是通过问答让教学开展得更有序，并未重视、发掘问答的评价作用。事实上，课堂问答是一种很好的形成性评价方式，运用得当可以促使学生深度参与教学，发生有意义的学习。所以，教师要改变原来只服务于教的课堂问答模式，发展以评促学的新策略。

教师要基于平实课堂的内涵和要求，依据学生的发展和需要设计问题与提问方式。所设计的问题应该考虑与学习目标的匹配。问题之间要能形成某种关联，且具有层次性，以适应不同认知水平和情感特质的学生；让每个或每类学生都有机会回答问题；尽可能多地运用高质量的开放题。开放性问题不同于封闭性问题，它留给学生更广阔的思考空间，允许更多的学生参与讨论，会激发学生开放性的回应，发展学生的高级认知。所提出的问题应该是简洁、清晰而具体的，且在学生的"最近发展区"内，学生能对此做出自己的解释。

2. 丰富评价情感，合理使用反馈

反馈的目的在于影响人的后续行为、指向行为的改进与新的发展，但使用不当也会产生负效应。可以说，反馈是把"双刃剑"。有两种反馈能有效地促进学习。一种是针对任务过程的反馈，关注学生完成任务时使用的方法及个人与知识、个人与教育环境的关系。另一种是关注学生的自我调节反馈，激发学生主动参与的意愿，帮助他们进行学习策略的改善或自我评价。

反馈时教师要注意投入自己的感情，努力摒弃自己固有的思维定式，甚至教师的表情、语音、语调都要进行调整，不仓促地进行结论判断。努力让学生得到精神上的鼓励和满足，获得情感上的支持。具体来说，教师需要把各类评价信息及时反馈给学生。不仅描述学生的具体学习表现，还要基于目标陈述如何改进的意见。评价信息既有结果性的，如期末考试、单元测验的成绩；也有过程性的，如课堂问答与练习表现、完成家庭作业情况等。不管何种类型的信息，要依据学习目标或学生预定的目标，以清晰、易懂的语言告诉学生其实际表现与理想目标之间的差距，提示学生怎样改进及如何实现目标的最大化。

学校是教师专业发展之所，教师要发展离不开学校的支持，学校也有义务对教师的发展负责。评价素养是教师专业发展的重要内容，学校有责任促进平实课堂下教师评价素养的提升和发展。努力促进学生的学习，并使每个学生的学业成就最大化，更好地实施素质教育。

💬 **参考文献**

［1］钟启泉.课堂评价的挑战［J］.全球教育展望，2012（01）.

［2］崔允漷，夏雪梅."教—学—评一致性"：意义与含义［J］.中小学教育管理，2013（01）.

［3］郑东辉.教师评价素养发展研究［M］.杭州：浙江大学出版社，2014.

［4］崔允漷，王少非，夏雪梅.基于标准的学生学业成就评价［M］.上海：华东师范大学出版社，2008.

［5］崔允漷.教师应先学会评价再学习上课［J］.基础教育课程，2008（11）.

在平实的语文教学中丰盈生命的价值

——关于以生命教育为主线整合教材的设想

曾巧铭

何为生命教育？生命教育是一种全人类的教育，它不仅包括对生命的关注，而且包括对生命意义的探寻和生命价值的提升。那么，该如何教育学生珍爱自己的生命，不会为了他人的一句责骂、沉重的学业压力或者一些小矛盾而随意伤害自己或者他人的生命呢？笔者认为，作为教育的主阵地——学校，有责无旁贷的义务。而作为生命教育的肥沃土壤——语文教材，也应担起责任的重担，让汲取营养的花儿们焕发耀眼的生命光彩。

那么，该如何利用好语文新部编教材为培育学生的生命素养、提升学生的生命价值添砖加瓦呢？笔者认为可以适当整合原本就蕴含丰富生命内涵的语文教材，让生命教育成为一个有机的生命系统，在循序渐进的教学过程中让生命教育有迹可循，有据可依。整合的思想原则如下：先是唤醒学生尊重生命的意识，接着追问生命的永恒意义，再进一步让学生学会建立自我的生命价值体系。

一、唤醒尊重生命的意识

每当听到有学生为了一些小事而轻生或者致人伤亡，都会觉得特别不可思议，也不禁感慨又一粒未经风雨吹打的花骨朵永远陨没了。生命不可承受之轻，在于学生们并未意识到生命是多么可贵，如果他们感悟到了生命的珍贵，还会如此吗？就如在北京红黄蓝幼儿园工作的虐童者们（简直无法称之为老师），倘若在小学或者在树立人生观、价值观的关键时候——初中，他们曾在语文课上明白了生命之可贵，也许就会无比珍爱这些弱小的生命，就像花匠无比耐心且精心地侍候花儿们一样。

1. 从生命的来源唤醒生命的意识——《女娲造人》

《女娲造人》是一篇很好的能够唤醒尊重生命意识的文章。这篇文章属于神话故事，运用了丰富的想象力构造了人类的来源。女娲用水和土创造了人类。五行学说认为宇宙万物都是由金、木、水、火、土五种基本元素构成的，五行相生，水生木，木生火，火生土，土生金，金生水。即只要有了人类，那么万物将相生相成。从这篇文章中，我们看到了天神也需要人类的陪伴，她本为万物之神，却内心空虚而寂寞，当人类诞生后，她才产生了无上的喜悦。从生命的本源来看，生命被创造后，带来的是万物的相生相成，带来的是喜悦与和乐，就像现实世界中，每个新生命的诞生带给家庭的都是喜悦。所以，我们应该尊重每一个生命个体，我们应该呵护好每个生命的健康成长。每个生命要健康成长着实不易，不管是我们人类，还是大自然中的一花一树。

2. 从一花一树中体味生命的不易——《紫藤萝瀑布》《一棵小桃树》

《紫藤萝瀑布》和《一棵小桃树》均采用了借物喻人的手法，历经风雨后才能真正明白生命的不易，也只有明白生命来之不易后才能更好地珍爱每一个生命。

《紫藤萝瀑布》令读者印象最深刻的画面应该是作者久久伫立凝望那片开得如同瀑布，不见其发端，也不见其终极的紫藤萝。花儿一串挨着一串，一朵接着一朵，彼此推着挤着，好不活泼热闹的紫藤萝。如此蓬勃热烈的生命气息从一朵花到一串花再到一片花流转传递，带给人精神的宁静和生命的喜悦。于喜悦中，作者笔锋一转，回忆起那十多年前门前稀落伶仃的紫藤萝，于是感慨花和人一样会遭遇各种各样的不幸，只要我们咬牙熬过了最艰难的时刻，只要我们有勇气于最艰难困苦的处境中重生，那么我们将再度走向生命的辉煌。

《一棵小桃树》则通过描述一棵小桃树曲折艰难的生长过程，抒发了作者面对生活的困苦和磨难，要顽强地斗争，不懈地努力。作者也如这棵小桃树一样，在成长的过程中遭到了各种打击和困难，但是他也如被风雨狠狠捶打却仍然傲然挺立的小桃树一样，不轻易放弃。

确实，生命从来都是不容易的，在我们成长的过程中，经历的种种困苦磨难，何尝不是生命在用这样的方式告诉我们活着真好！有痛苦，有折腾，有困顿，才有生的喜悦，生的感动！我们要告诉学生，正是因为生命不易，所以我们更应该好好活着。

3. 从不屈的生命中感悟生命的珍贵——《秋天的怀念》《再塑生命》

自然界中的花和树都不曾轻易向命运低头，那么作为万物之灵的人类更是如此了。《秋天的怀念》和《再塑生命》讲的是身残志不残的人物故事。前文的作者史铁生是前20年都活得好好的，但一场大病让他从此瘫痪。后文的作者海伦·凯勒是从婴儿时期开始变成盲聋人。可悲可叹！这只是世人的怜悯罢了。因为不管是中国的史铁生还是美国的海伦·凯勒，最终都活出了属于自己的精彩。前者成为中国文坛当代知名作家，后者成为美国作家、教育家、慈善家。当然，有人说若不是有始终对他们不离不弃的亲人和恩师，他们能活得这么精彩吗？答案未可知。但恰是面对残疾的他们，仍有不离不弃的亲人，才更好地说明了生命之珍贵，生命之无价，不管是四肢健全的人还是残疾人，他们都可以创造奇迹，活出属于自己的精彩。不曾向命运屈服的人们，他们恰好是体会到了生命的珍贵，即使在成长中遇到了种种困难，他们仍然顽强抗争，最终用灿烂的生命之笔谱写了动人的篇章。

生命教育的第一层次在丰盈的教材中唤醒学生尊重生命的意识，通过生命的来源、生命之不易、生命不应向命运屈服来阐释生之喜悦，生命可贵，生命值得我们每一个人用心呵护和珍爱。

二、追问生命的永恒意义

当学生懂得了生命的珍贵后，将会陷入另一重烦恼，那就是生命如此短暂，我们觉得活不够该怎么办？那么我们教师将引领学生叩问生命的永恒意义——我们不该用生命的长度来衡量生命的意义，而应该用生命的宽度和深度来探寻生命的永恒价值。首先，教师需要展示反面的教材，生命的意义绝不能靠金钱和权势来衡量。

1. 生命的意义绝不能靠金钱和权势来衡量——《皇帝的新装》《赫尔墨斯和雕像者》

《皇帝的新装》与《赫尔墨斯和雕像者》两篇课文都辛辣地讽刺了追求虚荣者，并告诫人们爱慕虚荣的人往往自取其辱。现实生活也是如此，当人们用金钱和权势来衡量生命的意义时，等待他们的往往是牢狱之灾。虽然世界富豪比尔·盖茨、李嘉诚、马云等受世人热捧，但是我们不能忘了，当我们提到他们的时候，更多的是他们为人所津津乐道的早年创业故事。例如，比尔·盖茨从哈佛辍学，后与中学同学艾伦一同创立了微软公司。又如，李嘉诚年轻时如何在社会底层打拼，一步一步成为塑料花厂的总经理。因此，这些受热捧的富豪，不是因为金钱而受人热捧，而是他们艰难的创业事迹。

那么，有限的生命该如何创造永恒的意义呢？下面这些课文告诉了我们答案。

2. 为社会的进步和人类的发展而贡献毕生之力——《植树的牧羊人》《纪念白求恩》《邓稼先》

在《植树的牧羊人》一文中，我们应当学习这个孤独却无私的农夫，他数十年如一日在荒原上种植树木，最终靠自己的体力与毅力，把荒凉的土地变成了美丽富饶的田园。在《纪念白求恩》一文中，我们应当学习具有博爱精神的白求恩，正是他用精湛的医术在战火中挽救了一个又一个珍贵的生命。在《邓稼先》一文中，我们应当学习民族英雄邓稼先，正是他舍小家为国家，带领研究团队隐姓埋名在荒无人烟的沙漠中研究两弹，挽救了处于亡国灭种危险境地的中华民族。

短暂的生命何以永恒？因把有限的时间投入无限的为人民服务的事业中而永恒，因为社会和人类的发展与进步而贡献毕生之力而永恒。因为生命的意义在一个又一个生命个体中得以传承和发展，所以生命获得了永恒的意义。

生命教育的第二个层次是在丰盈的教材中明白生命的永恒意义，唤醒尊重生命的意识，明白生命的永恒意义都是感性层面的体会及感悟。如何让学生切实落实生命素养，提升生命价值的教学目标呢？最终还是要落实到引导学生建立自我的生命价值体系。

三、建立自我的生命价值体系

在语文课堂上，学生可以通过借鉴他人的生命体验，引发共鸣，最后建立属于自己的生命价值体系，并运用于实践中。

首先，生命价值体系的核心应该是"爱"——热爱生命，热爱生活，热爱自然，热爱祖国，热爱一切可爱的事物。因为只有爱才能够重新点燃被困苦和磨难所浇灭的热情，也只有爱才能够宽恕不可原谅的罪过，更是因为有如孟子"老吾老以及人之老，幼吾幼以及人之幼"一样的博爱精神，才能竖起生命的风帆遨游于浩瀚的烟海中而无惧风浪。具有博爱精神的人，哪怕是不可抗拒的灾难来临，他仍然能够临危不惧，勇敢地与厄运搏击，就算最终难逃厄运，他仍然感恩死亡前所拥有的一切。

其次，建立生命价值体系需遵循几点原则。

1. 即使处境不如意，仍不忘初心——《窃读记》《陋室铭》

绝大部分人的人生不可能是一帆风顺的，学生时代有学业压力，成家时有生活重担，年老时也免不了疾病缠身。即使处于逆境之中，也该学会不为困顿所累。就如林海音的《窃读记》中那个酷爱读书的小女孩，因为家庭拮据，她买不起书，只能每天放学后到书店找个隐秘的角落或假装为旁边大人的孩子偷偷看书，为的是躲避书店老板的驱赶，饿得饥肠辘辘和生怕被书店老板驱赶的情况，仍不能浇灭这个穷学生对读书的热情。《陋室铭》与《窃读记》相通的地方在于，刘禹锡被贬官后，住在极其简陋的屋子里，仍不能泯灭他对调素琴、阅金经这样高雅爱好的追求，甚至可以说在别人看来困苦的生活条件，在他看来却是远离案牍劳形、无丝竹之乱耳的清幽圣地。

生活在大城市的孩子也许没有多少机会能体会到挨饿受冻，也没有机会住在简陋的房子里，但我们还是需要牢记：当有一天，我们没有如意的生活条件，仍然要不忘初心，砥砺前行。

2. 不汲汲于富贵——《富贵不能淫》

近期，"精致的利己主义者"这一名词常见诸报端，何谓"精致的利己主义者"？这个专有名词源于钱理群教授的文章《大学里绝对精致的利己主义者》。钱教授对这一名词是这么解释的，所谓"精致"指什么呢？他们有很高的智商、很高的教养，所做的一切都合理合法无可挑剔，他们惊人地世故、老到、老成，故意做出忠诚姿态，很懂得配合、表演，很懂得利用体制的力量来达成自己的目的。这段话深刻地指出了一种社会现象：高级知识分子汲汲于谋求自己的利益。这样的现象必须引起教育者的重视，引起一线教师的反思。作为一名有教育情怀的教师，为社会培养出"精致的利己主义者"真是我们教育的失败。基于这样的社会现实，建立生命价值体系的其中一个基本原则是绝不汲汲于富贵。

虽然我等凡夫俗子不能做到富贵于我如浮云，但是我们应当有富贵不能淫的骨气。正如孟子的《富贵不能淫》给我们的三重生命价值启示：一、"仁""礼""义"是大丈夫安身立命的基本准则。二、"穷则独善其身，达则兼济天下"。三、"富贵不能淫，贫贱不能移，威武不能屈"。在语文课堂中，以《富贵不能淫》来启发学生要做一个有气节、有骨气，不汲汲于富贵的人。

3. 静心求学，立志成学——《诫子书》

个人的生命价值要发挥最大的作用，还在于学生扎扎实实地把科学文化知识学好，以求踏上社会后，在工作岗位上能够干实事、干大事。那么《诫子书》将有助于学生建立生命价值体系。

诸葛亮在《诫子书》中说："非淡泊无以明志，非宁静无以致远。夫学须静也，才须学也，非学无以广才，非志无以成学。"这就是告诉我们做学问要静下心来，不慕名利慢慢做，还要坚定志向，矢志不渝地坚持。静心立志，勤学好问，把学问做精做深。在读书时代不负青春，在立业时期方能砥砺前行，不忘初心。

当学生于丰厚的语文教材中掌握了建立生命价值体系的核心和三点原则后，接下来就应该在学生自我的体现和实践当中不断反思与完善属于自己的生命价值体系。但毫无疑问，自我的生命价值体系不能与生命价值体系的核心和三点原则相冲突。

罗曼·罗兰说过："世界上只有一种英雄主义，那就是在认清生活的真相后依然热爱生活。"让我们携手努力，让每一个独特的生命个体焕发出属于自己的生命之光。

参考文献

［1］［德］鲁道夫·奥伊肯.人生的意义与价值［M］.张伟，左兰，译.北京：北京理工大学出版社，2015.

［2］"生命的价值和意义"编写组.生命的价值和意义［M］.北京：世界图书出版公司，2009.

［3］南志涛.台湾生命教育探究［D］.开封：河南大学，2007.

［4］肖川.教育让生命更美好［M］.北京：北京师范大学出版集团，2015.

守平实课堂　教本真语文

郑云霞

随着课改的不断深入，教育教学天地各种奇花异草竞相开放，综观我们的语文课堂，也渐渐变得喧闹和浮华。如何让语文课堂回归平实，成了必然的话题。

什么是"平实"？"平"，如涓涓细流，可以流经高山，可以淌过平原，可以从春走向冬，可以没有奔流慷慨的激情，也可以没有灿若星辰的绚烂，但必须可以长久，"平"是一种持之以恒；"实"是实在，是高效，指向实现教学目标的方法。"平实"即平稳扎实。生于浮躁却立足踏实，长于繁华而显以朴实，起于高位却归于平实。

一、平实，是抛去表演作秀后的朴实

什么是语文课堂，我们没办法给出一个标准的答案，语文因其不唯一性而独具魅力，但是有些语文课堂为了上出与众不同的新意，偏离了新课改的初衷，失去了语文课堂的本真。

1. 提前上课

某些学校，有时为了突围，将别处别人优秀的教学模式、教学形式搬到自己的学校来，让老师们套用这样的模式上课，且为了更快达成效果，逼着赶进度。有些老师为了应付交差，只能依葫芦画瓢，形似而神不似。更有甚者，为了省事直接出效果，将课先上一遍，等观课的老师来了，再直接让上过课的师生配合演一遍。这样的例子虽然不多，但是只要有一次，便是误了学生，伤了老师，严重脱离了课堂的本真。

2. 花架子多

当众多的教学模式百花齐放时，就容易"乱花渐欲迷人眼"。初入教坛的年轻老师，一会儿学习"小组合作"，一会儿学习"翻转课堂"，后来"翻转课堂""对分课堂""智慧课堂"都来了。面对这么多的选择，有些老师看花了眼，还没看明白就着急往自己课堂上搬，导致出现了很多华而不实、为演而演的情况。如某老师用《狐狸分奶酪》这一课上一节小组合作的课，"请你在课文中分别用'＿＿＿'和'～～～'画出小熊和狐狸的动作"，老师提出问题后，孩子们在下面自己圈画，然后老师就下去巡视，可能在巡视的过程中发现，这个问题有部分孩子没办法完成，于是老师这时候让孩子们开始小组讨论，合作学习。合作是为了探究个人能力没法解决的问题，在笔者看来，对于部分没法完成的孩子，他们主要是对"动作"这个词不理解，而非这个学习任务对他们来说需要思维的碰撞，发挥集体的智慧才能完成。这样的合作纯粹是为了附和主题而进行的表现形式的合作。类似的还有一些课堂上的表演，语文课堂更多的是语言的碰撞产生的思维火花，在一些公开课上，有时候为了让课堂气氛看起来不至于冷落，硬是将"读一读"变成了"演一演"，而学生在没有琢磨语言的基础上，将之变成了"动作片"，空有热闹，丧失了语文语言表达应有的魅力。

平实的课堂，不需要频频的掌声，需要的是琅琅的读书声、响亮的回答声；平实的课堂，不需要各种各样的假模式，需要的是揣摩后的真演绎，是头正肩平一笔一画的落笔写；平实的课堂，不需要玩概念和噱头，需要的是扎实的语言训练和真实的智慧碰撞。

二、平实，是坚守语文之本的扎实

1. "读"应是语文学习的基石

语文的学习，从"读"开始。《小学语文新课程标准》总目标第七条对于小学阶段培养学生"读"这一素养有这样的要求："具有独立阅读的能力，学会运用多种阅读方法。有较为丰富的积累和良好的语感，注重情感体验，发展感受和理解能力。能阅读日常的书报杂志，能初步鉴赏文学作品，丰富自己的精神世界。"

读是语文之本，基本一切的语文学习都起始于读。没有读，语文的学习就无从谈起，没有读的课堂，好比将大厦盖于流沙之上。语文的课堂应当充分地读，可以大声地朗读，可以轻声地试读，可以思考着默读。

读在语文中如此重要，以至于曾有人提倡每节课必须留有5—10分钟的朗读或阅读时间，并以此来作为评价一节课好坏的必要因素。阅读（在这里专指不出声地读）是快速摄取信息的途径，是思维碰撞、文采飞扬、引经据典的基础。因此，平实的课堂，应给阅读留有一席之地，给学生留有自主思考的时间。

2."说"应贯穿语文学习的过程

随着社会的发展，表达能力的重要性日益凸显。一个人说话是否明确简洁或生动形象有感染力，关系着他与人交往的效果。平实的语文课堂，在充分读的基础上，要训练学生的口头表达能力，让学生既能一语中的地概括，又能文采飞扬地渲染。

说，不仅是张开嘴巴说出我们熟悉的字，更是要根据不同的场合说出合适的话，请求别人的时候应当怎么说才能得到别人的帮助，跟别人商量的时候要如何措辞才能将事情办妥，这都需要讲究语言的艺术。我们课堂上的"说"是口头的表达，是口语交际。语文的课堂应当利用好每一个教材的情境，让学生充分地说，引领学生艺术地说。

说，是思维的外化，是智慧的外显，是所思所想外在的呈现。每一次语文课堂的交流都是口头表达的演练场，每一次意见的表达都是思维的碰撞。语文课堂，应创造出激发学生表达欲望的机会，让学生将阅读的感受尽情地表达，要学生在生生交流、师生交流的过程中越说越明白，越说越透彻，在碰撞中练就口若悬河、妙语连珠的本领。

3."写"体现语文学习的落实

"光说不练假把式"，虽说此话用在语文学习上不十分恰当，但也说明了"练"在语文学习中的重要性，练很多时候要落实到"写"当中。新课标要求字词的学习，不仅会认会读，还要能写，"能熟练地用硬笔书写正楷字的基础上，学写规范字、通行的行楷字，提高书写的速度"。教学目标的达成必须落实在课堂上。我们有时候观课，老师花招百出，课堂热闹纷呈，却没有动笔头的时候。研究证明，"写"的过程是学生思维集中度最高的过程，也是学生自主性体现最明显的时候，我们提倡将课堂还给学生已经有一段时间了，但是依旧不能留给学生充分的"写"的时间。

字的书写需要落实，表达同样需要通过"写"来落实。低年级的孩子大部分能说会道，但是如果要他们将说话的内容变成书面的文字，他们就开始犯难。如何将孩子浅层次的一次性的思考转化为深层次的写的反复的思考，就需要在课堂上指导落实，让学生能将口中言变成书面字，并经过思考修改后，形成更为规范的表达，从而促进口头表达的规范。

三、平实，是指向核心素养的高效

平实的语文课堂，是褪尽浮华、平稳扎实的课堂，更是指向培养学生语文核心素养的实在高效的课堂。

实现语文课堂的高效，必须优化朗读教学。朗读教学应体现层次，可根据教学的需要将初读、精读和回顾读结合起来开展朗读教学，以读促学，以读促思，以读促悟，让充分的多层次的朗读为交流和表达做铺垫。

实现语文课堂的高效，一定要重视课堂问题的设计，让学生有话可说，说到点上。课堂上，问题引领学生思考，问题推进环节，但不能连珠炮一样地发问，一个好的问题就如一条线索，能将课堂的环节串起来。比如，在六年级课文《最后一头战象》这篇长文中，怎样才能让学生关注重点，提高学习效率呢？在研读文本时，笔者发现文中有这样一句话："大象是种有灵性的动物"，便提出了一个提纲挈领的问题："找出文中体现出大象的灵性的描写，并说说你的理由"，于是整节课围绕这个问题，或读或说或写。

实现语文课堂的高效，要让写更有层次。教材中的每一篇课文都是写作的最佳素材，课文中一个个精彩的片段，一种种精巧的结构，除了要读要悟，更要落实到写之中。片段仿写是训练学生书面表达的一种简单易行的方法，让学生在日常的仿写中不自觉地提升自己的写作水平。结构仿写是帮助学生在写作中理顺写作思维的一种高效的方式，让学生的文章层次分明，环环相扣。

平实的语文课堂，需要扎扎实实的教法、扎扎实实的学法、扎扎实实的活动、扎扎实实的课堂效果，需要把高深的理论运用成平实的课堂实践，用平实的课堂实践提升学生的语文核心素养，将听说读写扎扎实实地落实到课堂的每个环节，真真正正地提升教学质量。

参考文献

[1]崔桂英.应该给孩子一个怎样的平实语文课堂［J］.全国优秀作文选，2012（02）.

［2］黄冬梅.在平实中找寻语文课堂的本真［J］.山西教育·教学，2018
（10）.

［3］赵立新.平实：语文课堂实践的追求［J］.新课程·小学，2009
（11）.

打造平实英语课堂　成就特色英语品牌

周 灿

在经历了琐碎繁杂的新课改试验后，我们的教学开始渴望回归平实和自然，于是渴望放松身心的心理在课堂中与日俱增，而简洁、高雅的教学风气也蔚然成风。对我们教师而言，课堂始终是我们的主阵地、主战场，要想赢得这些战场的胜利，"俘虏"学生的心灵，课堂质量无疑是一把衡量的关键尺子。学生始终是课堂的主人，以生为本，为学生好学而设计的课堂，这是"生本教育"最核心的理念。结合深圳市坪山区坪山实验学校的生本教育特色，我们英语科组开展了一系列大胆的课堂尝试和思考，并对打造我校的平实英语课堂，成就特色英语品牌进行了深入的探索研究。

一、审视现实：分析深圳市坪山区坪山实验学校小学英语课堂现状的误区

随着我国课程改革的全面实施，小学英语教学被提升到一个新的高度，广大教师也在不断研读新课程理念。但是，由于对新课程标准内涵及实质的理解、认识不一，很多教师在英语教学实践中也步入了误区。

（一）小组合作的方式

华东师范大学章兼中教授曾指出，课堂教学中师生交往的形式是多种多样的，而学生之间和小组之间的交往尤为重要，且最主要的是学生之间的交往。这是因为，同一班级的学生具有共同的年龄特征、知识水平、学习经验和思想情感因素，易于相互传递和接收信息，易于激励学生的参与意识，从而促进学生掌握外语进行交往的进程。因此，课堂上学生的学习方式多采用小组合作的形式。可是现在很多课堂上的小组合作，只是小组合"坐"，多数学生并未真正参与到讨论中；小组探究，只"谈"不"究"，只"合"不

"作"，合作探究成了走过场，小组合作成了形式。

（二）课堂组织形式

小学生的思维以具体形象思维为主要形式，上课时喜欢交往，活泼好动，爱发表见解，好奇心强。教师在教学过程中要考虑到这些特点，充分利用直观教具、形象化的语言和学生已有的经验，从生活实际出发，创设充满情趣、童趣的各种活动，让学生在活跃的气氛中学习。英语课堂气氛热烈，为了把"动"引到小学英语课堂教学中，使学生在"动"中学习，在"动"中得到语言学习成功的愉悦，几乎每一节英语课都有唱、跳、演、玩等，课堂简直成了舞台。在这种热闹的场合，学生真能每节课都学到知识吗？教师的教学目的真的能达到吗？

二、突出特色：打造"五步走"的平实英语课堂

我校坚守生本教育理念，遵循教育规律，创新教育方式，课题改革由"师本教育"向"生本教育"转变，即把为教师的好教而设计的教育转向为学生的好学而设计的教育，实现学生积极、主动、活泼、健康地发展。我校英语课堂依托"生本教育"，坚持以"一切为了学生，高度尊重学生，全面依靠学生"为宗旨，始终本着学生好学、学会、乐学的目的，让学生在活动中体验，在体验中感受，在感受中提升英语的综合素养。我们通过一系列的课堂实践，不断地研读文本、解构文本、整合文本，在不同的主题板块下，挖掘文本的主题意义和文化价值，逐步优化课堂教学设计，转变英语教学形式，逐步打造出属于实验学校的"五步走"平实英语特色课堂，全面引导学生的品格塑造，发展学生的思维品质，提升学生的英语学习能力。

（一）课前前置学习，培养自主学习能力

《义务教育小学英语新课程标准》（以下简称《课标》）倡导以人为本，关注学生发展。《课标》视学生的发展为英语课程的出发点和归宿，强调在面向全体学生的同时，关注每个学生个体，尊重个体差异。我们尊重每个学生的发展，倡导先学后教，先做后教，少教多学，以学定教，最后达到不教而教。根据我校学生的学习实际，我们通过设计少而精的前置性小研究，小研究既要做到简单、根本、开放，又具有科学性、灵活性、开放性和可操作性，学生在前置学习的过程中自己先主动研究学习内容，思考遇到的问题，查找课程相关资料，既提升了学生自主学习的能力，又培养了学生的

独立思考能力。例如，在教授英语四年级下册Unit 6 My parents时，由于第三课时是阅读课，笔者设计了让学生填写日常生活中遇到的标志表达（e.g. Don't play with fire.），并让学生查找遇到火灾时如何自救的知识（e.g. Don't take the lift.），同时根据阅读的文本内容思考自己喜欢的职业和原因（1.What do you think of firemen？ 2.Which job do you like best？ Why？），课前的小研究和课中的活动探讨，让学生不仅增加了消防小知识，而且增强了安全防火意识，进而全面提升学生的综合英语语用能力。

（二）课中创设"五步走"，提升学习策略训练

1. 定标导学，创设情境

定标创境就是根据本节课的学习目标创设情境，激发学生对本节课学习的兴趣和内在需求，使学生学习起来有目标且方向明确，以便切实提高学习效率。创设情境的方法是多种多样的，要依据学生具体的年龄特点、课程资源、课程性质、课程内容等来确定。

低年级的学生往往意志力差、爱表现、有意注意力时间短，对事物的接受常停留在直观、形象的画面上。开学初，笔者就把一册书上所有的歌谣、歌曲和小诗串在一起播放，每节课上课前先进行热身，然后通过生动的"chant"导入。学生看着精美的动画，听着节奏感极强的歌谣，跟着慢慢哼唱，一学期下来他们无师自通，不但会唱，而且能跟着歌谣进行表演。

中年级的学生正处于过渡期，兴趣稳定性不强，但有一定的英语语用积累。根据这个特点，笔者在学期初就把教材中的各种歌谣整理编辑在一起，在实践中，笔者深挖教材，创设逼真的学习情境，以便迅速地把学生们带到英语的氛围中。在教授深圳牛津版英语三年级上册Module 2 The animals I like时，笔者提前把教室布置成动物园的样子，教室四周挂满了各种动物图片，每组设计成动物小组，评比方式焕然一新。"同学们，今天咱们要去逛动物园，你们高兴吗？来看看动物园里都有哪些小动物吧……"教师使用"There be..."句型给学生引路，学生们兴趣盎然地接受任务并开始认真学习起来。

高年级的学生逐渐以逻辑思维为主导，他们对伙伴的事、社会上的事更加关注和感兴趣。根据这个特点，笔者采取了课前观看视频进而提取有效信息的形式导入。例如，在教授深圳牛津版英语五年级下册Unit 6 Holidays时，笔者播放了全国各地有名的城市，让学生了解各地的风土人情，然后和学生们谈论What cities can you see？ Which city do you want to go？ Why？ 引导他们谈论看到了哪些城市和有名的小吃或建筑物名称，自然地让学生讨论自己想去的地方和原因。这样就可以自然而然地过渡到课题Welcome to Sanya。这种导入方式既激发了学生的兴趣，又让学生迅速进入本单元主题。

2. 联系实际，创设文本

学习目标是学生学习的导向标，有了一定的情境导入，学生便能更快地进入本课的学习。文本是英语课堂的生命线，几乎所有的英语活动设计都围绕英语文本开展。教师可根据文本提供的丰富形象的语言描绘，将它创设为一种具体可感的情境，并对一些情境优化，筛选出最适合学生体验的情境，将学生引入情境化的文本，让他们在实际体验中感到乐趣，从而保持思维的敏捷，使他们对文本的探究能不断进行。目前，深圳牛津版英语教材主要围绕主话题开展单元教学，课程提供的文本较简化，给教师提供自由发挥的空间很大，这就需要教师对所提供的教学资源和教学方法进行合理的整合，进而把本文情境转化为课堂活动的能力。

例如，在教授深圳牛津版英语四年级下册Unit 6 My parents第三课时，通过复习Jill家人的职业和观看firemen的小诗，初步了解firemen的工作；紧接着，创设消防站开放日的情境，观看视频，同桌讨论Jill's father带领大家参观消防站发生的事情。由于原文中只有几句简单的对话性语言，笔者对整个文本进行了合理的修改，融入了消防标语（Don't play with fire. /Don't smoke./...），职业的描述（Firenmen can put out fire. Firemen can save our life. They are brave.）等语言，让整个文本更加贴近学生的生活，让大家如临其境，就像真的走进了消防站，感受消防开放日的生活。

3. 小组互助，解构文本

在新课改背景下，我们教师在教学过程中积极倡导学生的合作学习方式。小组合作学习是指在教学过程中，主要以小组为单位和活动共同体，共同开展学习活动。合作学习最大的特点是围绕共同的问题，通过小组成员间的交流与协作，最大限度地发挥小组成员各自的经验、知识优势和思维特点，共同研究讨论问题的解决方案和思路，寻求解决办法，形成共同的研究结果。但是我校在小组合作实际操作中，也出现了上文描述的误区和问题，所以我们在解构文本的过程中多采用小组互助的形式。

例如，中高年级的阅读课中，我们多半是采用pre-reading，while-reading，post-reading的阅读模式，阅读前我们多采用谜语猜测法、图片猜测法、问题导入法、视频猜测法等引入阅读课题；阅读中我们会逐步解读文本，对文本进行合理的拆分。根据阅读文本的发展，我们也会开展不同的英语活动，如听力填空法、判断正误法、词句拓展法、同桌问答法等，这一系列的英语活动我们都会在小组中开展，让小组成员互帮互助，同步发展，同步讨论；让人人都参与活动，人人有事做，人人乐于做，人人分享做，人人有所得。

4. 互助学习，分享展示

英语课堂是"形式多样的活动课堂"，英语课堂是"快乐、充满童趣的课堂"，英语课堂更是展现自我、凸显活力的课堂。在英语课堂中，学生是学习的主人，我们的英语课堂是要真正从原来教学生语言知识和技能转向通过真实有意义的语言实践活动来实现英语的特色课堂，我们的每节课都是通过同伴互助的形式在具体的英语活动中展开的。通过学生的同伴互助学习，有效地体现了学生的主体地位，激发了学生的英语潜能，也让学生在互相帮助的基础上形成多样化的语言表达思维，满足他们多样化的发展需要，加深学生的自我认知感受。学生在互助的基础上形成的英语成果，通过chant串编、故事表演、配音、画报分享展示、歌曲联唱等小组展示的方式在全班展演，不仅激发了学生的英语学习兴趣，提高了学生主动参与课堂的积极性，而且活跃了英语文化氛围，全面提升了学生的英语综合素养。

5. 整合文本，主题提升

新课标指出：语言是知识、文化和价值观的载体，英语课程要帮助学生形成良好的个性品质和社会责任感。在完成文本阅读之后，教师可以引导学生回顾文本内容，组织分享阅读文本的感受，让学生相互影响，彼此带动，对文本的理解更深入全面，让学生的情感体验更深刻细腻。英语课堂对文本进行合理整合后，可以将相应的主题与相关的德育或是英语文化价值方面相关联，对学生进行一定程度的思想道德教育，培养学生正确的人生观和价值观。例如，深圳牛津版英语六年级下册Unit 5 Signs，Unit 6 Keep our city clean，Unit 7 Protect the earth便是一组很好的环保主题。笔者没有局限于课本，而是以"了解深圳，热爱家乡"为主题进行了教学设计，从体验深圳的卫生状况着手，带领学生检查交通标语，再延伸到交通规则，让学生通过自己的切身感悟，了解交通安全和节能减排的重要性。从课堂到课外，从校内到校外，笔者润物细无声地将品质教育、社会意识、公德培养融入文本教学及课内外有序、有梯度的文化交际活动中，不仅增强了课程意识，更丰富了学生的生命历程。

（三）课后反思教学过程，评估学生学习效果

反思是人类特有的心智活动，是人类有意识地考察自己行为情境的一种能力。反思性教学是教师教学实践过程中对自身的教学行为不断进行反思的一种行为与态度，是教师对自己的教学活动和课堂情境认知对象，对教学行为和教学过程进行有意识的分析与再认知的过程。课后反思的不仅是课堂教学过程，更多的是反思学生的学习效果，通过反思教学中存在的问题，学生在学习过程中遇到的困惑和学习的成效，不断地优化英语教学课堂，从而促进教师专业的发展。我校的英语教师比较年轻，教学反思更是帮助他们快速成长的有效途径。我校英语科组形成一课一反思、一期一论文、一年级一课题的良性循环，以老带新，不断帮助年轻教师快速成长。

三、结语

杜威说过："如果我们今天还用昨天的方式教育孩子的话，我们就是在剥夺孩子的未来。"生本教育理念下的平实英语特色课堂给学生提供的不仅是课堂，还是一个大胆展示自我的舞台，一个平等、合作、收获、充满欢声笑语的舞台。通过9年的不断打磨，英语科组展现了强大的综合实力，我们团结协助、拼搏进取，我们在一次次的精心备课、研课中奋勇前行。"五步走"平实英语特色课堂尽显英语科组的风采，我们会不断优化英语课堂模式，改进教学方式，提升综合素养，从而形成实验学校的特色英语品牌。

💬 **参考文献**

［1］汪小波.在质朴的教学方法中彰显英语课堂教学的魅力——让英语教学在平实和自然中放飞心情［J］.新课程·中学，2011（11）：75.

［2］徐玲.穿越绚烂，归于平实——中职英语课堂之我见［J］.职业，2011（02）：22.

［3］李君.走出误区 回归平实——兼谈小学英语课堂有效教学的策略［J］.小学生·下旬刊，2017（11）.

［4］郭思乐.教育走向生本［M］.北京：人民教育出版社，2001.

［5］中华人民共和国教育部.义务教育英语课程标准［M］.北京：北京师范大学出版社，2011.

构建扎实有效的数学平实课堂

郑王炜

传统教学认为，数学课是抽象、枯燥的。究其原因，传统教学中，老师更加注重技能训练，而忽视了知识产生过程的探讨和数学与生活实际的联系。因此，学生虽然获得了知识和技能，却没有热爱之情，没有创新意识；更不知道这些知识的产生过程和技能的运用与价值。构建扎实有效的数学平实课堂，就是要求我们在新课程理念的指导下，依托"生本教育"，坚持以"一切为了学生，高度尊重学生，全面依靠学生"为宗旨，在发挥学生主体作用的前提下，遵循教育规律，课堂改革由"师本教育"向"生本教育"的转变，即把为教师的好教而设计的教育转向为学生的好学而设计的教育，实现学生积极、主动、活泼、健康地发展，构建符合学生身心发展的有效课堂。

由此可见，构建扎实有效的数学平实课堂已经显得十分迫切和重要。下面将从四个方面阐述深圳市坪山区坪山实验学校是如何构建扎实有效的数学平实课堂的。

一、对有效平实课堂的理解是构建数学平实课堂的立足点

平实有效的数学课堂是指教师遵循教学活动的客观规律，以尽量少的时间、精力和物力投入，取得尽可能好的教学效果，从而实现特定的教学目标，让学生在课堂上的学习效率最大化。

课程要建设，课堂要创新，教学要务实求真，我校构建的平实课堂具有"五真"特点：摈弃课堂假热闹，追求课堂真对话；摈弃课堂假合作，追求课堂真探究；摈弃课堂假表演，追求课堂真互动；摈弃课堂假明白，追求课堂真体验；摈弃课堂假思维，追求课堂真思考。追求基于学生综合素养培养的"两个注重"课堂观：注重学生学习方式的转变，注重学生展示能力和

课堂气质的培养。平实课堂体现了六大气质：欣欣善思、侃侃而谈、虎虎生气、落落大方、磊磊大气、谦谦和气。

在平实课堂中，学生有真选择、真思考、真体验、真收获，教师有真智慧、真投入、真引领、真成长。

二、关注学生在课堂上的表现是构建数学平实课堂的主渠道

1. 根据教学内容和学生特点，激发学生学习兴趣

学生的数学成绩不好，是由于对数学缺乏兴趣。教师在教学中可根据教学内容，运用一些生动形象、直观有趣的教学手段，为学生创造运用数学的环境；引导学生动手参与，鼓励学生积极探讨。让学生在课堂学习的每一个环节中都能感受到步步为营的踏实，体会渐入佳境的喜悦，树立学习的信心。备课各环节，如情境创设应与学生已有的知识、经验相适应，激发学生的参与欲望，使学生积极自主探究；达标检测应注重基础练习，让每个学生都能通过训练感受到学习渐入佳境的喜悦；题目设计应注意难度梯度，让每个学生都能通过训练真正领悟快乐的学习境界，树立学习的信心。

2. 在课堂教学过程中要指导学生自学，合理检验学生的自学效果

课堂上教师可根据学生的学情、所学内容的难易程度，灵活应用教学模式，不以模式定教学，并把大量的课堂时间放在对学生的有效训练上。要让学生亲身体会学习的过程是把他人总结的结论自己再一一加以验证，并把有用的知识转变为自己的知识的过程。在数学课堂上要求学生勤于动脑、动手，做有针对性的练习，而所做内容既是学生所学内容，又是适合学生能力水平的内容，且不同层次的学生有不同的训练内容。在对学生学习效果进行检验时，要尽量让在做题过程中有问题或有错误的学生来展示，并把存在问题的地方和为什么会出现这样的错误让学生弄清楚，使他们更能理解所学知识点，从而使学习的效果最大化。

3. 提高学生在数学课堂上应用所学知识解决实际问题的能力

众所周知，学以致用是对学习效果最好的展示。那么，在数学课堂上一定要设计一些实际问题，像工程问题、行程问题、面积问题、效率问题等难度不是很大但很实用的问题，让学生运用所学知识来解决，使学生感受到数学的魅力所在，从而在思想观念上转变数学学起来很难的看法，构建符合学生身心发展的有效课堂。

三、做好中小学数学教学内容的衔接是构建数学平实课堂的着力点

小学数学学习是为学生今后进入中学打基础的，所以教学要把学生的可持续发展放在第一位，做好中小学数学教学内容的衔接是构建数学平实课堂的着力点。

例如，在讲解盐水的浓度是10%这一概念时，如果初中教师轻描淡写地规定：盐水的浓度=盐的质量/盐水的质量。这种规定就是一种灌输，学生较难理解和接受。若教师熟悉小学数学的教材内容和教法，当例题中出现"盐水的浓度是10%"这一语句时，教师可引导学生说说这里盐水的浓度10%是指（　　）是（　　）的10%。这一问就与小学的百分数应用题的教材教法相衔接，学生原有的知识储备就被调出来了，进而也就容易概括出上述的公式。

又如，小车和大车分别从相距280千米的甲、乙两地同时出发，相向而行。小车的速度是每小时80千米，大车的速度是每小时60千米。小车和大车几小时相遇？用算术方法，学生会很快根据老师总结出的结论，不假思索地写出算式：$280÷（80+60）=2$（小时）。当然，问题是解决了，但是真正追问："为什么路程除以速度和就是从出发到相遇所用的时间？"更多的学生却又不知所云。进一步看，这种教学对学生的后续学习带来了什么呢？当要求学生用方程解决该问题时，很多学生经常列出如下方程：设小车与大车x小时相遇，$x=280÷（80+60）$。究其原因，是我们在教学中忽视了对问题中相关数量间关系的揭示，过多地总结了一些结论。

四、培养学生的数学思维是构建数学平实课堂的新锐器

数学教学是数学思维活动的过程，培养数学思维品质离不开数学实践，也离不开实际生活，在初中数学教学中我们对学生应注重以下几种能力的培养。

1. 思维的深刻性

通过概念的形成过程，培养学生的抽象概括能力，重在理解，重在知识的形成过程，不满足对概念定义的机械背诵。我们在教学中应该设计一些实际的题目，让学生在观察中发现并总结出结论，所以在教学中我们不必让学生前一天去预习，以避免学生先入为主，课堂中不愿意去思考。而应尽力让学生自己发现真理，弄清定理公式的来龙去脉，条件结论的逻辑联系，能独

立做出证明，明确定理、公式与其他知识之间的联系、所处的地位与所起的作用，逐步把握知识的逻辑结构。对于数学问题的思考，能够抓住问题的本质和规律深入细致地加以分析与解决，而不被一些表面现象所迷惑。解题后能够总结规律和方法，把获得的知识和方法迁移应用于解决其他问题。

2. 思维的灵活性

培养学生思维灵活的程序和模式，能够根据具体情况及时换向，调整思路以克服思维定式。在解决数学问题时，善于运用辩证思维对具体问题进行具体分析。一题多解，一题多变，善于联想，长于发散，培养灵活思考、进退自如的思维习惯。强化数学语言教学，注意对同一对象的不同语言表达方式，加强自然语言、符号语言、图像语言的互译训练。

3. 思维的敏捷性

（1）在数学语言的教学上应把自然语言、符号语言、图像语言有机结合，相互印证，便于学生理解数学概念、定理、公式，通过对数学语言的理解和运用，培养学生数学思维的敏捷性。

（2）善于选择信息，善于运用直觉思维，善于把问题转换化归，注意思维的合理性，避免走弯路，出奇制胜。

（3）教学中要注意思维块的积累，熟练地应用思维块是达到思维敏捷的有效手段之一。

4. 思维的独创性

（1）教学上应充分鼓励学生创造性思维的萌芽，千万不可泼冷水，这是培养思维独创性的原则。

（2）鼓励学生自己编题，变更条件，考查结论的变化，通过定理的引申、特殊化、一般化引出新定理，激发创造性思维的火花。

（3）通过归纳、类比提高发现问题做出猜想的能力。通过对猜想的否定，提高发现反例的能力；通过对猜想的肯定与论证，提高发现证明思路的能力；通过探索性、开放性作业，培养初步的独立探索的能力。

总之，构建扎实有效的数学平实课堂，需要教师在课堂教学过程中既要做到精讲、善导，又要教给学生学习数学的思维和方法，保证课堂教学效果的实效性得到最大体现。

参考文献

［1］毛明合.如何打造平实有效的初中数学课堂［J］.求知导刊，2016（20）：83-83.

［2］石树业.远离浮华　打造平实有效的课堂［J］.新校园（阅读），2016（05）.

［3］纪茹.回归本真，打造平实有效的课堂［J］.陕西教育，2016（05）.

构建平实课堂，提高新课效率

王伟芳

一、什么是平实课堂

著名教育学者叶澜教授在2013年9月于《中国教师报》上发表的《好课的基本要求》中提到，尽管好课没有绝对的标准，但应该是一堂有意义、有效率、有生成、常态性及有待完善的课。深圳市坪山区坪山实验学校提出在不同学科的不同课型践行平实课堂教学模式，即课堂教学要充分体现教法实、学法实、思维实、语言实及课堂学习氛围实这五"实"原则，与叶澜教授提出的好课标准有异曲同工之妙。

物理学是自然科学领域的一门基础学科，学生通过学习物理来探索自然的奥秘，深化对自然界的认识。物理新课是把学生领入物理世界大门的第一步，将影响学生后期开展学习的积极性，应该引起全体物理教师的高度重视。同一节新课，教学技能高超的教师往往能激起学生心中的波澜，激励学生为探索未知世界不懈努力。笔者结合自己的教学实践，就初中物理新授课的平实课堂提出自己的浅见薄识，以期抛砖引玉。

二、如何提高平实课堂效率

1. 学习情境要真实有趣

苏联心理学家鲁宾斯坦说："思维通常是由问题情境产生的，并且以解决问题情境为目的。"有效的物理问题情境能激发学生的探究欲望，促使学生运用已有知识通过质疑、分析及推理去主动构建新的知识，实现学生情感培养、思维启迪、智力开发的目的。

进行光学知识学习前，学生已经接触和进行过不少光学实验，因而当升入八年级时，他们的学习状态远没有首次接触时那么兴奋好学。为了再次点燃学生的学习热情，笔者在《光的反射》的新课教学中借助视频为学生创设了如下问题情境：为意大利北部的维佳维拉村民们想办法，如何利用现代技术解决村民每年冬天都享受不到阳光这一难题。

九年级学生的实验兴趣和实验效果随时间直线下降，这是很多物理教师进行电学知识新授课的一个痛点。为此，笔者在"串联和并联"的新课教学中借助演示实验为学生创设并践行了为庆祝中华人民共和国70周年华诞，请学生设计电路图，用一个开关控制两盏灯，让中国龙的两只眼睛亮起来的学习情境。

一个好的学习情境就是新课成功的一半，它能瞬间抓住学生的眼球，引发学生无限的遐思。这两节新课，笔者用视频或演示实验再现探究情境，激发学生的求知欲，让学生在真实有趣的学习情境下积极开展探究活动，达到了"从生活走向物理"的目的。

2. 教学语言要简洁严谨

教学语言是教师表达思路的工具，是引发学生学习注意、点燃学生学习热情的火炬。物理新授课上，教师的课堂语言不仅要简洁易懂，聚焦学生注意力，还要富有物理味，凸显物理学科严谨的特点。

物理教材中用来表达物理概念和物理规律的语言是确切而精练的，多一个字、少一个字或者前后颠倒，表达的意思相差甚远，因此正确无误地表达是物理教师的基本功，如在引导学生研究"反射光线和入射光线的关系"时，教师不能随意调整问题顺序，而是应该带领学生将问题进行如下分解：以法线ON作为参照物，AO为入射光线，OB为反射光线，B可以绕O点旋转。由此引导学生提出问题：反射光线与入射光线、法线是不是在一个平面内。如果反射光线与入射光线、法线是在同一个平面内，也有多种可能，即B点可以转至ON的左边或者右边。由此引导学生提出问题：反射光线与入射光线是在法线的同一侧，还是分居法线的两侧。如果反射光线与入射光线分居法线的两侧，也有多种可能的方向，即反射光线OB与法线的夹角可以发生变化，由此引导学生提出反射角与入射角存在什么关系的问题。这样就把原来的问题"反射光线与入射光线有什么关系"分解为三个更为具体的子问题，厘清逻辑思路后再让学生进行探究。

另外，为帮助学生更好地理解所学的物理知识，教师还应运用形象简洁的语言来激发学生的学习兴趣，在巩固学生所学物理知识的基础上进一步激发学生挖掘未知世界的冲动。比如，在帮助学生理解串联电路和并联电路这两种不同的电路连接方式时，教师可以给学生打个比方，串联电路用电器依次相连，就像手链一样串成一串；并联电路用电器并列连接，就像我们的坪山河有干流和支流一样，并联电路也有干路和支路。

教学语言是一门科学，也是一门艺术。不管是有经验的教师还是刚参加工作不久的年轻教师，都应该认真钻研教材，字字斟酌，让自己的教学语言严谨明了而富有科学性。在物理新课教学中，教师用深入浅出的科学语言把物理知识展示在学生面前，在培养和提高学生学习兴趣的同时，也在培养学生严谨的科学态度。

3. 学生活动要充实有效

著名的华裔诺贝尔物理学奖获得者李政道和杨振宁都十分重视物理实验，李政道说过："现代物理的本质是实验的。"杨振宁说："我希望大家多注意物理现象，多注意新的东西，多注意实验，这就是跟真正的活的物理比较接近了。"

初中生正处于从经验型抽象逻辑思维向理论型抽象逻辑思维转变的过程，物理实验从感性到理性，从具体到抽象，正好适应学生身心发展特点，符合学生的认知规律。通过实验可以让学生在观察物理现象的基础上加深对实验现象的体验，深化物理概念和规律的理解，掌握基本物理方法，强化物理思维的训练。

长期以来，由于受应试教育的影响，物理实验教学不受重视，大多仍流于形式，存在着实验装置陈旧落后、物理实验课开设率不高、实验教学方法落后等问题。很多学校的实验教学投入资金少，原实验设备陈旧落后，破损严重，不能适应当前实验的要求，甚至不能保证物理实验教学的顺利开展。尽管有些教师也让学生动手实验，但没有给学生留有足够的发展空间。实验课上，学生只是麻木地按照教师的指令去获取数据，从不考虑实验为什么要这样做，实验过程可能存在什么问题及如何解决。

课堂上，教师要尽可能创设条件，变验证性实验为探究式、项目式实验；可以通过安排更合理的分组实验增加学生的实验操作机会，培养学生的动手操作能力；对于无法安排分组实验的，则可以进行课堂演示实验；对于条件不允许无法完成的实验，可以引导学生设计实验步骤并通过播放自制实验视频验证正误。课外，教师可以通过布置家庭实践作业、带领学生进行课外探究活动等形式增加学生动手实践的机会，并细化评价方式方法，切实保障课外活动能真实有效地进行下去。

4. 问题铺设要详略有序

著名教育家陶行知先生说："发明千千万，起点是一问。禽兽不如人，过在不会问。智者问得巧，愚者问得笨。"可见，课堂提问是传授知识、训练思维的有效途径。教师可以用阶梯形问题带领全体学生共同参与到解决问题并生成新问题的过程中，不仅能让基础相对薄弱的学生参与到头脑风暴中，还能让思维活跃的学生也得到提升。

例如，在"汽化和液化"的新课学习中，为了突破沸点和气压的关系这一难点，笔者设计如下两种教学方法。

方法一：液化降压。先让学生观看浇冷水让液体重新沸腾的实验视频，在学生感觉到新奇的基础上提出问题：我们要研究哪些物理量——沸点和气压。可以利用什么工具测量——用温度计测量沸点，用气压计测量气压。但是我们现在用的液体温度计不能倒置使用，怎么办——用数字温度计代替，用温度枪等。教师分析各种温度计的优劣后，出示改进后的实验装置图，然后播放实验视频：不断向烧瓶底浇冷水，停止沸腾的水重新沸腾起来。在这个过程中，可以明显观察到随着瓶内气压的不断降低，水的沸点也随之降低。

方法二：抽气降压。教师出示教材中从圆底烧瓶（装有部分刚停止沸腾的水）往外抽气，水重新沸腾的图片，提出问题，引导学生思考探究沸点与气压的关系。第一个问题：你认为应该如何改变试管内气压的大小——抽气降压，打气增压。第二个问题：什么时候往管内抽气，会出现什么现象，尝试解释原因——移走酒精灯，当水停止沸腾时，向管外抽气，将观察到停止沸腾的水重新沸腾起来。原因是抽气让管内气压降低，此时水的沸点也降低。第三个问题：什么时候往管内打气，会出现什么现象，尝试解释原因——继续用酒精灯加热，当水沸腾时，往管内打气，将观察到水停止沸腾。原因是打气让管内气压升高，此时水的沸点也升高。最后，教师播放提前录制好的实验视频验证学生的猜想。

课堂问题设计，一环扣一环，发散学生的探究思维，引导学生探疑、析疑及答疑。为了保障每一个学生平等的学习权利，教师以逐步推进式的问题导学，引发学生对问题进行自主合作的探究学习，使学生通过思想和活动的交流与碰撞，建构新知识、升华情感及发展思维。因此，物理教师在进行新课教学时也应该像高明的裁剪师一样，努力追求提问设计的技巧性和艺术性。

总之，初中物理的新课教学中，教师应尽可能多地创设真实有趣的学习情境，使学生在具体形象的情境中大胆质疑，积极探索；教师应该注意锤炼课堂教学语言，因为简洁严谨而富有物理味的语言往往能让学生在纵横交错的物理知识体系中聚焦课堂所学，瞬间抓住要点；教师要善于借助实验活动，让学生在实践中学习新知，掌握科学方法，发展科学思维；教师应善于设计更具思辨性、启发性的阶梯式问题，让差生有话说，让优生能发挥，使全体学生在轻松的气氛中交流、碰撞、醒悟，心领神会。

参考文献

［1］王伟芳.创设情境，牵线教学［J］.中学物理教学参考，2015（03）.

［2］程宏亮主编.初中物理实验装置和实验教学方法的变革与创新［M］.长春：吉林人民出版社，2018.

生本教育理论下初中化学实验课堂学生基本实验技能的培养

汪晓霞

教育的根本是提高学生的学习能力，每门学科都有不同的学习方法和技巧，所以教师要从教育的根本出发，结合学科特点，引导学生有效学习，提升学生的学科素养。

一、现代教育对学生素养的要求

现代社会对人才具备的素养要求是与科技进步和发展相适应的。教育部基础教育课程教材专家工作委员会经过课题组的深入研究，于2016年在中国学生发展核心素养研究成果发布会上，正式提出了三方面六项综合表现的学生核心素养：人文底蕴、科学精神、学会学习、健康生活、责任担当、实践创新。核心素养是对素质教育内涵的具体阐述，可以使新时期素质教育目标更加清晰，内涵更加丰富，也更具有指导性和可操作性。核心素养是连接宏观教育理念、培养目标与具体教育教学实践的中间环节。

在新课程改革的大背景下，深圳教育先行先试，率先成为广东省教育强市和推进教育现代化先进市。面对现代化、国际化、信息化对人才素养的新要求和广大市民对教育的新期盼，深圳市教育局出台了《关于进一步提升中小学生综合素养的指导意见》（以下简称《意见》）。《意见》将八大素养的提升列为主要任务：覆盖品德、身心、学习、创新、国际、审美、信息、生活八个方面。深圳市教育局局长郭雨蓉指出："党的十八届三中全会强调立德树人，全面深化教育领域的综合改革，《关于进一步提升中小学生综合素养的指导意见》之所以在这个时候提出，既是为贯彻这一精神，又是为落实党和国家的教育方针，同时还是深圳教育转型发展与学生主动适应未来经济社会发展挑战的迫切需求。该意见力求回答今后深圳要培养什么样的学生和如何培养的问题。"

综合教育部对学生核心素养的提出和深圳市出台的《意见》提出的八大素养可知，培养学生素养是当今教育的重点内容。学习素养是六大素养和八大素养中的重要内容，所以初中阶段在化学学习的重要课程形式——实验课中要进行充分的培养和提高，目的是使我们培养出来的人才适应现代社会发展需要，能解决人类将要面临的科学问题，为学生将来在各个科研领域做出贡献奠定基础。

学科素养是基于学生发展的重要需要而提出的，我国教育部门根据学科特质、学科核心任务、学科的实施方式，明确提出中学生的化学学科素养包括以下内容。

1. 宏观辨识与微观探析

学生通过观察宏观物质的形态、变化、现象后，能够预测物质的性质及预测物质可能发生的变化等。

2. 变化观念与平衡思想

学生能从内外因两方面关注物质的变化，并能用辩证的观点分析物质之间的联系、发展与动态平衡。

3. 证据推理与模型认知

学生能根据观察到的现象解释原理，形成一定的学习思维框架，能解决难度较大的问题。

4. 实验探究与创新意识

学生能设计和操作完成实验，并有改进和创新意识，实验过程中，有尊重客观事实、实事求是的精神。

5. 科学精神与社会责任

学生能带着化学学习的最终目的去行动，有学习解决人类生活问题的意识，注重社会与自然和谐关系的理念，有为人类进步奉献的精神。

二、生本教育与教学的有效融合

1. 生本教育与化学学科教学的密切联系

生本教育是郭思乐教授创立的一种教育思想和教学方法。它是为学生的好学而设计的教育，是以有生命的个体为本的教育，是要把"教"转化为"学"的教育。生本教育是为了学生的"学"而设计的教育模式，教学过程中教师要充分体现学生的主体性。学生是课堂的主体，通过这种"教"与"学"，让学生充分发挥学习的积极性和主动性，实现学生全面、自由、快乐地发展与成长，实现传统教育下培养人才模式的突破，真正培养现代背景下适应社会发展的人。

生本教育的核心理念就是把学习的权利还给学生，让学生在学习中成为自主发展的主人。生本教育的学生观指出：学习是生命成长的过程，是人自我发展的需要。教育的一切都是为了满足人的发展需要，从而使其内在的生命力和潜能得到充分的发挥。生本教育的课程观指出：基础教育中，所有的知识都可以在生活中找到，所有的教学都应跟生活实际相联系，挖掘生活中的素材，注重生活常识、规律与学习过程的密切性，让学生通过生活的角度去理解知识，然后在生活中发现知识、研究知识，使学习的环节变成"处处学习、时时学习"。生本教育的教师观指出：教师的教学是引导式教学，教师能有效地组织学生进行学习，在学习环节中提高学生各方面的能力，使学生获得学习的权利，在学习中成长，在学习中体会快乐，促进学生的情感体验和思想意识，理解和体会学习的意义。

生本教育也指出，对学生能力和素养等方面评价，不能只以学习成绩作为指标，而要从宏观方向进行评价，要以学生的生命发展、成长进步为方向，制定适合的评价原则和标准，不要以结果性评价为单一评价方式，而要以过程性评价为主。学生是有生命的个体，个体有成长的规律，学生学习过程是否快乐，个体是否得到发展，这些是生本教育评价的重要指标。评价的原则和内容引导素质教育的方向，让真正的素质教育渗透到教育的每个环节，使学生在各个学习环节中都有收获，就实现了教育的目的。

化学实验课是指在教师的指导下，学生在指定的实验室中，利用实验仪器、设备、材料和手段，就某些问题进行探究、求证的学习过程。实验课堂中学生是学习的主体，教师只是学生进行设计实验、动手操作、得出结论等学习环节的引导者。学生通过实验课的学习，思维能力、推理能力、动手能力等都得到了提升，学生经过这种体验之后，学习动力和情感体验的乐趣得到提高，个体得到发展，生命过程不断发展与成长，与生本教育的学生观是相一致的。学生的实验课依据的是生活经验和课本知识，课本知识也是依据以往的生活知识,不断积累,形成特色的学科知识。这些生活能力和知识基础为学生的实验课学习活动奠定了基础,为学生的实验设计、推理等方面提供资源和思路,所以化学实验课就是将生活与学习有机结合的过程,这种结合的过程正是生本教育课程观的体现。实验课教学中,教师的任务是引导推理论证、指导实验过程、引导总结归纳,这种角色的扮演正是生本教育教师观的体现。教师的"教"是导的过程,真正在"学"的是学生,实验课真正地把课堂还给了学习的主人。

2. 生本教育与平实课堂教学的有机结合

平实课堂是在新课程改革的前提下,以小组合作式为主要学习形式,以发展学生能力为目的,以提升学生素养为最终目标,注重学生的参与、体验、感悟、提升过程,让学生在学习中成长与发展,在学习中体会合作的快乐与和谐的一种具有我校特点的授课模式。

平实课堂注重学生的体验过程,学校为平实课堂的有效落实提供了各种保障,设施设备方面全力投入,如各种功能室、实验室、教室的设备设施都是最先进、功能最齐全的,这种设施的布置为教师课堂有效开展提供了便利,使课堂效果得到提升。比如,化学实验课的开展,可以在实验室药品齐全、人员齐备、设施先进的情况下,让学生充分利用课堂时间去感受化学实验课的乐趣,感受实验得出结论的学习过程,体会科学家研发、创新的科学过程,充分感受化学学科的学习方式和学习特点。

平实课堂的授课更要求教师要有较高的思考、设计能力,教师要在备课环节明确教学目标、重点、难点,挖掘教学素材,将课本知识的传授转化为指引学生参与学习,设计尽可能多的学生活动,以最大的意义开展学习合作,使学生在学习的过程中学会合作,建立共同的学习目标,达成共同的意识,互帮互助,共同进步。教师的教学设计既要有一定的趣味性,又要生活化,化学学科的知识与生活联系密切,学习化学的目的也是要解决生活中的问题,所以教师在授课时,更要注重密切联系生活,从生活中的问题或现象导入,再运用生活中一些简单易懂的原理,解决化学问题,使学生学习既有兴趣,又有成就感。

平实课堂应提升创新性,学生素养的提升中包括学生的创新能力培养,教师的授课行为也应注重创新意识的培养与创新元素的融合。化学课堂中很多教学手段和实验过程都是可以进行创新改进的。所以教师在授课的过程中,自身首先要有创新意识,然后引导和培养学生的创新意识,让学生在学习中收获与成长，提升学生创新素养，打造更有效的平实课堂新模式。

三、课堂实验技能的内容及培养方法

化学实验课中，学生的基本实验技能包括：了解仪器的性能、规格、使用方法，尤其是了解装置、读数、作图、实验操作、记录表达数据、描述分析实验结果等方面的能力；实验技能还包括学生对实验目的的了解、操作步骤的熟练程度、实验原理的理解能力和动手操作能力；还需要学生有设计记录实验数据的能力，运用适当的方法控制实验条件、会观察并分析现象，能正确处理实验数据、分析误差并得出实验结论的能力等。学生的实验技能可以简单地概括为设计能力、观察能力、分析能力、操作能力等。

依据以上实验技能的具体内容，实验教学中设计的教学环节要从提高这些能力入手，紧密结合教学目标和国家培养人才的要求，充分给予学生锻炼与成长的机会，有利于学生的可持续发展。

根据学生长期可持续发展的要求，要在实验教学中培养学生的实验技能，可从以下几个主要方向落实。

1. 实验设计能力的培养

引导和培养学生对实验的目的进行充分了解，明确实验的意义是要解决问题，包括生活问题、生产问题、科学技术问题等。利用已有的知识基础和信息资源，对实验进行理解、设计，得出合理的实验操作方案，对实验现象做出预设和假设，预估实验的可行性。教师指导实验设计方案，给出合理建议，师生修改方案，形成切实可行的实验设计方案。教师在这个环节的训练中是引导者和指导者，教师要把思考、分析、讨论的环节交给学生，相信学生的能力，让学生充分体验主体的角色，给予学生充分锻炼和体验的机会。

2. 实验操作能力的培养

学生能运用已有的知识进行实验操作，教师要充分了解与观察操作过程的准确性和规范性，要对不规范的操作给予及时的点拨和纠正。通过实验操作过程，培养学生严谨规范的意识、科学合理的操作标准。只有严格规范的操作，才能保证实验结果的准确性，所以严谨的态度是实验操作的保障。实验操作的熟练性，可以通过多次练习获得，实验课应充分利用学生动手的机会，让学生体验和感受实验过程，体验实验过程的乐趣，促进学生情感的提升，使学生更加热爱科学，理解科学的意义是解决生活生产中的问题，是改

善和提高生活质量。

3. 实验数据的分析和处理能力的培养

对学生实验数据分析和处理能力的培养，应从学生的基本计算和推理能力入手。化学实验的数据结果通常是某一反应原理的结果，一个实验的反应过程会有几个反应连续过程，所以对实验的推理能力是处理实验结果的一项重要体现，教学环节中教师要对学生进行反应原理的训练及物质质量（物质的量、物质浓度）对应关系换算的训练。推理和计算能力的提高是保证得出正确实验结论的关键。

4. 评价和反思能力的培养

任何一个实验过程都可能存在不足和缺点，教师要引导学生对实验进行正确的分析、评价，并能进行合理的实验改进。评价和反思能力的训练，能有效促进学生科学理论观点的生成，提高辩证分析问题的能力，提高学生对事物客观的评价能力。

5. 创新能力的培养

现代社会对人才的要求是具有一定的创新能力，能用创新意识去解决一定的问题是任何一个发展的人成长过程中必须具备的能力。教学环节要以尊重学生的独立思考和创新意识为前提，培养学生的学科意识和创新思维习惯，设计学生积极参与的学习环节，能激发学生的兴趣，充分挖掘学生的潜力，使其积极思考，培养学生的发散和想象能力。各教学环节的设计要符合学生的学情，使学生能灵活运用获取的知识，提出新问题，探讨解决问题的方法和培养新奇的思维意识。

四、方法与理念有效融合，促进人的发展

针对以上各项能力的内容，教师教学环节的设计可以采用自主、合作、探究为基本形式。实验课的教师与学生的角色和活动环节的教学模式设计如下图所示：

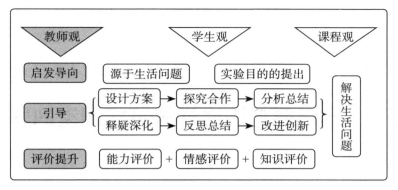

教学模式相关设计

在实验课中，教师教学目标的设计、问题的提出，都要从学生视角出发，以促进学生学习方法的形成和素养的提升为目标。教学手段和方法的设计，要以促进人的发展为目标，要以能解决生活问题、能适应现代发展的人才需求为最终目标。

💬 **参考文献**

［1］核心素养研究课题组.中国学生发展核心素养［J］.中国教育学刊，2016（10）：1–3.

［2］中华人民共和国教育部.义务教育化学课程标准（2011年版）［S］.北京：北京师范大学出版社，2012.

［3］袁振国.核心素养如何转化为学生素质［N］.光明日报，2015–12–08（15）.

［4］郭思乐.教育走向生本［M］.北京：人民教育出版社，2018.

基于小学道德与法治学科平实课堂的思考

贾翠杰

　　道德与法治教学作为基础教育阶段一门重要的学科，于学生正确观念的形成和综合素质的发展而言都具有重要的指导意义。相比于其他学科，小学道德与法治教学更具有灵活性和自由性，涉及范围和跨度更广。教师要全面认识道德与法治学科教学的重要性，遵循学科教学的基本特征，多从学生思维和教学出发，积极创新教学模式和教学理念，深入挖掘教材内容，引导学生从生活实际出发，运用生活化的思维强化对道德与法治实践性、应用性的认识，从而在潜移默化中强化学生的法治观念，帮助学生树立正确的世界观、人生观、价值观，培育和践行社会主义核心价值观，促进学生健康、良性地发展。

　　课程改革中，"填鸭式""满堂灌"的传统教学被人们批得体无完肤，也羞于谈论了，新课堂中的多媒体运用、小组讨论、学生自由发言，以学生自己喜欢的方式探究、分析解决问题，开展创新课堂、智慧课堂，这就是我们追求的课堂吗？我们受各种优质课、公开课的影响太深，当有人听课的时候，容易出的毛病是准备过度。教师课前很辛苦，学生很兴奋，到了课堂上将准备好的东西拿出来表演。当然，课前的准备有利于学生的学习。但课堂有它独特的价值，这个价值就在于它是公共的空间，这个空间需要有思维的碰撞、相应的讨论，最后在这个过程中师生相互地生成许多新的东西。它是一个由单一到复杂，由抽象到具体的过程。而这个过程的实现，是教师在平实课堂中完成的。什么是平实课堂？应是原生态的、真实的课堂，是一种常态课堂，是未经刻意粉饰装扮的课堂，是有待不断完善的课堂。小学道德与法治课堂要生活化，具有开放性、综合性。以小学生的视角，通过关注生活、反思生活和超越生活，对小学生进行知、情、意、行的德育教育，以培育其践行社会主义核心价值观。落实平实课堂，可以从以下几点着手。

一、从教学思想入手

这是前提。思想错误，行动跟着错误。想要有端正的教学思想，就要有正确的教育观念。

1. 正确的师生观

承认学生是一个具有主观能动性的人，具有发展潜力，是学习的主体。教师是学生学习的引导者和学生发展的促进者，是课程的研究者和建设者，是教学的主导。师生之间是彼此尊重的、赞赏的，是相互促进的合作关系。

2. 正确的教材观

教材仅仅是学生学习活动所凭借的话题或范例，而不是学习和记忆的对象，立足课标，研究教材，灵活使用教材，用教材教，而不是教教材。

3. 正确的德育观

教材预设的德育目的是引导学生过一种有道德的生活。儿童的生活是多样的，道德教育就是要使儿童在多样的生活中选择一种更有价值、更具有意义的生活，并通过这样的生活来涵养他们的德行，因此道德培养要回归生活。

4. 正确的评价观

注重学习结果，更注重学习过程，定量和定性相结合的评价，不仅关注学生的分数，更要看学生学习的动机、行为习惯、意志品质等；评价的目的是促进学生发展；评价内容具有综合性，包括作品分析、成长档案袋等多方面；评价主体多元化，学生、教师和家长齐参与。

除了这些以外，还有教学观、课程观，教师不仅要深刻理解其中的内容，更要在教学实践中灵活运用。现在仍有部分教师虽然知道学生是学习的主体，自己是主导，但在课堂中还是会出现"满堂灌"的现象，只关注教学内容的完成情况，而忽略学生的学习情况。

二、从教学方法入手

"教学有法，教无定法。"简单来说，一堂好课必须一切从实际出发。

1. 从教师实际出发

教师要了解自己，定位自己是一个具有什么特质的老师，是严谨学术型、幽默亲切型，还是综合型。

2. 从学生实际出发

既要了解班集体整体状况，也要了解学生的个体差异。即使教材精心选择典型案例，也无法完全适应每个地区、每所学校、每个班级学生的不同需要。因此，教师还要从本班学生的生活实际出发设计教学。

3. 从教学内容出发

在研究教材的基础上，教学中要重视教材中的主持人问题、留白和省略号的设计，以此来引导学生关注生活中遇到的真实问题。努力让教材成为与学生对话的文本。为了更好地发挥教材的激活作用，调适教材自身与学习者的关系，建构一种对话式的关系模型，小学道德与法治教材就将自己定位为儿童的"对话者"和"同龄人"，这样，教材就可以和儿童顺利地进行对话了。

在对教学主客观情况了解的基础上，制定并落实有效的教学目标就是重点了。比如，统编教材二年级《道德与法治》上册，第三单元《我们在公共场所》，这个单元旨在帮助学生养成公共场所所需要的文明行为习惯，并在其中融入社会主义核心价值观教育。二年级的学生知道课桌椅、篮球架、班级图书等是学校公物，为他们的学习成长提供了方便，但不懂得怎么爱护；懂得公共环境卫生需要大家共同维护，但他们自控能力弱，规则意识不强，需要他人的监督；他们的心理趋于稳定，对公共场所的文明礼仪有一定的认识基础，但仍需进一步巩固和深化。总体上说，二年级的学生对常规的认识不深刻，行为的落实不到位。那么课堂中，通过讲故事、讨论、角色扮演等形式，不能真正强化他们的行为。让他们内心接受并认同规则到实践行动，必须在生活中体验感悟。学校图书馆为我们提供了一个有效的活动场所，不仅可以学习知识，更能充分培养学生良好的学习习惯。我向学生说明了学习内容后，告诉他们，今天在图书馆上课，从开始排队去图书馆，在图书馆看书，到结束排队回教室，整个过程中看大家对公共场所礼仪情况掌握得如何。课后，学生们说很喜欢和大家一起去图书馆，比在教室里有意思。

图书馆之行会给学生留下深刻的印象，生活中的真实体验远远大于课堂上的说教。涂尔干曾指出："我们不能僵硬地把道德教育范围局限于教室中的课时：它不是某时某刻的事情，而是每时每刻的事情。"因此，教师要注重课堂教学与德育活动的融合。一方面利用教材的开放性设计，将课堂教学转化为学校的日常德育活动，深化或拓展教学重点；另一方面利用课程标准和教材的框架整合学校的日常德育活动，以此实现课堂教学与日常德育活动的良性互动。我们的课堂就应该这样，让学生课前与课后有所收获，教学内容的预设自然而成，师生之间有真实的感受。唯有在现实的土壤中，课程改革才能找到存在的理由和发展的可能；也唯有在平实的课堂里，教师才能找到存在的价值和发展的空间。

三、从教学反思入手

所谓教学反思是指教师对教育教学实践的再认识、再思考，并以此来总结经验教训，进一步提高教育教学水平。反思的方式方法多种多样，不论哪种，一般都围绕教学内容、教学过程、教学策略进行。

1. 教学内容方面

确定教学目标的适用性；对目标采取的教学策略做出判断。

2. 教学过程方面

回忆教学是怎样进行的；是否达到预期的教学效果；是否符合教与学的基本规律。

3. 教学策略方面

教师要意识到教学中存在的问题与自己密切相关；教师要对自己的教学活动与倡导的理论、行为结果与期望进行比较，明确问题根源；教师要重审教学思想，寻求新策略；检验新思想、新策略、新方案是否更有效，形成新感知，发现新问题，开始新循环。

教师教学反思的过程，是教师借助行动研究，不断探讨与解决教学目的、教学工具和自身方面的问题，不断提升教学实践的合理性，不断提高教学效益和教科研能力，促进教师专业化的过程。也是教师直接探究和解决教学中的实际问题，不断追求教学实践合理性，全面发展的过程。教师进行教学反思，及时调整教学，重在调整教学目标的设计与实施，是否符合学生的实际，是否能促进学生的发展。

结合图书馆学习，很好地评价了学生的学习情况，在真实的生活中，学生对公物（图书、图书馆的桌椅）的认识和爱护，通过阅读这个过程，看出学生在公共场所的行为习惯，是否真正做到安静看书、排队行走、上下楼梯不打闹等要求。小学道德与法治教学最终就是要促进学生情感态度与价值观的生成。教学要从价值灌输转向价值探究，教师要善于利用教材中那些以学生为中心的活动，让他们在自主探究的基础上，自然地获得某种价值观，而不是先给学生预设一种价值，然后再让他们对其进行验证。要注意引导学生进行自主的道德学习，学生的自主发展是非常重要的"核心素养"，学会学习又是学生自主发展的重要支柱。要实现学生情感的升华，道德意识的形成，教学必须真实，必须生活化。不论是课前反思、课中反思还是课后反思，教师都要思考教学的有效性。

"十年树木，百年树人"，教育是"慢"的艺术，就像养花一样，边养边看，静待花开。我们要摒弃浮躁、功利，回归教育规律，回归教学的本真。慢慢地、静静地，把课改的理念真正落到实处，再现平实有效的课堂。

参考文献

［1］李朝林.真实的教师　平实的课堂［J］.中学语文（教师版），2005（9）：5-7.

［2］纪茹.回归本真，打造平实有效的课堂［J］.陕西教育（教学版），2016（05）：73.

［3］张永刚.对小学《道德与法治》课堂教学活动的几点感悟［J］.课程教育研究：学法教法研究，2019（7）：69-70.

平实的信息技术课堂

——搭建自主设计的"脚手架"

史慧姗

平实课堂教学要实现教师从知识的垄断者、传授者转变为学生的指导者、帮助者和参与者。信息技术课程实践性强，教学内容与时俱进，要培养学生适应信息时代变化的能力，就需要切实提高学生的信息素养和自主学习能力。以教师为中心的课堂会限制学生自我探索，教师应该成为课堂上的引导者，应该以学生为中心，设计出"平实的信息技术课堂"。

笔者在学期末组织了一堂"Scratch程序综合设计"课，旨在了解学生整体掌握情况，并给予学生自由发挥的舞台。通过这堂课的教学，笔者总结得出以下教学经验。

一、设计前——明确目标，排除障碍

为了使课堂能够顺利开展，使学生在自主设计过程中获益更多，在上课前必须先分析清楚这节课的目的，还要对课堂有一定的预判，排除课堂中可能会出现的障碍。例如，"Scratch程序综合设计"课的主要目标是培养学生的计算思维，巩固本学期所学知识，多运用所学知识完成作品，在实践中加深理解并融会贯通，在实践中发现问题、主动学习。而让学生自主设计可能会面临以下问题：学生随心所欲，最终设计出来的作品并不能体现所学知识；学生容易花大量时间纠结于某些细节问题，导致最后没办法完成作品；抄袭书本作品，缺乏原创；缺乏动力，敷衍了事；课堂秩序失控。

根据以上分析的情况和课堂中可能会出现的障碍对课堂进行设计。为了充分调动学生的热情并制定课堂规则，课堂以比赛的形式展开，并设置奖项，最后评比出一、二、三等奖。为了便于作品的交流和评价，提高学生的自主设计效率，培养学生的合作能力，比赛采取小组合作的形式，4人一个小组。比赛规则的制定有利于目标的达成并排除障碍，笔者把比赛的得分项规定如下：用自己的语言描述作品（15分）；完整性（25分）；团队合作（10分）；创造性（25分）；技术性（20分）；演示（10分）；纪律分（附加分：10分）。

其中，"用自己的语言描述作品"和"完整性"两项是为了培养学生的计算思维，让学生把自然语言转换为程序语言，同时防止学生花大量时间纠结于某些细节问题，导致最后没办法完成作品。为了让学生更清楚地了解，更能达到教学目的，还添加了补充说明："用自己的语言描述作品"——自定主题并描述作品，越详细越好，要便于接下来转换成程序；"完整性"——越是按照上面的语言来转换分越高，最后要能完整操作或播放；"技术性"则规定了设计的作品要多运用本学期所学的知识，在实践中复习和巩固本学期学习内容；"纪律"评分项是为了保证课堂秩序，是比赛的"暂停"和"开始"键，但由于与作品设计没有直接联系，因此只作为附加分。

总之，在让学生自主设计前，应该根据学科课程目标、教学目标搭建脚手架，尽量排除可能出现的课堂管理问题、学生特性导致的问题等障碍。

二、设计中——多渠道即时反馈，帮助优化迭代

设计型学习理论强调设计过程中优化迭代的重要性，设计过程需要多次修改完善，即时的反馈能提供极大的帮助，教师的即时反馈无疑效果最好，但为了保证反馈的即时性、促进合作交流，即时反馈的形式应该多样化。

即使学生开始设计了，教师也不能放松，应该时刻留意各小组情况，并且采取即时适宜的干预手段。教师可以通过巡堂发现问题后提出修改意见，还可以把共性问题或有学习价值的问题在全班讲解。完全让学生自主设计作品存在一定的难度，教师应该给予即时反馈，但由于班级学生人数众多，凭教师一人之力难以做到，因此应该通过多渠道对设计作品进行即时反馈。这也体现了小组合作的必要性，小组合作一方面能培养学生合作交流能力，组内成员相互学习；另一方面也减轻了教师即时反馈的负担。

除了教师反馈之外，即时反馈的渠道还有组内反馈和组间反馈。设计过程中会有个别学生主动提问或者让教师点评作品，教师应注意引导，尽量

让小组内部解决，把教师反馈转换成组内反馈，既能减轻教师负担，也促进小组合作，但对于小组内部无法解决的问题，教师应帮忙解决，或者考虑转化成组间反馈，让其他小组帮忙出谋划策。教师还应该巡堂观察各组合作情况，通过给各小组的"团队合作"情况打分来督促小组成员间的合作交流，避免个别"高手"大包大揽的情况出现。

教师既要创造组间反馈的条件，又要防止组间随意反馈造成的纪律混乱，所以笔者认为，教师可以在设计中途让各小组在全班展示设计的半成品，其他小组评价并提出修改意见。打断学生的设计发起组间反馈会引起一部分学生的不满，教师应该利用好之前设置的纪律附加分规则来把控课堂。另外，学生对其他小组的作品也充满了好奇，在展示过程中能够向别的小组学习，教师应该利用好这一点来抓住学生的注意力。在其他小组评价时，教师应注意引导他们说出具体的优点和缺点，而不只是用"好""不好"等抽象的词语进行概括，如在"Scratch程序综合设计"中评价的是作品中角色、脚本或者舞台的设计好在哪里。

笔者通过实践发现，若每一小组都展示作品，第一，会导致课堂时间不足；第二，有的小组认为还没做好所以并不愿意展示；第三，有的小组缺乏自信，公开与其他优秀作品比较后可能会失去继续创作的动力。因此，笔者认为，教师应该在赛前就强调中途需要展示，让学生做好心理准备。另外，可以只让愿意展示的小组进行展示，既节省时间，也避免学生产生负面情绪。

总之，设计过程中要通过教师巡堂、组内和组间反馈的方式来保证反馈的即时性，保证学生在正确的指导下修改作品，促进学生优化迭代作品。

三、设计后——交流展示，总结反思

学生完成作品设计后应进行交流展示，而教师的主要任务是引导学生进行总结反思，而不是教师替学生总结反思。每个小组上台展示作品后，教师应该先让小组自评，说出自己觉得还有什么地方可以改进或者遇到了什么困难；接着其他小组进行评价，说出作品具体的优点和缺点，提出改进意见，并且帮助解决疑难问题；最后教师再适当评价，旨在引导反思，而不需要给出标准答案。

小组互评应该采取量性和质性评价相结合的形式，质性评价就如以上描述的让小组通过语言表达作品优缺点，而量性评价则需要教师提供评分表。

每个小组上台展示作品的时候，其他小组在台下根据评分表打分，评分表内容是通过细化之前的评分规则得来的，以帮助学生更加客观准确地评价，学生在评价他人的过程中也能够反思自身。

至于作品的最后分数，应该由他评和教师评两部分成绩组成，根据成绩排名决定奖项类别。教师还可以根据班级情况自定义奖项，如有的小组非常合作，团队意识很高，但是最后作品未能获得名次，教师可以设置"最佳团队合作"奖项来鼓励学生。

四、结语

"平实的信息技术课堂"是帮助学生自主学习、自主设计、自主探究、自主评价的课堂，是为了学生适应日新月异的信息时代，提高信息素养所需要的课堂。通过自主设计，学生能够在实践和应用中通过不断学习、深化和提高来掌握各种信息技巧，提高创新能力、交流能力、合作能力等综合素养。为达到教学目标，"自主设计"应该是教师引导下的"自主"，教师应该根据教学目标和学生特质为学生搭建自主设计的"脚手架"，让学生在设计过程中获益更多。

📑 参考文献

［1］郭思乐.改革核心：课程与教学的再造［J］.人民教育，2015（4）：21-26.

［2］朱开炎.生本教育的生态课堂教学模式［J］.课程·教材·教法，2004（5）：34-36.

［3］钟启泉.基于核心素养的课程发展：挑战与课题［J］.全球教育展望，2016，45（1）：3-25.

［4］王佑镁，李璐.设计型学习——一种正在兴起的学习范式［J］.中国电化教育，2009（10）：12-16.

小学体育教学中如何创建平实课堂

苏洁彬

体育课程是一门以身体练习为主要手段，以增进学生健康为主要目的的必修课程，它的价值在于提高学生的体质和健康水平，在于促进学生全面和谐发展。随着新课改的不断深入，如何构建平实的体育课堂成了每个体育教师关注的焦点。众所周知，体育课堂大部分在室外进行，然而室外会有诸多不确定因素对课堂造成干扰，体育教师应避免各种课堂干扰，想方设法地吸引学生的注意力，培养他们的运动兴趣，增加体育教学的趣味性，能让学生在有限的课堂时间里获得最大的体育知识和体育技能。下面就结合日常的教学实践来浅谈一下如何创建小学体育的平实课堂。

一、深入领会课程理念，做好扎实的课前准备

作为一线的体育教师，要想创建平实的体育课堂，应全面深入地领会新课程的理念，扎扎实实做好课前备课。体育课程标准的新理念包括：①坚持"健康第一"的指导思想，促进学生健康成长；②激发运动兴趣，培养学生终身体育意识；③以学生发展为中心，始终把学生主动发展放在主体地位；④关注学生的个体差异与不同需求，确保每一个学生受益。从课程标准的理念上可以看出，我们在上课时，一切的教学设计都要为了学生的健康发展考虑，无论是教学内容的选择、教学方法的确立，还是教学组织管理的实施和教学评价，都是为学生能够得到发展和进步服务的。所以在上课之前，我们要严谨设计，认真备课。备课要精心进行"三备"，即备教材、备学生、备场地，要深入了解和分析学生的实际情况，研究教材，抓住课的重难点，预设好活动的切入点，提前把运动器材摆设好，增强课程的流畅性，使课堂的有限时间得到充分利用。通过有效的课前准备，教师可以预想课堂中可能出

现的问题，提前想好对策，有效提高课程的教学效率，确保教学过程中的安全性和可靠性。

二、转变教学观念，建立和谐师生关系

传统的体育教学过分强调教师的主导作用，从而忽视学生的主体作用，传统的教学方式不仅影响教学质量和教学效率，同时还影响学生的学习方式。学生在课上常被教师"牵着鼻子走"，教师跟着教材转，学生跟着教师转，长期下来，教师教得枯燥，学生学得无味。而新课程以"一切为了每一个学生的发展"为最高宗旨和核心理念，要学生做课堂上学习的主人，教师则要做好学生发展的促进者。作为教师，我们应该转变教学观念，把学生放在主体位置上，用心关心和帮助学生，使教师的主导作用与学生的主体作用都能得到充分发挥，调动学生的学习积极性和兴趣，真正成为课堂的主人。

教学过程是师生感情相互交流的过程。良好的师生关系可以提高教师对学生的影响力，调动学生的学习热情。作为教师，一定要多注意自己的言行，对学生以诚相待，遇事以理晓人，做到公平公正，树立教师在学生心目中的威信和地位。如果遇事不慎重处理，方法简单粗暴，体罚或变相体罚学生，对学生奖惩不公，停止学生练习，剥夺学习权等错误做法容易使学生对教师产生畏惧、厌恶，甚至对立情绪。为此，教师必须对学生有爱心，尊重每一个学生，深入了解和理解学生，建立良好的师生关系，促使学生主动参与教师的教学活动。只要有了和谐的师生关系，教师在课堂上无论是调动学生的学习积极性、主动性还是学习兴趣，都更加轻松有效。只有学生积极、主动参与到课堂中来，才能构建高效的体育课堂。

三、创新课堂教学，培养运动兴趣

爱因斯坦说过："兴趣是最好的老师。"兴趣是人积极认识某种事物或从事某种活动的心理倾向，它是以认识和探索外界事物的需要为基础的，是推动人认识事物、探索真理的重要动机，是所有学科教学的生命力，能否培养学生的运动兴趣，是能否构建体育高效课堂的重要因素。体育兴趣是参与体育活动的基本动力之一，对体育学习和锻炼具有指向与强化作用。学生能否主动参与体育活动往往取决于他们的运动兴趣。所以说激发学生的体育兴趣，对学生掌握体育知识、学会锻炼的方法及养成良好的运动习惯起着积极

的促进作用。

学生在体育锻炼学习中培养出来的兴趣，对其以后的活动及发展起着决定性的作用，对自身的成长会产生重要的影响。体育教学不是单纯地使学生掌握几个体育动作，而是要把课堂上学到的知识技能转化为业余锻炼的能力，自觉主动地从事课外锻炼。如果教学内容、方法、手段不能激发学生的兴趣，教师还要学生机械地进行学习，这样就会扼杀学生的积极性和主动性，也失去了体育的意义。因此要培养激发学生的运动兴趣，教师在体育教学中应该注意以下几点。

1. 教学内容要做到知识性和趣味性相结合

学生对某项运动产生了兴趣，便会有学习的冲动。教师应发挥主导作用，课前合理选择教学内容及做好严谨的教学设计，从基本技术开始，把握教材难易程度，内容要符合学生的实际水平，教学过程循序渐进，使学生能够接受。如果教材难度大，就会使学困生产生畏难情绪，丧失信心，从而降低学习兴趣。教师要根据学生的不同需求，合理安排教学内容。在教学中，结合基本技术安排一些形式多样、生动有趣的练习，培养激发学生的兴趣，避免在某一动作技术上重复练习，影响学生的积极性。总之，教学内容要知识性和趣味性相结合，学生在掌握一定知识技能的同时，不仅能够增强体质，也能在活动中得到精神的享受，娱悦身心。只有尊重学生个性的发展，才能使学生成为体育活动的主体。

2. 教育手段和教学方法的多样化

"教学有法，教无定法，贵在得法"，在教学过程中，由于学生的个体差异，基础也不尽相同。因此，教师在教授新动作时既要考虑难度，也要考虑可能性，如果采用"一刀切"的教学模式，有的学困生会由于动作较难而产生惰性，基础较好的学生则会产生由于动作简单而失去练习的兴趣。对不同的学生教师应采用不同的教育手段和教学方法，做到因材施教，全面提高教学质量。因材施教反映了教学的差异性，既要择优施教，也要做好学困生的转化，这样既不影响学生的兴趣，也会使学生主动参与体育练习。

处于求知阶段的学生性格活泼好动、好胜、好奇心强，单调的教学方法会使学生产生厌烦情绪，教师应在教学中采用灵活多样的教学方法来调动学生的学习积极性，在活动中增强学生的竞争意识，培养学生的荣誉感。

凡是符合他们好胜、好奇、有趣等心理特点的活动，都会引起他们的兴趣，所以在一堂课中，教师要多采用竞赛法和游戏法、正误比较法等活动形式。例如，在对小学生进行立定跳远的教学中，为激发学生兴趣，可以用"小兔子回家"的故事情节贯穿整个活动：一只大灰狼在小兔子家门口睡着了，小兔子要怎样回家？让学生想象小兔子是怎么走的，组织学生展开讨论和演习，导出立定跳远的动作技术和落地轻巧的要点。这样，学生间相互讨论、相互练习，不仅调动了学生学习的积极性，也在他们合作学习的过程中学到了立定跳远的基本技术。

同时，为了使一堂课不显得单调无味，教师也可采用多种多样的教学方法，如从准备部分到结束部分，可以根据学生的生理特点，穿插体操或小型游戏，使学生感到新鲜有趣，刺激大脑皮层的兴奋点。竞争意识强也是青少年一种普遍性的心理特征，教师在教学中要善于利用其特点，在课堂中组织一些小型比赛，使每个同学都有机会参与，调动每个学生的热情，培养集体主义观念和集体荣誉感。这样有利于激发学生的运动兴趣，从而使他们产生主动学习的情感。

3. 注重学生体验，享受运动乐趣

经常让学生看到自己的学习效果，从而增强学习兴趣。在体育教学中，教师应及时评价学生的学习活动，引导学生从失败中分析原因、吸取教训，在活动中体验成功的快乐。学生每一个小的进步，都会促使其去钻研学习新的知识。例如，学生能够独立完成一个较难的动作，就会激起他们去完成一个难度更大的动作的愿望。特别是经过多次失败而最终取得成功的学习过程，会变成一种深刻的精神上的满足，这种满足会成为其愿意继续学习的一种动力，会促使他在以后的学习中更积极，学习兴趣更浓厚。

有些学生身体素质较差，对运动没有信心，我们应在练习过程中注意发现这些学生的闪光点，及时表扬，使其树立信心，有时可适当降低练习难度，让他们在体验的过程中享受成功的喜悦，再加以鼓励，使其勇于挑战自我。在教学过程中，多鼓励学困生，对学困生可起到积极的引导作用。对于某些优生，一定要注意表扬与批评相结合，以免使他们产生骄傲自满的思想而消极怠工。并适当增加其难度，经常对他们提出更高的要求，使其虽有优越感却无满足感，充分调动其学习的积极性，同时也可对其他同学起到促进推动作用。

4. 改变以往的分组形式，提高学生学习的主动性

通过学习小组形式来提高学生学习的主动性和学习兴趣，那么改变以往按照身高性别站队分组的形式是必需的。教师可以通过学习小组形式的重新组合来满足学生的学习实际需求，具体方法如下：

（1）自由组合的分组形式。让兴趣爱好一致、关系良好的同学组合在一起，这样可以在一些游戏活动中、广播操教学中营造一种轻松愉快、和谐团结的氛围，增强小组的凝聚力和战斗力。

（2）互帮互助的分组形式。在教学过程中，因为学生存在个体差异，为关注一些后进生的发展，将学生进行优劣组合，让他们在学习的过程中互帮互助，相互进步，提高学习质量。例如，在花样跳绳的"双摇"练习中，安排跳绳队的同学到每个组里充当小老师，带领掌握较差的同学练习，互帮互助，而学困生则有目标、有动力，以此提高技术动作。

（3）分层教学的分组形式。根据学生的身体素质与技能掌握情况进行分层组队，对不同层次的同学提出不一样的学习目标，因材施教，这样有利于调动学生的学习积极性，使他们保持对运动的兴趣，既能让基础较好的同学得到技术的提升，也能让基础较差的同学在练习中学有所得，不至于失去信心。例如，在"连续前滚翻"的教学中，会设计四个难度的不同练习，让学生根据自身的身体素质和运动能力选择分组，A组：能在同伴的帮助下完成单个前滚翻；B组：独立完成前滚翻动作；C组：能在同伴的帮助下完成连续前滚翻；D组：独立完成连续前滚翻动作。这样，使每个学生都能根据自身情况，获得成功的喜悦，增强自信心。另外，在教学中善于鼓励学生，激励学生敢于尝试新的挑战，培养学生不甘落后、力争上游的体育精神，这样能有效地促进学生身体素质和思想品德的提高。

四、培养创新意识，提高实践能力

传统的体育教学模式，教师往往采用"强迫式"的教育要求学生，这样的课堂看起来井然有序，但抑制了学生的学习兴趣，同时也抑制了学生的创新能力。作为教师，我们时常可以看到学生在课余时间三五成群地在组织一些活动，这些活动与学生的生活密切相关，都是很好的素材，加以细化后都是学生喜爱的游戏。所以，我们要鼓励学生创新，自编游戏或创新体育器材，这样既能发挥学生的主体作用，也培养了学生的实践能力和创新精神。

例如，在低年段的持轻物掷远教学过程中，可以让学生在小沙包上缝上五颜六色的彩带，他们在练习的过程中，天空中会出现很多的"彩虹"，这不仅可以让学生在投掷时把握好投掷的角度，又可以增加他们的感观意识和兴趣，从而激发学生自己创新体育小器材的兴趣，提高练习的积极性。也可以在学生活动时，给予各组学生一定的器材，要求他们以器材为中心，鼓励学生积极创新，想方设法地创编出有新意、有利于身体发展的游戏。同学们经过思考、讨论和实践后，创编出了"建房子""五子棋""激流勇进"等游戏。如此有效地发挥了学生自主练习的积极性，激发了学生的学习热情，培养了学生的创造思维能力，提高了学生的实践能力。

五、实施有效评价，正确引导学生

要实现高效的体育课堂，实施有效的教学评价是必要的。通过对课堂上学生的学习情况总结学习的重难点，教师再进行细化的讲解，实现课堂的优化。对于掌握较好的学生应及时给予表扬和鼓励，让他们再接再厉，勇创新高；当学生在学习过程中遇到困难时，应及时给予耐心的指导与鼓励，让他们重拾信心，享受体育带来的乐趣。此外，教师还应及时对自己的课堂加以梳理和反思，通过反思不断优化自身的课堂，提升教学质量。

综上所述，创建小学体育平实课堂是我们每个教师不断追求的目标。我们必须全面更新自身的教育理念，与时俱进，以科学的教学方法在常态的体育课堂教学中，引领学生积极主动地参与学习，鼓励学生通过实践与探索不断提升自身素质和技能，实现学生发展最优化，课堂效益最大化，为学生日后的体育学习锻炼和成长奠定坚实的基础。

参考文献

［1］出彩标.体育教学中如何激发学生的兴趣［J］.体育学术研究，1997（6）.

［2］刘清，魏黎.体育教育学［M］.北京：高等教育出版社，1994.

［3］刘飞.实现小学体育高效课堂途径与方法［J］.青少年日记，2014（01）：99.

［4］覃博.构建小学体育高效课堂策略分析［J］.运动，2017（18）：106-107.

第二章　策略研究

开掘语用潜能　　提升核心素养

——浅探小学语文核心素养下的语言文字运用

杨宇蓉

语文核心素养主要包括语言建构与运用、思维发展与品质、文化传承与理解及审美鉴赏与创造四个方面。语言的建构与运用，即着眼于学生言语能力的发展是最基本及最重要的课程素养。开掘语用潜能，激活语用内驱力，丰富阅读教学的内涵，破解语用密码，提高阅读教学中写的密度，扎实有效地提高学生的语言表达水平，提升学生的语文核心素养。

一、源头活水清如许——激活语用之内驱

古人云："教人未见其趣，必不乐学。"苏霍姆林斯基也认为教师应该唤起学生对知识的渴望，并在学生心中点燃热爱知识的火花。这"渴望"与"火花"就是内驱力。内驱力对刺激学生使用语言的能力有神奇的作用。

1. 创情境，有表达的氛围

心理学研究表明，只有当一个人得到他人完全充分的信任及尊重的时候，才能充分展示和发挥其能量与智慧。在语文教学中，教师要具有以学生为主、老师为辅的理念，在课堂上努力营造出一种民主和谐的氛围，引导学生参与思考，或创设情境把学生带进特定、有趣的氛围中，或凭借平等谈话吸引学生投入，或采用开放质疑的方式让学生乐于参与，主动参与理解运用语言，充分发展语言天赋和个性。

2. 厚积淀，有表达的能力

胸藏万汇凭吞吐，笔有千钧任翕张。一个出口成章、文章练达、擅长引经据典的人一定是一位运用语言的高手。在我们的阅读教学中，"以一篇带多篇"，从一定程度上增大学生的阅读量，并与课堂教学结合，如课堂

上学习了朱自清的《匆匆》，我会引导学生阅读他的经典散文《春》《背影》《荷塘月色》；学习了鲁迅先生的《少年闰土》，我就印发了小说《故乡》，激发学生的阅读兴趣，增加文化积淀，开阔视野，培养创造力。除此之外，我还重视指导学生积累的方法，如摘录标注法、读读背背法、品读赏析法、遣词造句法等；拓展学生的积累途径，培养他们看到好词好句就积累的习惯，要求学生人手一个采撷本，如采录课本中的美文佳句、读物上的经典段落、电视里的精彩台词及生活中的妙句金言等。在摘录采集时，也润物细无声地丰富了学生的情感与精神，让他们通过大量的朗读和背诵，积累了美句佳文，同时也逐渐从中领悟到一些好的写作技巧，通过朗读背诵学会写作。叶圣陶曾说："必须寻到源头活水，方有清甘的水喝。"

3. 激共鸣，有表达的欲望

学习好文章是写出好文章的基础，所以在学生写作之前，需要教师在引导学生学习佳作、深入理解文字上面下功夫。俄国作家列夫·托尔斯泰一语道破："它应当是从作者的心灵歌唱出来的。"情动于中而行于文，便会激发表达的欲望，也必然会产生不同的表达内容和方式。

二、不拘一格勤练笔——破解语用之密码

课堂练笔是学生进行语言创造的好时机、好途径，是学生学习、运用语言的好方式，是阅读教学上学生进行语言创造最亮丽的表现。而练笔不能牵强，脱离文本，也不能随心所欲，流于形式。如何科学有效地引导学生写作，选取哪种写作形式，需要根据文章的具体特点及需要来定。

1. 词语连缀

《小学语文教学大纲》指出词汇的教学目标是：能正确地读出和写出学过的词语，懂得词语的意思，重视并学会积累词语；能在口头表达和书面表达中正确地运用。在教学中，我们可以适当指定关键词语进行写作练笔，有目的地训练学生灵活运用词语的能力。

如王尔德的《巨人的花园》中有这些四字词语："鲜花盛开、绿树成荫、草翠花开、鲜果飘香、鲜花凋谢、树叶飘落、北风呼啸、冰雪覆盖"，让学生思考，这些词语都是描写巨人的花园的，让学生借助这些描写巨人和花园的词语概括童话的主要内容。再引导学生把这些词语串起来描述公园的四季变化。这个练笔就是语言的积累和内化过程。通过此类训练，可以让学

生准确又灵活地运用书本中出现的好词并理解书本内容。

2. 抒写心声

巴金说过："我写作不是因为我有才华，而是因为我有感情。"所以，在引导学生披文入情后，可因势利导，把内心的感悟表达出来，在抒发情感的过程中获得精神与语言的同构。

如在教学《青山不老》中，"老人15年，绿化了8条沟，造了7条防风林带，3700亩林网"，这是多么了不起的奇迹。面对一连串的数字，面对漫山遍野的绿，你脑海里浮现了一幅怎样的画面呢？学生这样写道："风沙中隐约可见一位瘦小的老人，弯曲着已不再挺直的背，手中挥舞着铁锹，正吃力地掘着坚硬的土块……"老人用不屈的毅力筑起了一道天然屏障，老人在学生心中树立起了与青山共存的高大形象。在《地震中的父与子》一文中，父亲为了找掩埋在废墟下的儿子，"他挖了8小时，12小时，24小时，36小时，没人再来阻挡他……"在这一个又一个扣人心弦的数字中，我们可以感受到在漫长的挖掘中父亲对儿子的深情。此刻学生已经被父亲用生命来热爱自己孩子的行为打动，对父亲千言万语的感言便会涌至笔端。

3. 留白补缺

文章写作，有详有略，而略写部分往往留给读者不同的想象空间。教学时，可引导学生发挥想象，给留白补缺。

如教学《穷人》一文，托尔斯泰对桑娜的心理活动描写得非常细腻生动，在学习的基础上，我们可以把目光放在死去的邻居西蒙身上，阅读她死后孩子的状态，引导学生想象西蒙死前的心理活动，激起他们想要写作的欲望。孩子们纷纷提笔，有学生写道："西蒙吃力地欠起身，把衣服盖在两个幼小的孩子身上，用旧头巾裹住他们的小脚，绝望地想：这样潮湿阴冷的天气，噢，恐怕我熬不过今晚，可怜这俩孩子，这么小……把他们送到桑娜家吧！不，不行，她的五个孩子已经够她受的了，再添两个，生活岂不是雪上加霜吗？嗯，还是不送去了……可是……我可怜的孩子，妈妈对不起你们……"孩子们沉浸在西蒙的角色中，感受与桑娜及渔夫一样朴实而善良的人物形象。

课文留白为学生提供了很大的创造空间，能够点燃他们想要创新的火苗。此类训练不仅有助于培养学生的想象力，发展他们的求异思维、多元思维，更有益于学生对写作产生兴趣，激发他们潜在的想象能力，鼓励他们脑洞大开地创造奇妙结果。

4. 画外之音

活灵活现的课文插图是教材不可分割的一部分。这些插图或表达文章意犹未尽的内容，或让文章表达的内涵更加形象生动。在学文的同时带领学生关注课文插图，引导他们打开想象的大门，探究画中想要表达却没有表达出的内容并分析画中蕴含的意境和"画外音"并进行描述。这样可以提高学生的观察和想象力。

还以《穷人》为例，课文的插图，桑娜拉开帐子，渔夫提着马灯，正端详着睡梦中的孩子。这里留给读者无尽的遐想，可以让学生还原场景。再如《将相和》一文中，在写廉颇与蔺相如之间的故事的时候，对于廉颇"负荆请罪"这个情节没有进行具体的刻画。在课堂上，教师可以设计安排一个廉颇负荆上门请罪的小情境，让学生分组再现廉颇知错就改的表情、动作、语言和心理活动，以及重现蔺相如宽宏大度和以大局为重的情怀；最后再用文字总结描述片段，塑造一个栩栩如生的人物形象。这不仅有助于提高学生写详细细节的能力，还有益于拓展学生的发散性思维。

5. 变换角色

在阅读课堂上，老师带领学生在理解课文的基础上，引导学生设身处地地站在角色的角度思考并描述该角色的情感，通过变换角色加深对课文的理解。例如，冯骥才的《珍珠鸟》一文，让学生以《我，快乐的珍珠鸟》为题，从珍珠鸟的角度来写这幅人鸟和谐相处的画面；再如《鲸》这篇说明文，让学生以《鲸的自述》为题，介绍自己。这样不仅有利于加深学生对课文的理解，还增强了语言的有趣程度，激发了学生自发写作的欲望。

6. 旧文新创

引导学生对文章的内容、结构及语言表达进行改写。对于古诗词的教学，我们可以带领学生反复吟诵并进行改编。如教学吕岩的《牧童》时，为了让学生能体会牧童以地为床、天为帐、饥则食、困则眠的无忧无虑，让他们联系自己的生活体验，并仿照萧红的《祖父的园子》的文笔，改写成一篇优美的散文。

7. 仿中求新

朱熹说过："古人作文作诗，多是模仿前人而作之。盖学之既久，自然纯熟。"模仿是孩子的天性，仿写符合小学生学习写作的规律。

丰子恺老先生的《手指》妙趣横生，用拟人的手法生动形象地写出了五根手指各自的长处和短处，讲述了要团结一致、各尽其职的道理。学完后，我趁热打铁，让学生仿照本文"总—分—总"的结构和表达方式，写《话说"五官"》。学生依照文章的语言特点，结合自身的感悟，"辞以情发"，诉诸文字，有"仿"的痕迹，更显"创"的内容。有学生写鼻子，"五官中地位最优，海拔最高的鼻子，有诸多卫士，眉毛、眼睛、嘴巴二十四小时不间断地看护他……"鲜活灵动的语言，有源于头脑中储存的语言，也有文本中刚吸收的语言，创生了文本新资源。这样，在学生有效地接受文章内涵的同时，也创生了属于自己的语言。

8. 时事练写

"语文教学生活化，社会生活语文化"，而"时事练写"就是语文与生活的桥梁。小学语文课本中包含许多培养学生爱国主义情怀的课文，如《詹天佑》《十六年前的回忆》《灯光》《小英雄雨来》等。由于学生对于那个年代的事情很陌生，那个年代英雄的事迹不能真正走进学生的内心，所以让他们在生活中寻找英雄是非常有意义的，如中央电视台近年来适时推出的"感动中国年度人物"就是最佳的练笔素材，在灭火救援中为救一名约2岁的孩子而献出年仅27岁生命的杨科璋；巡天掠海，既当改装员又当试飞员，有胆有识的刘锐；科技报国的科学家，海归楷模黄大年等，这些人物震撼着我们的内心。我鼓励学生关注时事，阅览报纸杂志，或去搜寻网上的英雄事迹，走近英雄，给大家分享英雄的故事。

9. 故事续编

很多文章写到高潮的时候，就会戛然而止，却意犹未尽，给人留下一个无限想象的空间，这也为练笔提供了一块难得的宝地。

如《别饿坏了那匹马》，结尾写道："我点了点头，使劲忍着，没让眼泪掉下来"，笔者因势利导："识破善意的骗局后，'我'会怎么向父亲说，'我'将怎样做呢？"再如教学《金色的脚印》一课，"迎着耀眼的朝阳，狐狸们的脚印闪着金色的光芒，一直延伸到密林深处……"让学生联系课文和自己的经验对故事进行续编。学生展开大胆的想象，让整个故事情节跌宕起伏，也可以让整篇课文的主题得到升华。

除了以上陈述的几种练笔形式外，还可以采用其他的练笔方式。比如，学完《猫》《白鹅》等一组课文，可以写一下熟悉的小动物；读完《五彩池》等写景类的课文后，可以让学生为九寨沟打一则广告；学完《詹天佑》等人物类的课文，可以让学生为詹天佑写一段碑文；学完《小木偶的故事》这类有很强的故事性的文章，可以让学生依照文章具体内容制作小画册，并插入文字描述。

这样的练笔在新课标理念指导下的"大语文观"里有一个新的诠释——为学生综合语文素养的提升"奠基"。

三、采得百花比蜜甜——提升语用之审美

语文教学不仅要教会学生最基本的语用能力，更要以"审美鉴赏与创造"为核心，让学生体验到语言表达带给人的愉悦、情趣。

审美是孩子们精神成长的关键，它要通过感知与诵读，体味作品的形象美，通过还原与阐释，体悟语言的形式美。课堂上，每当学生完成了小练笔，我会组织学生自读互读、自评互评；我也会站在学生独特的视角，并秉承"没有差作，只有差异"的理念，带领学生寻找语言的"黄金"和"宝钻"，加以肯定和赞赏，使处于不同水平和层次的学生都能体验到成功的喜悦。

为了巩固学生饱满的语言表达的热情，我引导学生以小组为单位，编拟《课堂小练笔荟萃》，学生没有把这项工作作为负担去敷衍塞责，而是作为心灵的放松来全力以赴。学生为了编辑好练笔集，写序言，做后记，想标题，给点评，开始了新一轮的创作，一本本美轮美奂的练笔集汇编而成。这个过程不仅让学生自然而然地将自己的思想认识、情感态度融入了言语表达的整个过程中，还提高了审美情趣。

随后，采用"读、展、赛"的形式，通过介绍、交流、传阅等形式，展示学生的练笔成果。这样可使学生在体验语言表达乐趣与价值的同时，蓄积起新一轮表达与创作的热情和经验，达到使学生想写、爱写、乐写的目的。

📝 参考文献

［1］杨艳华.笔尖上的智慧——小学语文有效练笔例谈［J］.读写算（教研版），2015（23）.

［2］俞兰芝.语文课堂开展小练笔的主要形式［J］.语数外学习（语文教育），2012（05）.

依托"五法宝",打磨好文章

饶红群

作文是学生接触生活、体验生活,创造性地提炼生活、美化生活,融自己的情感为一体的自主创造的思维过程;是学生童心、童真、童趣的写照;也是学生自我个性和内在感受的真实再现。综观小学生的习作现状,却非常令人担忧。据调查,有80%左右的学生不喜欢写作,主要原因是学生觉得无内容可写,无情可抒,撰写的习作单调、僵硬,空话、假话、大话连篇。笔者在长期的作文教学中认为,要指导学生写好作文,必须牢牢把握以下"五有"。

一、"腹有诗书气自华"——有积累

我们常有这样的体会,让学生看完一本课外书或一部电影,他会很快乐,但如果加一句"看完写篇读后感",他们立刻便会觉得索然无味,这便是教师在指导学生写作时不懂"养蚕"的道理。养蚕人不断给蚕宝宝喂桑叶,并不需要蚕吃完桑叶后立即吐丝,而是清楚地知道当蚕成熟后,自然会结茧吐丝。让学生看一篇文章就写读后感如同要求蚕宝宝吃口桑叶吐口丝,没有积累,他们当然痛苦,所以教师应鼓励学生多读、多看,而不是急于多写,等他们胸有"万山千壑",厚积薄发,写作自然是水到渠成的事了。

许多写作高手文思敏捷,很重要的原因是他们脑子里有丰富的材料库,写起文章来就能得心应手,左右逢源。教师在指导学生写作之前,要让学生明确要写好作文不仅要积累"生活中得来的材料",坚持写观察日记,还要积累"书籍和资料中得来的材料",一方面靠课内阅读,把语文课堂中的阅读和写作结合起来;另一方面还要靠课外阅读,坚持写摘录式的读书笔记,让学生养成"天天动笔,多少写一点"的习惯。俗话说:"拳不离手,曲不离口",天天动笔,既能使学生笔头子练得更灵巧,还能积累更多的作文素材。

"读书破万卷，下笔如有神"，教师如果善于引领学生与大师对话、与书本拥抱，学生就能拥有一双"千里眼"，做到"秀才不出门，便知天下事"。他们不仅能领略匹诺曹的诙谐有趣，走进小兵张嘎那个抗日年代，还能听到巴黎圣母院里传出的沉重而嘹亮的钟声……只有让学生在书中打开一扇扇文学的窗口，才能不断提高他们的审美情趣，充实他们的精神营养，提高写作水平。

二、"为有源头活水来"——有生活

文章是生活的反映，而生活则是作文的不竭源泉。叶圣陶先生曾有个生动的比喻："生活就如泉源，文章犹如溪水，泉源丰盈而不枯竭，溪水自然活泼泼地流不歇。"作文就是学生通过手中的笔来再现生活、描绘生活。当学生能积极参与生活实践，在生活中广泛"采蜜"，写出的文章必定会充实、生动、活泼、惹人喜爱；反之，即使花大力气去"挤"，"挤"出来的文章亦是苍白无力、缺乏生气的。

教师在指导学生写作时要注意广开生活之源，深掘精神隧道，引导学生热爱生活，把生活看成七色阳光，即便是同学之间的冲突、矛盾、误会、争吵，都可以看作生活中的一朵朵小浪花，一种生活的乐趣。这样才能激起学生有话想说、有事想叙、有情想抒的欲望，写出来的作文才能烙上情感个性的印记，涂上独特心灵的色彩，才能把习作变为生活的再现、思想的再现和情感的再现。

例如，一位教师指导的一堂别开生面的"'品尝'作文课"，悬念设计很有特点，猜、看、品、叹四部分一步步把学生从生活体验带到课堂中来。（一）猜：老师提个包，神秘兮兮地让大家猜猜看。老师从千里之外带回来的是一种地方特产。（二）看：学生好不容易猜出是天津麻花后，再让学生看，到底会不会与众不同呢？看麻花的同学表情奇怪、神态各异，弄得学生心里直痒痒，个个垂涎欲滴，恨不得一下子飞过去看个究竟。（三）品：学生亲口尝过麻花之后，发觉麻花香脆无比，吃过后满口余香。（四）叹：学生吃过之后，不禁赞叹道，果然是名不虚传。老师接着说："好东西不是白吃的。"老师的笑眼里闪烁着智慧的光芒，学生的习作也自然呼之欲出。这一次习作教学让教师意识到，只有更新观念，开阔视野，努力沟通作文和生活的联系，才能让学生写出富有个性的语言，描绘自己丰富多彩的生活。

三、"无情未必真豪杰"——有感情

"世总为情，情生诗歌"，世事茫茫难以预料，人间无物比情更浓，一篇篇脍炙人口的佳作，内容极为丰富，情感极为热烈。如果没有了作者的独特情感，文章便会干巴巴，显得生涩无味，让人厌倦不已，因为"情"为作文之本。法国作家大仲马在创作长篇小说《三个火枪手》时，曾为文中的一个火枪手而流泪。在他行文至结尾时，由于人物性格、社会环境的变化，其中一个火枪手非死不可，而他又很喜欢这个人物，可是无论他怎么设想新的情节，都始终无法改变这个人物的命运，为此，他伤心至极，不禁痛哭流涕。可见，写作是需要真情实感的，只有自己动情，才能感动别人。

然而，在脱离了学生本体的情形下，炮制出来的作文有多少是真情实感的流露呢？有多少是用自己的心血和灵魂铸就的呢？又有多少闪动着自己个性的光环呢？那种"一千个作者就写一个哈姆雷特的作文"，无论如何都是极其平庸、腐朽的，是不具有任何生命与价值的。在丧失了学生自我的作文环境下，不只学生习作能力不能得到有效提高，更是造成了学生人格的畸形，个性和自我是每一个个体所拥有的最宝贵的财富，如果失去了个性，丧失了自我，那也就不能再称为完整的人了。

作文是学生抒写情怀的一条有效的途径，没有"情"也就无所谓文，"心由情动，文随情发"便是这个道理。教师在指导学生写作时，要尊重学生的个性体验，尊重学生的感情表达方式，鼓励学生大胆地在自己的文章中说真话，表真情，站在孩子的角度去理解他们的语言。这样，学生才会喜欢作文，而且会写出越来越多的好作文来。

四、"淡妆浓抹总相宜"——有本色

曾读过这样一则故事：有一个农民在犁地时，发现了一枚锈迹斑斑的古钱币。农民以为把古钱币上斑驳的锈迹去掉会更值钱，于是就将那枚古钱币打磨得平整光亮，结果，这枚价值昂贵的古钱币变成了一钱不值的铜板。农民哪里知道古钱币的价值正体现在它那锈迹斑斑的"生命本色"——"古"上。失去了"生命本色"，古钱币便一文不值。

毋庸讳言，在作文批改中就有这种"农民式"的教师，他们喜欢自作精明，以为孩子们的作文越没有"缺陷"就越有价值。于是，煞费苦心地"磨"去孩子们作文中的"锈迹"。哪里知道，在他们看来有"缺陷"而被"磨"掉的部分，其实恰恰是最能体现孩子生命本色、最有价值的部分，希望教师在指导学生写作时，都能保留他们的"生命本色"。

学生是"本能的缪斯"，他们身上具有潜在的艺术灵性。在日常生活中，只要我们留意的话，就会常常被学生那鲜活而准确的语言触动。一个学生就曾写过一首美妙绝伦的小诗——《爱》："妈妈是一杯酒，爸爸喝上一口就醉了。"多么灵动的一首小诗，短短几句，童心盎然，童趣横生，形象逼真，丝丝入扣。这样纯真的语言从学生的笔尖自然地流淌出来，便是最值得倍加珍视的具有原生态的东西。

教师应该经常让学生练笔，哪怕一篇文章只有短短的一句话，久而久之，学生便养成了习惯，随时都可以把自己的一点领悟、一点感想、一点发现、一点情思捕捉下来，善于观察和思考的好习惯也就自然而然地形成了。刚开始写一句话作文时，也许大多数学生的作文立意不新、平淡无奇，但只要坚持不懈地去做，就一定会有不少佳句从笔下涌出。

五、"领异标新二月花"——有创新

赵佶是北宋倒数第二个皇帝，他大胆提倡建画院，搜罗绘画人才，一次出题为"深山藏古寺"，结果被认为画得最好的一幅画是：画面上有深山，山脚下有小河，小河边一个和尚正在挑水，一条石梯由小河边通往深山之中……这个故事虽然说的是作画，但对我们的作文不无启示。这幅画好在哪儿呢？应考人从古寺想到和尚，画和尚挑水而不画古寺，把个"藏"字表达得淋漓尽致！可见，小学生要写好作文，标新立异尤为重要。

创新是水，能滋润思想的绿叶；创新是火，能点燃学生的激情；创新是神奇的魔方，能使写作充满灵性。教师在作文教学中要引导学生留心观察、勤于思考、乐于动笔，善于捕捉生活中的"亮点"，在教学中适时鼓励、启发、诱导学生的创新欲望和创新勇气，使其在作文时敢于创新。

有位教师曾带一批学生去健身园里参观，并要求他们写一篇作文，有些同学仅局限于按参观顺序"我观察到了哪些健身器械及特点"这一思维定式来写。于是，教师及时引导学生抓住自己的情感体验来进行发散思维，结果学生们有了丰富多彩的表达方式：有记叙发生在健身园里的欢乐事，以叙事为主线的；有叙述"我"经历的一次新尝试，以"我"为主线的；有写减肥器的"苦衷"，用童话体来写，以反映人们物质和精神生活变化为主线的；等等。教师这样多方引导，捕捉生活中的闪光点，让学生写出"自我"，表现个性，走出公式化的作文误区，使作文具有了创新性。

随着信息时代的发展和进步，教师还可以引导学生在网络环境下全方位参与其中，努力实现选材范围、习作指导、共享方式、评改方式等作文教学过程的网络化，让更多学生的自信在键盘上流淌，灵感在指尖上激荡，文采在网络上飞扬。教师可以鼓励学生上网学习，经常让学生说说自己了解的趣闻，学生们兴趣盎然地在网络世界中遨游，乐此不疲。一个学生就曾在网上写过一篇《春天，是一盒三色三味的冰激凌》的作文，让其他学生读了都忍不住想咬一口，还有的学生也马上跟帖写道："如果按我的口味，我觉得春天像一盒比萨饼，色彩斑斓……"

"问渠那得清如许？为有源头活水来。"引导学生写作，就像写诗一样，"功夫在诗外"。教师只有引导学生在写作中做到以上"五有"，才能标新立异，轻松攻克写作难关，写出文情并茂的好文章。

💬 参考文献

［1］巢宗祺，等.语文课程标准解读［M］.武汉：湖北教育出版社，2002.

［2］周庆元.语文教育研究概论［M］.长沙：湖南人民出版社，2005.

［3］倪文锦.语文教育展望［M］.上海：华东师范大学出版社，2002.

例谈字词互换法在语文品悟写教学中的作用

洪 军

　　"体味和推敲重要词句在语言环境中的意义和作用"，这是课程标准对语文阅读教学鲜明的界定。从这一界定看，"语文的根本，就在于文字能力"的说法不虚。深入、准确地解读文本，不仅是语文教学的需要，更是享受阅读、品味文学之美的过程。可以说，没有丰富的词语积累，没有多层次的文字品析效果，语文阅读必将无法推进，审美能力更无法培养。因此，语文教学要尊重文本，要能挖掘文本的核心内容，就要有咬文嚼字的教学活动。教学中，我通常抓住最细微又最不可或缺的环节——字词互换法，来引导学生感受文本语言的无限张力，通晓语言深处之美，达到语言积累与写作运用的目的。

　　下面将通过几个例子简单谈谈字词互换法在语文品悟写教学中的作用。

一、驱动学习兴趣，主动探究

　　受限于阅历和积累，学生在解读文本时，往往过于被动和粗浅，有时候还流于形式。如果教师授课时再割裂文本，就字解字，就句说句，学生的学习兴趣将大打折扣。这时候，我们需要灵活变化字词或文句，来去除形式化和表面化的教学活动，令学生不拘泥于文本的一字一句，他们可以调用既有的知识储备，由一及众，推而广之。

　　如《闻一多先生的说和做》一文中写道："闻先生也总是头发凌乱，他是无暇及此的。饭，几乎忘记了吃，他贪的是精神食粮；夜间睡得很少，为了研究，他惜寸阴、分阴。"分析文先生的学者形象时，我主要抓住"贪"字来导学。学生看到这个贪字，"贪心""贪婪"脱口而出，再一问，应该怎么解释，学生舌头就打结了。于是，我在黑板上写下三个字词：想、要、渴求，让学生将之放回句子中研读：哪个词更能传达出人物的精神品质？在自主思考的基础上，学生又进行了小组讨论。经讨论研究，他们一致选择了"渴求"一词，因为这个词程度上跟"贪"类似。

看着他们兴趣盎然、意犹未尽的样子，接下来，我又抛出了第二个问题：为什么"渴求"易于理解，作者还用"贪"字？有学生认为：奇特的词，能激发人们的思考；也有学生提到，"贪"字贬词褒用，更突出闻一多先生的学者形象；还有的学生认为，这篇文章比较严肃，偶尔调皮一下，就不枯燥了呀……

教学实践中，我发现，每一个新换的字或词仿佛有着巨大的诱惑力，吸引着学生。眼里有光，学有方向，或许就是语文教学最值得庆幸的事。

二、去除形式表面化，深入感悟

汉字表意之美，美在很多字词，哪怕就一个字，在不同的语言环境中也有不一样的意义，因此，一词多义，即一个字或一个词也可以表现出多层次、多样性的内涵。如果我们泛泛而谈，流于形式，或者说一味地说理，那语文教学会越来越枯燥，课堂也就越来越死寂。因此，文本的赏析需要师生沉淀下来，在咬文嚼字中深度解读，体会文句的言外之意、弦外之音，换字（词）法就能达到这个功效。

例如，朱自清的《春》，"小草偷偷地从土里钻出来……一大片，一大片，满是的"中的"钻"字，如果不研究，只会觉着生动形象，写出小草长出来的样子，表现出新生的力量。仅此而已吗？我们换成"长"试试。两个字放在一起，学生已经从"钻"字明显地感觉到热力逼近。他们仿佛看到一群淘气的小孩，在明媚的春日里，探出头，跟春光闹着玩，"钻"字多好啊！而"长"字，虽有情状，却无神韵，用它，情味就寡淡了。这样一换，对比中，学生很快体会到"钻"的内涵，更加深刻地体会到作者对春天到来的欢欣鼓舞。

再如，"小草儿也青得逼你的眼"，一个"逼"字带来无限的春光，换成"刺"或"照亮"可否？学生在对比中发现，虽然可以换，但是单纯地理解为"刺"或"照亮"人的眼，那美感便会大打折扣。一个"逼"字，就收揽了整个青葱满溢的春天，作者借此传递出了春的强烈信号：无须刻意捕捉，无限春光扑面而来。

咬文嚼字，其实是为了能够"言意共生"。字词互换，就是希望通过重点字词的研究，去其形式和表面，充分感受文本语言的张力，很好地挖掘出词语的语境和主旨内涵。

三、唤醒学生的生命体验，生成价值

"语文这门功课是学习运用语言的本领的。口头为语，书面为文，二者手段不同，其实一回事。"叶老在人们对语文本质的认识左右摇摆之际，再三解释语文的内涵。很多时候，我们也感觉到就文本讲文本，学生是很难接受的，尤其是碰到难以理解的词句和篇章，学生容易困死在文本上。这个时候，往往要调动学生，让他们联系自身的经历，积极地参与到文本研究中。

《花都开好了》一文中有这么一句话："冰天雪地里，红艳艳的一大簇，直艳到人的心里面。""艳"到心里，这是一种怎样的感觉。刚开始，学生是无从理解这个词的含义的，好些孩子把它解释为鲜艳、耀眼。花艳到心里，这是怎样的情状？缺乏生活经历的学生仍然是无从考究。于是，先让一个学生讲述句子描绘的画面，接着再给出刺、透、暖三个字，让学生对比、辨析。交流的时候，有位学生说道："假如是我，在冰天雪地里，肯定会绝望呀，但当我看到红艳艳的花，心里又有了希望，有希望就会有温暖，反过来，有温暖就会有希望，所以，我选择了'暖'字。'刺'和'透'我都不会选的，因为它们让我有疼痛的感觉。"这番话在学生中引起了共鸣。

一个班级只要有学生抛砖引玉，一定能一石激起千层浪。学生结合自身体验，各抒己见，彼此互补，借由丰富的字词表达搭建一座桥梁，很好地走近作者，走进作品，实现了学生、老师、作者作品的三方互动。

四、增加语言积累，提高写作

学习语文，不可能架空文本去研究、去说理，它一定是在文本研究和实践中提升语文素养的。因此，我们深入研究文本，在赏析辞藻中，在不断积累、丰富和运用中，学生的写作能力也相应地得到提高。

如朱自清的《春》"小草偷偷地从土里钻出来"的"钻"字，换成"长"不好，但换成"冒"字呢？学生却认为也不错，有动态，又有情状，也很能表现春天的活力。学完后，我们也让学生写四季的文章，学会用类似这样的句子："小草偷偷地藏起来了。"语文词语训练中，在比较中鉴赏，

在辨析中学会他人用词的高超艺术，长期下来，学生的词语储备量不断增大，辨析运用能力也会随之提高。正如"熟读唐诗三百首，不会作诗也会吟"，其实是一样的道理。

"教育是一个对话不断开展的过程，不是知者随便带动无知者，而是师生共同寻求真理。"能够提升语文学习能力的方法有很多，而字词互换法就是最细微、最接地气又最有实效的语文训练手段之一。它不仅可以提高学习语文的效率，更能唤起学生的生命本能，将自身的体验融入语文课堂，参与到文本阅读中来。由此，我们还是要坚守语文教学的最基础环节：听说读写，从双基入手，从字词切入而又从字词的品悟中提升，在品悟中促进学生的写作，让语文回归本位，品悟写融为一体，让每个学生的语文学习之路越走越远。

参考文献

［1］罗秀诚.基于新课标下初中语文字词教学对策探讨［J］.课外语文，2017（15）.

［2］姜树华.言意共生：语文教学的本质［J］.语文世界：教师之窗，2012（06）.

［3］黄厚江.言意共生：阅读教学的基本追求［J］.语文教学通讯，2015.

浅谈小学数学课堂教学中有效问题情境的创设

陈俊浩

《义务教育数学课程标准（2011年版）》在"教学建议"中指出："数学教学应从学生实际出发，创设有助于学生自主学习的问题情境，引导学生通过实践、思考、探索、交流等，获得数学的基础知识、基本技能、基本活动经验，促使学生主动地、富有个性地学习，不断提高发现问题和提出问题的能力、分析问题和解决问题的能力。"为了更好地贯彻这一理论，我们应该遵循一定的原则，努力创设"帮助学生自主学习的问题情境"。

一、小学数学课堂教学问题情境创设应遵循的原则

1. 启发性原则

在通常的课堂教学中，有些老师倾向于"自答"以赶上教学进度，或者让学生简单地回答"是"或"否"，这对学生的学习来说是没有意义的，更别提启发了。那么，我们如何使提出的问题具有启发性呢？笔者认为，在创设问题情境的过程中，只有在分析学生思维活动的基础上，才能真正使学生敞开心扉，引发学生的共鸣。换句话说，教师在教学时，应着眼于学生的认知规律和心理特点，从而开启学生的思维，激发学生的学习热情和促进其思维处于积极状态，并逐步培养他们独立思考的习惯。

2. 趣味性原则

布卢姆说过："学习的最大动力是对学习材料的兴趣。"假如学生对学习内容感兴趣，就会乐此不疲，乐在其中。数学是一门学生认为枯燥、抽象、逻辑性较强的学科。因此，教师必须运用各种有效的方法和手段，创设有趣、有意义、有吸引力的问题情境，把抽象转化为具体。这不仅能够激发学生的求知欲望，培养学生的数学思维，还可以让学生感受到学习中的乐

趣，真正实现"玩中学，学中乐"。

3. 难易适度原则

在创建问题情境时，应该关注学生的"最近发展区"，以便学生可以"跳一跳，够得着"。换言之，问题情境的难度设置应该适当，不宜太难，也不宜太简单。那么，我们如何才能做到这一点呢？笔者认为，可以从两个方面出发：一是从教材的实际情况出发，问题情境的创设应当紧扣教学目标和重难点，如此不光能让"问题"具有价值性、指向性，也能够实现既定的教学目标；二是从学生的实际出发，教师应当明确了解学生的认知特点、学习基础和学习能力，从而营造可以自由发言的学习氛围，这不仅有利于激发学生的学习积极性和主动性，也有利于提高课堂效率。

4. 开放性原则

"开放性数学问题是指条件不确定或结论不唯一、解题方法多样化的数学问题。""实践证明，在课堂教学中适当引进一些开放性的问题，能给教学带来新的生机和活力。"因此，教师应重视开放性数学问题的设计，这不仅有助于学生打破固定的思维方式，促进学生横向思维、纵向思维的发展，也有助于学生将知识升华为解决问题的能力，为将来的学习发展奠定坚实的基础。

二、如何在小学数学课堂教学中创设有效的问题情境

1. 正确理解内涵，加强理论学习

自新课程改革以来，大多数一线教师已对创设有效问题情境有所了解，但仍有一些教师对创设有效问题情境的含义理解并不准确。创设有效问题情境中的"有效"是指用于创设问题情境的教学活动的结果达到了既定的教学目标。"问题情境教学应是指问题的刺激模式，即问题呈现形态和组织方式，情境因问题而有意义，问题因情境而有生机，很明显，'问题'是核心的、本质的，而'情境'是辅助的、形式的，任何置'问题'于从属地位，盲目追求'情境'效果的教学，不仅是对问题情境教学的曲解，也不是课程改革所要达到的效果。"

现以吴正宪老师执教的"异分母分数加减法"为例，对有效问题情境的含义进行准确的理解。吴老师首先让学生们通过折纸和画画来理解异分母分数加减法算理，在初步找到异分母分数加减法的方法后，她提出了两个问

题：①异分母分数加减法的计算方法是什么？②同学们在计算异分母分数加减法时，发现了什么？应注意什么？教学中，吴老师并没有在情境中殚精竭虑，而是给了学生更多的时间进行独立探索，使学生真正感受到数学学习的魅力。

2. 注重课前备课，强化节奏控制

课前备课既是课堂教学的出发点，也是课堂教学质量的保证。备好课是上好课的前提。因此，在课堂教学中，我们应充分发挥课前备课的重要作用。特别是在小学数学课堂教学中，如果想运用有效的问题情境，那么备好课就显得非常重要了。由于数学这门学科常常令许多学生感到既枯燥无味又难以学习，再加上小学生在课堂上的注意力不能够长时间地集中，久而久之，学生就对这门学科失去了兴趣。因此，教师在备课的过程中，应注重问题情境创设的层次性、趣味性、可接受性及探究性，注重课程节奏的控制，并注重采取各种有效的方法来抓住学生的注意力，帮助学生激发学习热情，如可以借助故事、游戏、图片、视频及学生的生活实际等方式来进行问题情境的创设，以提高课堂教学效率。

比如，俞正强老师执教"用字母表示数"时，借用信封和粉笔让学生体验数学知识的精髓。上课伊始，他首先展示了一个什么都没有的信封，然后在学生面前往信封里装入1根、3根粉笔，在此过程中，学生自然会使用确定的数字"0""1""3"来表示，之后俞老师话锋一转，巧妙地用"我接下来会在信封里放几支粉笔呢"这一问题引起学生的认知冲突，从而引导学生进入本堂课的学习研究。俞老师创设了这样的问题情境，不仅引起了学生的注意，激发了学生的好奇心，而且有助于发展学生独立解决问题的能力。

3. 依照生成问题，优化课堂讨论

课堂教学需要预先设定，但在实际课堂教学中，我们面对的是一个个有思想、有个性，充满活力、与众不同的个体，这就决定了在课堂教学中，学生产生的想法与困惑、发现与疑问也会各不相同，甚至可能出现预设之外的问题。基于此，在实际教学中，教师必须具备教育智慧，充分依照这些差异来创设问题情境，以引导学生真正做到冷静、全面、深入地思考和探索，优化课堂讨论。

比如，在学习"小数的认识"这一节课时，通过观察元、角、分纸币模型的币值大小来书写以元为单位的小数形式。就拿其中的一幅纸币模型图为例，图中有一张5角钱、三张1角钱和一张1分钱，当把这些元、角、分纸币模型的币值大小书写成以元为单位的小数形式时，学生的答案五花八门，有的学生认为是0.81元，也有学生认为是0.54元，还有的学生甚至认为是8.10元。对于学生间产生的这种分歧，教师应充分、灵活地引用，并创造出适当的问题情境，以引导学生从不同角度进行更深入的分析探索。这样在开拓学生数学思维的同时，学生的知识水平也将不断提高。

4. 重视课后反思，提高教学水平

"教学反思是教师走向专业自主，确立其主体性的标志，是教师专业发展的立足点。"因此，在数学课堂教学结束后，教师应当及时了解自己的教学效果，反思自己在教学中的不足，然后进行优化和完善。此外，教师在课后也必须不断提高自己的教学专业水平，摸索新的教学方法，帮助学生提高数学学习水平。只有这样，教师才能在课堂上有效应用问题情境教学，在课堂上取得更大的进步和更高的教学质量，从而给学生带来更多的知识体验。

三、结语

综上所述，为了有效提升学生的数学能力，教师应充分重视问题情境的科学创设。结合教学目标和学生的认知特点，创设合理、新颖、高效、多样化的问题情境，以此提高学生的参与意识，激发学生的学习积极性与学习热情，开拓学生的数学思维，提高教学效果，为小学数学教学的发展开辟了一条全面发展的道路。

📝 **参考文献**

[1] 中华人民共和国教育部.义务教育数学课程标准（2011年版）[S].
北京：北京师范大学出版社，2012.

[2] 丁昕.小学数学探索性、开放性问题设计研究[J].数学教学通讯，
2016（28）：37-38.

[3] 斯苗儿.小学数学课堂教学案例透视[M].北京：人民教育出版
社，2003.

［4］周连莉.设计开放性问题发展学生的数学思维探研［J］.成才之路，2019（10）：56.

［5］柯炳四.初中数学问题情境创设的探究［D］.武汉：华中师范大学，2008.

［6］全守杰，李红惠.教学反思与教师专业发展探析［J］.当代教育科学，2014（18）：41–44.

小学英语平实课堂实践活动的有效性观察与思考

杨 燕

　　小学英语新课程改革的重点是要改变原来英语课程过分重视课程的讲解与传授，忽视对学生实际语言运用能力培养的倾向。因此，在小学英语新课标中明确了基础教育阶段英语课程的任务是让学生形成一定的综合语言运用能力。新课标中提到的语言运用能力具体地说就是英语实践能力，而学生英语实践能力培养的主阵地之一正是在我们的课堂。平实课堂强调充分尊重学生，发挥学生的主观能动性，让课堂教学更加本真、质朴，能引发学生深度思考。

　　要保证小学英语平实课堂中学生主体地位的发挥，就需要在课堂中创设与营造真实有意义的英语文化氛围和语言环境，以教学活动为载体，以交际为主题，充分利用各种教学资源，采用听、做、说、唱、玩、演的方式，或调查、采访、设计、邀约、购物、制订计划等为学生提供充分的语言实践机会，鼓励学生积极参与、大胆表达，让学生在活动中学会英语，并用英语进行交流和做事情。

　　不论哪种形式的课堂实践活动，设计时均应着力于"平实""有效"，应符合平实课堂的基本要求和基本的教学规律，能充分调动学生的学习积极性，激发学生的认知需求，培养学生的创新精神和实践能力，促进学生的能力发展。

一、活动情境的生活性

　　所谓教学情境是指在教学过程中，依据教育学和心理学的基本原理，根据学生年龄和认知特点的不同，通过建立师生之间、认知客体与认知主体之间的情感氛围，创设适宜的学习环境，使教学在积极的情感和优化的环境中开展，让学生的情感活动参与认知活动，以期激活学习者的情境思维，在情境思维中获得知识、培养能力、发展智力。

设计任务时要给学生提供明确、真实的语言信息，语言情境和语言形式要符合语言实际功能和语言规律，要使学生在一种自然、真实或模拟真实的情境中体会和学习语言。在设计时，结合教学内容，设置紧密贴近学生生活的情境十分关键。只有通过真实的情境，才能产生真实的交际需要，才能使学生完成的任务具有真实性。

要使教学内容具体化、形象化，教学就必须从感性认识开始。以周红梅老师执教的1AU5 Food I like为例子。课前，周老师和学生一起收集了各种食品包装纸、包装盒和现成的、方便携带的食品，使整个课堂变成了一个五彩缤纷的快餐店。先是老师扮演waiter，让孩子们扮演小顾客购买自己心爱的食品。老师要问："What do you like?"学生可以回答"I like（hamburgers）"，答对了的就可以拿到自己想要的东西，使学生身临其境去感受、去交际。一年级小学生可高兴了，他们很快便兴奋地投入游戏之中，不一会儿便学会了这两个句型。然后让孩子们分成小组分角色扮演，既练习了句型，又掌握了单词。课堂气氛非常活跃，孩子们已经是"学在其中""乐在其中""用在其中"了。可见，情境创设得巧，再赋予浓浓的情，两者完美结合，效果就出来了。

要达到教学实践活动的有效性，还可以通过充分运用实物、头饰或卡片、简笔画、PPT等手段来提高情境的生活化，创设和渲染情境气氛，让学生各个感官都动起来，在自觉不自觉中去看、去听、去说、去感觉，达到运用语言的目的，最终实现课堂实践活动的有效性。

二、活动设计的拓展性

语言教学中的"拓展"意味着四个方面：一是语言学习向技能方面拓展，使学生在语言学习的同时，全面提高听、说、读、写技能，为后续学习掌握良好的学习方法。二是要挖掘教材中与日常生活相结合的素材，并进行拓展，提高学生学会在实际生活中运用语言解决实际问题的能力。三是根据教材中的文化因素，收集语言与文化相关的材料，使学生在学习语言的同时，了解不同国家语言中的不同表达方式和文化内涵，以确保语言表达的得体性。四是将语言与环境结合进行拓展，努力为学生创设多方位、多角度的英语学习氛围。

在开展课堂实践活动时，为了保证其有效性与可操作性，就必须在活动设计时针对教学重难点并结合学生特点，设定适切的教学目标，在课堂上增加或整合同类或高一层次要求的教学内容，辅导学生运用适当的方法进行自我学习或合作学习。设计丰富的教学活动，采用多元的评价方式，帮助学生掌握良好的学习习惯与方法，开阔学生习得英语的时空，扩大学生的知识面，优化学生的学习方式，让每个学生发现自身的价值，发挥自身的潜能，发展自身的个性，发扬自身的长处，为提高学生综合运用语言的能力打下坚实的基础。

以罗妙凤老师在教授沪教版小学英语Book 7 Unit 4 Do you have any cousins? 为例。

T：Listen to the tape and then fill in the blanks.

S：听录音。（一听，感知；二听，填空；三听，校对；第四，朗读。）

T：Now, take out your family photos and talk about your family members' jobs with your partners. Don't forget to finish the forms.

Name	Family	Job

活动结束后，教师用投影展示一些学生的记录表，并交流：…'s father（mother，grandfather，uncle）is a...

上面的教学活动是罗老师在教授有关家庭成员的课文时，让学生将家庭称谓和职业结合起来设计的一个教学活动。活动看似简单，但在简单之中也能看出教师的精心设计。首先，她在课堂上关注到了听说读写各项技能的全面发展，先安排了一个听力的练习，检测学生"听"的水平。但这个听力材料不仅仅是用来听的，它同时又是学生接下来"说"的蓝本，有了这样的例子作为借鉴，学生的语言交际就有路可循，给一些基础薄弱的学生铺了一个台阶。学生说的时候也不是随口说说，而是要在听懂的基础上记录下相关的信息，全班进行交流。在交流的过程中还可以发现学生的一些如单词、书写等方面的问题，予以纠正。而且，通过谈论照片中的家人的职业，把学习向

92

生活拓展，还有一个好处就是必定会有学生的家人从事的是教科书范围以外的职业，那么只要学生有需求，罗老师就可以及时地拓展一些单词，真正使课堂得以延伸，教学内容得以拓展，学生的视野也得以开阔。这也是语言交际活动的一大收益。

三、活动设计的可操作性

唯有活动，才能激发学生的主体参与意识；唯有活动，才能为学生提供发展的最佳途径和手段。适中的活动，能吸引学生积极地参与其中，在乐中学，在学中乐；在生动、活泼的学习中培养学生的主体参与意识，从而最终实现学生自我、主动、全面地发展。要真正让学生动起来，不仅是眼、耳、口参与，更重要的是思维，还包括手和脚。

张蓉老师在教授沪教版小学英语Book 7 Unit 10 Shapes第二课时，要求学生观察一些物品或图片，用第一课时已习得的句型和单词讨论一下其中有哪些形状，让学生自己动手画一画由各种不同形状组成的东西，并且介绍自己的作品。由于活动紧贴课文内容，且容易操作，因此学生的参与积极性很高。

活动的难易程度在一定意义上也影响着活动的可操作性。难易程度的设定，要考虑到学生原有的知识积累和能力水平，既不能太简单，激发不了学生的挑战性和参与热情，或徒有热闹的外表而起不到真正的作用；也不能太难，使学生不知所措，难以完成，也就谈不上"体验成功"。好的任务要在学生原有的基础上稍加拓展提高，能促使学生"在活动过程中进行情感和策略调整"，"踮起脚"甚至"跳一跳"能摘到桃子才好。

四、强调活动中的互动与交流

罗杰斯说："成功的教育依赖于一种真诚的理解和信任的师生关系，依赖于一种和谐安全的课堂氛围。"要保证课堂实践活动的有效性，教师必须为学生创设利于师生互动、生生交流的氛围。

人们掌握英语主要是通过人与人之间的交流，为此，在设计教学任务时要为学生留出充分的语言交流机会。这种交流不仅是语句上的，也应该是思维上的。在交流的过程中，学生运用英语进行理解、交际，他们的注意力集中在意义上，而不是在语言形式上。课堂上的语言实践活动要能从本堂课拓展开来，整合以前学过的内容，并引申到实际生活中，引导学生在今后的交际实践中灵活地运用各语言点，举一反三，提高语言综合运用能力，而不仅仅是就事论事，感觉学生始终处于教师的牵引之中。

比如，International food这一单元学习了用英语表达不同味道的食物和不同菜肴的制作方法，学生也学会了了解其他人对食物的喜好及其他菜肴的制作，这样的实践性语言活动体现了新课标"用英语做事情"的要求，能在一定程度上提高学生的思维和想象力、审美情趣和艺术感受。学生在活动中运用的语言较生动、形象，其主体性也得到较大程度的发挥。在活动中，学生的语言实践运用能力也得到了提高。

在这样的综合语言实践活动中，教师应以一种"宽容"的态度看待学生在尝试用英语表达思想时所犯的语言错误。如果对交流不造成影响，只是一些微小的语法错误的话，那么可以在课堂活动之后个别地给予提醒和纠正。

综上所述，提升小学英语生本课堂实践活动的有效性，通过创设生活化的教学情境，激活学习者的情境思维，在真实、互动的生本课堂中，在可操作性强的课堂教学设计引领下，更好地运用英语进行课堂上的互动与交流，才能不断拓展学习者的语言学习技能，提高学生学会在实际生活中运用语言、解决实际问题的能力。此外，有效的英语课堂实践活动还应充分考虑到活动的自主性、探究性等多种因素，结合生本教育理念下的平实课堂教学模式，在课堂实践活动过程中应保证学生足够的语言输入量，注重学生思维的参与，并体现语言的推进过程。唯有如此，才能使小学英语课堂实践活动在生本教育理念的指引下从"表里不一"走向"表里合一"，真正达到"有效"，从而持久地提高学生的综合语言运用能力。

📑 参考文献

［1］郭思乐.教育走向生本［M］.北京：人民教育出版社，2001.

［2］中华人民共和国教育部.义务教育英语课程标准及解读（2011年版）［S］.北京：北京师范大学出版社，2014.

［3］钱希洁.对小学英语课堂教学的几点观察与思考［J］.中小学外语教学（中学），2004（02）.

［4］杨启光.小学英语课堂教学问题诊断与教学技能应用［M］.北京：世界图书出版公司，2009.

小学英语平实课堂中问题设计的有效性实践

邬辉云

有效的课堂提问能有效引导学生使用特定的语言结构，在课堂的40分钟内，利用特定的情境学习和操练语言知识，并在不断的复现中增强学生对知识的理解和运用，从而达到教学应有的教学目标。本文将结合上海牛津版英语四年级上册Unit 6 "My parents" Part A中Listen and say和Look and learn板块的教学实践，探讨如何通过有效设计课堂提问来激活学生思维，达到教学的目标。

一、封闭性提问，定标导学

《义务教育英语课程标准（2011年版）》明确提出，教师要通过创设接近实际生活的各种语境，采用循序渐进的语言实践活动以及各种强调过程和结果并重的教学途径与方法，培养学生用英语做事情的能力。一节英语课的教学是否有效在于学生在本课结束之后所能做的事情，即教学目标是否达成。

为了更好地达成教学目标，教师的提问显得尤为重要，课堂提问是教师教学行为非常重要的组成部分。基于教学目标，依托教学任务设计课堂提问，是帮助学生在单位时间内学有所成、提升学生思维能力的关键。在本节词汇课中，教师根据本节课的教学目标和重难点，依托课堂教学的活动任务，在课前热身、新授和拓展运用三个环节设置有效的课堂提问，旨在通过提问促使学生思考，发展学生的思维能力。

课前热身环节包含三项学习任务：一是在现场跟前来听课的老师打招呼：Hello，Teachers！引出They are teachers到I'm a teacher，呈现teacher和student这两个角色，引出A teacher can teach students；二是课件呈现singer，dancer，writer，painter等相关职业的图片，引导学生从音、形、义上观察，引出-er/ə:/的发音规律，并在拼读中感受job中以-er结尾的词的发音规则；三是小组活动分享句子：A_____can_____.

在热身任务中，师生之间进行了真实的交流与沟通，同时帮助学生感知了目标词汇teacher，driver，建立起与旧知teach，drive之间的联系，总结出了job这个话题，并引导学生观察和找出规律：以-er结尾的单词和不以-er结尾的单词。

二、封闭性提问，聚焦教学目标

新授环节是学生学习核心语言的重要环节，也是培养学生思维品质的关键环节。通过教师的实际生活和已有的知识储备，帮助学生理解和掌握文本中的核心句型，发展学生的思维能力。

分析Listen and say和Look and learn的教学目标，本模块的主题是：My family，my friends and me，本单元的话题是My parents，旨在通过描述父母或者家人的jobs来进一步认识自己的父母及家人。在本课时的设计中，结合教师本人的家庭成员初构文本，通过绘本、听说等师生互动感知和理解文本，最终达到能运用My mother \ My father...这个语句结构来介绍自己的父母及其他家庭成员的目标。

1. 建构文本

呈现教师的全家福，引导学生自主提问，激发学生兴趣，激活学生思维。

全家福

学生提出以下问题：

S1：Where do they live?

S2：Who are they?

S3：How old is your baby?

S4：What does your mother do?

学生的思维过程往往是从问题开始的。在教学中，针对图片发散式地提问，有利于激发学生兴趣，也易引起学生对即将学习的内容进行预测。鼓励学生自主提问，调动了学生的知识储备，使学生处于主动思维的状态。

通过欣赏绘本并思考问题：What does my father do? 引出本课的核心句型并板书答句：I am a...通过*My Dad*的绘本听读可以get the information，He is a fireman。同时根据绘本内容感知消防员这个职业特有的装备，A fireman has＿＿＿＿＿＿，如big hat，big trousers，jacket，boots及uniform等词汇，并得出He can put out the fire.从而建构主文本：This is my father. He is a fireman. He can put out the fire. He is super.再通过老师示范读、同桌互读、小组检查读等方式操练主文本，做到人人能读，人人都理解文本。

2. 解构文本

听录音并回答问题：What does my mother do? What can she do? 检查学生对文本的理解，通过问题重新解构文本：This is my mother. She is a nurse. She can help people. She is＿＿＿＿＿＿.在留白中激发学生回忆旧知，学会用形容词去评价别人。同时通过听诊器、白色护士帽等装备的不同来区分nurse和doctor。

三、开放性提问，激发学生思维

1. 创构文本

呈现My husband的图片，提出启发性问题：Is he a＿＿＿＿＿＿？ Yes，he is. No，he isn't.在本环节中，学生会充分利用已学的职业单词以及在预习阶段能想到的单词，学生有以下猜测：

Is he a doctor?

Is he a policeman?

Is he a teacher?

Is he a math teacher?

Is he a hairdresser?

通过本问题，充分调动学生的积极性，学会用句子Is he...来进行真正的交流，激发学生积极地思考，主动参与课堂，形成了学生与学生、教师与学生的三维互动。同时呈现警察及警察局的图片，让学生看图说话。有的学生能看图说上三句，还有的学生能说出He works in police station.又在原有文本的基础上拓展了工作地点。

2. 整体文本呈现

以family book的形式再次整体呈现所有文本，再抛出问题，I can introduce my family. Can you introduce your family members'job? Now，please share your homework in your groups.

3. Show time

以个人或者小组为单位展示My family，有6个学生呈现了PPT，有10个学生图文结合做了手抄报，有10个学生做了family book，有的还在书里贴上了照片，所有学生都手写事先完成了预习作业，大概介绍了自己的家庭。

四、反思

1. 亮点

课堂中提出的七个核心问题都集中指向教学目标，能有效地引导学生思考，并在解决问题的同时加强对知识的感知、理解和运用。

2. 不足

开放性问题还不够开放，缺乏深层互动，同时在教学第一环节中应该整合，直接提出：Work in groups and make more sentences like these.

五、小结

1. 英语课堂问题设计有效性的策略

英语课堂中教师要挖掘教材的内涵，要切中知识的本质特征，要考虑学生的知识基础，要重视问题的呈现形式，要展现学生的思维过程，要促进学生的可持续发展，要针对不同的学习内容，还应适时地对这些策略进行调整，才能使学生的学习活动真正成为一种自觉行为，并促进学生的发展。

2. 英语课堂有效问题提问的技巧性

教师在授课时不在于多问而在于善问、巧问。教师在备课时要深入钻研教材，分析学生心理，结合学生实际，精心设计提出的问题和方式，创设学生主动参与学习的良好氛围，从而培养学生的创新能力和提高教学质量。

（1）掌握提问的时机。

（2）提问要注意层次。

（3）选择灵活的方式。

3. 英语课堂学生有效问题的评价

学生有所思才能有所问，对学生的提问不仅要作出回答，更重要的是不能忽视学生所提问题本身的评价、鼓励。学生提问分两个阶段：一是学生对不知道的知识的提问，二是学生对已知知识的提问。第一阶段的提问主要用于新课学习时，第二阶段的提问主要用于复习阶段；从第一阶段的提问中可以看出学生的学习态度和新知的接受能力，从第二阶段的提问中可以看出学生对知识的掌握程度。不管是哪一阶段的提问都是教师要重点关注的问题。教师不仅自己在上课时能提出有效的问题，同时也要培养学生提出有效问题的能力，只有这样，才能真正做到关注学生的发展。

参考文献

［1］中华人民共和国教育部.义务教育英语课程标准［M］.北京：北京师范大学出版社，2011.

［2］黄济，劳凯声，檀传宝.小学教育学［M］.北京：人民教育出版社，2001.

［3］鲁子问，王笃勤.新编英语教学论［M］.上海：华东师范大学出版社，2006.

［4］吴松年.有效教学艺术［M］.上海：教育科学出版社，2008.

关注细节力求实效　追寻平实英语课堂

金小平

　　寻找一种有效、高效的教学一直是历代教育者的梦想。平实课堂需要关注细节，力求实效。早在三百年前，捷克大教育家夸美纽斯就提出"寻求一种有效的教学方式，使教师可以教得更少，学生可以学得更多"。而今，新课程倡导让学生在教师的指导下，通过感知、体验、实践、参与、自主、合作、探究等方式，实现任务的目标，感受成功。在这一理念指导下，小学英语教学的有效性体现在教师能否有效地调动学生的学习积极性，学生是否能够有效地进行自主学习，发展英语综合运用能力。要达成上述目标，就必须关注教学中的细节。教学细节是构成课堂教学行为的最小单位，处于教学过程的各个环节上，对教学具有至关重要的影响。以下是笔者在教学过程中对于"教学细节与有效教学"的一些体会和实践。

一、教学细节与有效教学的关系

　　有效教学即符合教学规律，有效果、有效益的教学。关于衡量教学是否有效的标准，有两种观点值得我们思考与实践：钟启泉教授认为，能促进学生发展的教学才算有效；文喆提出，以学生的学习状态作为有效的标准。由此可见，学生的进步与发展是衡量教学效益的唯一指标，也是有效教学的最终目标。实施有效教学，教师除了心中要有有效教学的理念、掌握一定的有效教学策略外，尤其要关注教学中的细节。因为任何一个教学细节，都折射出执教者的教学理念，同时又直接影响教学的实际效果。实践证明：科学合理的细节，才能有效地激发学生思维，产生良好的教学效果；反之，不规范、不科学的细节，必然抑制学生思维，制约教学目标的达成，影响有效教学的实施。

二、当前小学英语教学中的一些教学细节剖析

明确了教学细节对于有效教学的重要性之后，作为一线小学英语教师，在日常的课堂教学和参加各种教研活动时，笔者时常关注与反思自己及同行在教学中的一些细节。从中发现：在新课程理念指导下，教师们都从关注教学细节入手，规范自己的教学行为，以求课堂教学具有实效性。但还是有些细节未引起足够的重视，直接影响着课堂教学的有效性。笔者注意到的有待改进的细节主要如下。

（一）热身环节中，设问无法激起学生已有的相关知识

有教师在执教PEP 3 Unit 3 时，在Warming-up环节设计了以下问题：How old are you？What's your name？Where is the TV？...由于这些问题学生相对比较熟悉，学生们一个个把手高高举起，唯恐老师忽略了自己，课堂气氛异常活跃。执教教师也被学生们的情绪所感染，这一环节在学生们几乎个个作答的情况下花了将近10分钟的时间，使得之后教师精心设计的Practice环节因为时间仓促而草草收尾，未能达到预期的教学目标。

笔者认为，这堂课上，Warming-up环节的设问虽极大地调动了学生的积极性，起到了热身的效果，但执教教师在设计教学过程时，因为没有考虑到本课时所涉及的几个形容词如thin，quiet，short等，学生在字母教学时就已学过，所以设计的问题并未能激起学生原有的、与本课内容相关的知识点，甚至占用了之后操练的时间。

（二）教学过程中，重难点未有实质性突破

在日常的教学和听课过程中，笔者常有这样的体会：许多教师的教学设计和知识的呈现，可以说面面俱到、无懈可击，教学过程看起来也似行云流水，但并非每堂课都有良好的教学实效。经过观察、研究和分析，终于找到了答案：教学的重点和难点没能在教学过程中得到实质性的突破。

以PEP 4 Unit 5 Part A Let's Learn为例。笔者为了让学生对cheap，pretty，expensive，colourful几个重点词汇有个感性的认识，同时也为了激起学生的兴趣，把几件分别体现以上单词特点的衣服带到课堂，并在教学过程中设计了"逛服装店"的环节，让学生用How much is it？It's...Oh，it's...等句型进行模拟交际。结果却发现：在口语交际中，部分学生或是避开expensive一词不用，或是词尾的/v/漏发了；也有部分学生在回答价格时，说错了价格。究其

原因，expensive的发音和数字的表达这两个重难点没有突破。

（三）课堂语言使用时，忽视了母语的作用

时下的小学英语课堂，随着英语教师自身专业素质的不断提升，许多教师采用了全英语教学的方法。不可否认，全英语教学有着许多优点，如有助于小学生口语交际和听力水平的提高，使学生接触英语的时间大大增加。然而，在采用全英语教学的同时，教师还应该考虑到作为我们教育对象的小学生，有其年龄段的特点，如注意力时间短，理解能力弱。尤其是像笔者所在的农村小学，学生的词汇量远远小于在城市中的同龄人。因此，如果让他们长时间地去猜测、判断老师英语表达的准确含义，有时会浪费时间，甚至会让一部分学生失去兴趣。例如，有教师在执教"weather"的有关内容时，在黑板上画了太阳、风、云等图案的简笔画，让学生猜测。不少学生们却只猜到：太阳、风和云。于是该教师只得又借助于肢体语言，费了好大的劲才让学生明白是hot，cool和cloudy三个单词。

（四）教学资源使用时，忽视了教材的作用

为了激发学生的学习积极性，往往有教师花大力气从教材以外引用图片、音像等资料，制作成精美的CAI课件，目的是用学生喜闻乐见的图片或音乐等使教学内容变得更生动。经过这样的处理，课堂上也确实充满了欢声笑语，对于老师精心设计的韵律诗和歌谣及节奏明快的"Let's do"等教学环节，学生们的参与积极性一浪高过一浪。有的教师为了更好地调节课题气氛，把自己所会的玩、演、弹、唱、画等"十八般武艺"悉数用在了课堂上。感慨于这些同行的多才多艺之余，笔者还是注意到：学生们在宛如音乐课、美术课般的英语课上，并未真正习得教材内容所蕴含的语言点。教师在引用教材以外资源的同时，却对教材中一些宝贵的教学资源视而不见。同时，导致学生的学习最后没有回归文本，华而不实。

（五）课堂角色转换时，学生的主体地位得不到体现

"教师是主导，学生是主体"是新课标对小学英语教学提出的要求。然而在实际教学中，我们还是发现，"教师说、学生听""教师问、学生答"的现象依然存在。教师在不知不觉中牢牢掌控着课堂，学生许多时候只是在教师规定的句型范围内机械地操练，而没有语言的创新和拓展，学生的主体地位也就得不到真正的体现。

三、对注重细节、有效教学的实践

教师的一些教学细节在教学目标的达成、学生学习兴趣及动力的维持等方面起着不可忽视的作用，直接影响着教学的实效性。有鉴于此，笔者在实际工作中从以下几个方面入手，注重细节，力求教学有效。

（一）注重热身环节，精心设计问题

巧妙的热身导入是有效教学的良好开端。在此环节中，教师要精心设计问题，使这些问题既能调整学生的情绪，活跃课堂气氛，又能激活学生原有的知识，尤其是和教学内容相关的、学生可能掌握比较薄弱的环节，使热身环节起到单刀直入、承上启下的作用。

以上文提到的PEP 3 Unit 3 为例，笔者在Warming-up环节中，指着学生课桌上的文具和教室内的物品问学生：Is it big/small/long？复习了这三个单词后，又指着几个学生对他们的同学提问：Is he tall？Is she short？Is he thin？Is she quiet？复习的同时直接导入新课，为之后熟练运用所学单词与句型描述身边的人和物奠定了基础，使热身环节达到了预期的效果。

（二）注重教学过程，突破重点难点

实践证明，实现小学英语有效教学的核心因素是教学重点和难点的突破。笔者认为，要切实提升教学的有效性，我们应在教学过程中注重以下两个方面。

1. 浓墨重彩、点化重点

在教学过程中，教学重点的突破是达成教学目标的关键。因此，对于教学内容中的重点，我们不能轻描淡写、一笔带过，而是要巧妙设计，用浓墨重彩去点化。以单词教学为例，对于一些重点的、学生又极易混淆的单词，教师既可以将教材内容重组，按照一定的规律呈现；也可以把一些发音有规律的字母或字母组合在书写时用不同的颜色加以强调。通过适当点拨，引导学生自主观察、分析和思考，发现这些单词在发音、拼写和意义方面的规律，以利于学生归纳记忆。

2. 逐步分解、化解难点

小学生由于其年龄特点，对教学中难度较大的内容不易掌握，尤其是涉及语法的内容。例如，小学六年级的英语学习中已涉及一般过去时态。如果仅仅是反复操练或者采用"Let's do"等活动，学生只不过是记住了单词或词组的音和义，不能对过去式的表达方法有所掌握；如果教师将动词过去式的变化，以归纳或推理的方式加以演示，学生又会觉得太枯燥。因此，教师在教学这部分内容时，应当对难度适当分解，逐个化解。

在过去时态的教学中，笔者通过以下几个步骤进行难点的化解：先是创设情境，从一般现在时切入，让学生对熟悉的问题"What do you do on the weekend？"用与新授相关的词组进行回答；接着，以看图猜词组的方式操练目标语言；然后，巧用课文插图，突出时间状语从过去到现在的变化，将学生已经熟悉的动词词组用彩色粉笔强调词尾的变化，让学生对动词的变化和发音有个初步的了解；最后，在教师的引导下，利用"What did you do last weekend？"让学生用动词的过去式进行回答。经过这样的尝试，教学效果远远好于将教学内容设计成语法课。

（三）注重课堂用语，合理使用母语

全英语教学的优点是不言而喻的，但是，适当采用母语解说有时是非常必要的。教学中，对于一些较难理解的、抽象的概念或词义，用母语加以解释远比用英语或借助图片、简笔画等方式快捷得多。以之前的"weather"一课的教学为例，如果当时那位老师用母语适当加以解释，可以节约时间，将其用在之后的操练和交际环节，会取得更好的课堂教学效果。笔者通过多次实践发现：英语课上合理、适当、灵活地使用母语，不仅可以节约时间，更能提高教学效果。

（四）注重资源使用，挖掘教材作用

笔者以为，有效教学首先基于对教材的充分运用，而不是花费大量的时间和精力从教材以外寻找图片或音像资料。因为PEP教材图文并茂，符合小学生的心理和认知特点，教材中许多图片为学生的英语学习提供了相关的场景，它们一般要比没有经过加工的资源更加适合文本内容。因此，我们在备课之前，不要急于从教材以外寻找资源，要先从教材上对相关的图片、chant、Let's do等进行重组。在对这些现成的资源充分利用的基础上，再考虑是否需要引入教材以外的资源。总之，新课程和有效教学要求我们从"教教材"转变为"用教材"，即在教学过程中结合教学实际，对教材进行创造性的使用。

（五）注重角色转换，体现学生主体

在小学英语课堂上，教师永远是主导，而那些具有丰富想象力和表现力的孩子才是主体。教师要根据教学设计和课堂的生成与变化，及时在"策划""组织"和"导演"之间转换好角色，让学生成为"演员"，在教师为他们创造的舞台上，提高语言综合运用能力。通俗地说，教师要做到"该放手时就放手"，要真正体现学生的主体地位，教师还要在教学中兼顾有差异的学生，使不同层次的学生都有所得。

细节预约精彩，小细节中蕴含着大智慧，注重细节，方能达到高效，这才是真正的平实课堂。我们一线小学英语教师应心怀新课标，立足教材，着眼学生的全面发展，注重教学细节，优化教学行为，力求课堂教学的实效性，追寻平实英语课堂。

参考文献

［1］李燕燕.有效英语课堂教学的基本要素［J］.山东师范大学外国语学院学报（基础英语教育），2009（02）：70-74.

［2］褚献华.小学英语有效教学的设计原则［J］.山东师范大学外国语学院学报（基础英语教育），2008，10（02）：41-48.

［3］李朝云.有效英语教学的艺术［J］.中国校外教育（上旬），2013（02）：169-170.

物理实验核心素养培养途径探究

李中青

物理学是一门实验科学。在物理学中，每个概念的建立，每个定律的发现，都有其坚实的实验基础。实验在物理学的发展中有着巨大的意义和推动作用。实验赋予了物理学科思想和内容，实验促进了物理学的发展。实验教学是初中物理教学十分重要的实践教学环节，是培养学生创新精神和动手操作实践能力的重要途径。

初中物理教学中虽然非常重视实验教学，但学生的实验能力并不强。初中学生虽然有一定的观察能力、实验能力和思维能力，但分析判断能力还不成熟，自主性还不强。在实验教学中往往存在设计到位、准备充分，学生则习惯于"照方抓药"，缺少主动动脑的被动实验。注重自主实验能力的培养，提供自主实验的机会，加强对自主实验方法的指导，进而促进学生物理实验素养的形成，是初中物理实验教学的重要课题。

根据课程标准对学生实验能力的要求，在初中阶段学生实验要求达到以下目标：明确实验的目的和原理，了解仪器性能，掌握实验步骤方法；遵守操作规程，懂得观察现象和设计表格；认真记录数据，能对实验结果进行分析并得出结论；交流并反思，写好实验报告。

一、做好实验安排，为实验核心素养培养搭建平台

初中物理实验多，教师要选择好实验的方式，尽可能多地给学生提供实验的机会，借助于多种多样的实验方式，为学生物理实验核心素养的培养搭建平台。

1. 演示实验

此类实验应当确保成功，简易方便，视度要尽量大，现象要清楚，操作

要规范，在实验进行中要注意讲解配合，引导学生观察，启发学生归纳推理。

2. 随堂实验

充分利用实验资源，可以因陋就简，发动学生利用生活用品或自制教具。这种方式能使学生听、视、动、思同时激发，这类实验不求实验的全过程，可以只是观察或测量，或是简单现象的再现。因而力求简单明了，易于操作。

3. 学生分组实验

《初中物理课程标准》明确学生必做实验20个，学生在实验室中，用几乎一节课的时间自己动手完成预定的实验任务，教师在课堂上巡回指导。学生通过实验学习基本仪器的使用，学习基本的测量、观察技能，并尝试处理实验数据，进行误差分析，独立写出实验报告，使实验能力得到全面的培养。

4. 课外实验

这是物理实验的一种补充形式，对一些用时较长的观察实验或不能在课堂上完成的实验是极其有用的。在某种意义上，课外实验更有利于培养学生创造思维和独立工作能力。

在整个物理教学中可以根据教学内容和教学条件适当选用，灵活选用，以期为学生提供更多的实验机会。

二、优化实验设计，为实验核心素养培养找寻路径

"凡事预则立，不预则废。"优秀的实验教学设计是物理教学成功的关键，更是培养学生自主实验能力的关键。实验教学的设计包括实验教学的分析、实验策略的选择、实验过程的设计及实验结果的评价，也包括实验材料的选择与时间分配等。故需精心设计，把教学过程设计为学生自主探究新知的过程。学生在实验探究之前必须自主预习了解实验的原理，熟悉实验器材的功能与应用，有明确的实验目标。实验中要设计实验自主学案，学生根据学案中的探究思路进行实验，而不是完全放手由学生操作。

1. 实验的设计应该从教学实际和学生的实际出发

根据学生的学习水平制定相应的自主实验学案。一方面，学案应遵循由易到难的原则，逐步加大探究力度；另一方面，实验的内容应该能激发学生兴趣，联系生产与生活实际，才能更好地激发学生的探究热情，开拓学生的思维。根据实验程度的不同要求，可让学生在课堂上按预习的内容自主做实

验，以得出一些简单的规律或解决学案上的问题，或让学生预先在家里做简单的实验，仔细观察并按学案做记录；或者在课堂上利用简单的仪器模拟一些实际生活中的用品或现象；或者让学生到户外进行实验。

2. 注重增加动手实验的机会

实验设计要根据学校情况利用好实验仪器，尽可能通过简单的实验去得出概念，发现规律。在这里要求教师了解大量的物理小实验，具备较强的动手能力，同时要确保实验仪器的正常使用和备用。让学生在上课前明确仪器的管理规定。在学生实验的过程中，教师应在教室里四处走动，与各小组进行交流，倾听学生的问题和想法，不时评价他们的探究进程并确定适合学生学习的下一步计划。必要时，教师可以让学生暂停实验，通过演讲、示范或讨论等形式提供其他信息。

3. 注意把握好时间安排

由于这是一种新的教学方式，学生不一定能够完全适应，故学生预习与否、纪律情况、仪器质量问题等方面都会影响实验的进行情况。上探究性实验课最好用两个课时。

4. 注重实验结果的交流与评估

可以引导学生通过已有知识和经验或根据生产和实际生活的常识对实验结果进行评估——要求学生做好数据记录和课后的实验报告，规范报告形式。这对于学生养成良好的实验习惯有积极的作用。

三、重视探究方法，为实验核心素养的形成指引领航

实验教学不仅要关注学生的实验结果，更要关注学生实验的过程：问题如何聚焦指向，操作是否规范，记录是否属实，结论如何得出，组内成员如何配合，等等。这就要求在实验实施的过程中，教师要关注实验的每个方面，注重方法的指导，为学生自主实验能力的形成导航。

科学方法是人们从事科学所采取的方式或手段，它是在科学认识活动中逐渐形成和发展起来的；科学态度是人们对科学的过程、结果、作用等产生的较为持久的内部心理反应。在实验教学中，我们应该结合物理学科的特点，以"提出问题——提出假设——实验验证——得出结论"为主线，这样让学生参与整个探究过程，不仅有利于学生对科学方法的掌握，同时也培养了学生认真实验、正确对待实验结果的严谨的科学态度。

1. 鼓励学生对实验进行大胆猜想

这个过程是学生思维极其活跃的过程，它容易突破传统思维的框框，并时而迸发出创造思维的火花。学生对未知领域产生好奇并急于获得正确的认识，将会产生强烈的求知欲望和饱满的学习热情，这种非智力因素的情感作用，将反过来促进思维的活力和思维的定向能力。传统的课堂教学缺乏猜想，使教学过程变成非常简单的知识输入过程，能力的发展和科学素质的培养无处落实。

例如，在探究摩擦力时鼓励学生进行大胆猜测：摩擦力的大小跟哪些因素有关？学生非常活跃，调动原有的知识与经验，立刻有了与接触面粗糙程度、与物体的重量有关；有同学猜测与运动速度有关，与运动方式有关；还有同学猜测与接触的紧密程度有关……学生的猜测都是基于原有的知识或经验，当然也有天马行空的，教师不要急于打击，而要因势利导，让他说出猜测的理由，想出证明猜测的办法，大胆的猜测就是探究创新的起点。

2. 指导学生自主思考设计实验

实验的设计要以小组为单位进行，通过讨论交流，不断地完善实验设计方案。这个过程既培养了学生的思维能力，又使学生产生了一种成就感、自信心。接下来的实验验证，学生是带着急于知道方案是否可行，猜想是否正确的心态去探究的，就会以严谨、认真、科学的态度去实验，不断发现问题、解决问题，既活跃了思维，又培养了正确的学习态度和实验能力。

例如，在对影响摩擦力的因素进行猜测之后，鼓励小组自主选择研究问题，对于没有被选择的因素或学生比较难操作的研究因素，教师可以先行示范设计研究，为学生分组设计进行引导，这种指导不要局限于示范性，而要突出方法的指导。小组内完成设计之后要进行交流，对实验的设计进行评估。交流与评估的过程非常重要，是实验方法形成的关键。

3. 重视实验的分析论证，在交流中进行自我评估

实验结论的得出来自小组内学生分析、讨论、归纳、总结的方式，结论出自学生之口，印象深刻，不易忘记。在小组间的交流中对自我的实验分析结论进行反思，教师适时引导进行评估，允许学生有不同的意见。这样，实验的收获不再是由教师给出的"标准答案"，在此过程中，学生学会思考、学会分析，自主实验能力会得到更好的发展。

例如，关于影响摩擦力因素探究实验的分析，交流结论时，操作中存在的问题就又一次凸显,如何控制研究对象的运动使其匀速?如何读准测力计的读数?从几次测量数据中得出的结果最为可靠?……这些问题的交流会使学生对实验的设计操作进行一次反思,再次测量实验时就会避免操作中出现的种种问题,也会引导学生规范操作,及时记录,对实验进行反思。

4. 不过分追求实验的完整,更关注实验的情意目标

随着物理课堂中实验的增多,一些"片段"性的实验成为实验不可或缺的组成部分,这些实验也许只关注完整探究过程中的某一部分,更注重的是学生的观察、思考、体验、发现,因而实验不求完整全面,却要特别关注实验过程中师生交往的情感因素,用自己对学生的深厚情感去引发学生积极的情感交融,营造融洽、宽松、平等、合作的气氛。激发学生学习物理的浓厚兴趣,增强实验过程中克服困难的勇气和深入探索的毅力。在实验中,让学生受到物理思想方法教育,体验人类探索知识的艰辛历程,培养学生崇尚科学的高贵品质和实事求是的科学态度。

四、开展课外实验为实验核心素养的形成拓展空间

物理与生活联系非常密切,我们身边随处可见与我们所学物理知识相关的现象、物品。提倡和鼓励利用身边物品进行物理实验,把物理实验做到课外去,做到生活中去,在生活中进行物理学习。

如果实验所用的材料是学生所熟悉的,就会使学生感到亲切,较容易克服思维障碍,能较好地达到实验的目的;如果实验所用的仪器是学生亲手制作的,那么不仅能培养学生的动手能力,而且能帮助学生建立起牢固的相关物理表象,敏锐地洞察其中发生的物理过程,使学生对知识的理解更加透彻。

因此,教师应当引导学生充分利用顺手拈来的、熟悉的物品做物理实验,这样可以丰富学生实验物品,弥补实验仪器不足,拓展实验探究的时空,让学生真正经历"从自然到物理、从生活到物理"的认识过程。

例如,学习物态变化时,家中的厨房就是物理变化实验的演练场,烧水、冻冰、除霜、结露……学生在实验中发现物理知识的奇妙,在与家长的交流中又增加了兴趣与自信。又如,自行车是初中生最常见、最常用的交通工具,自行车蕴含着丰富的物理道理,可以从摩擦力、压强、简单机械、光学、声学、能量转化等多个角度找到对应的物理应用,是生活中物理应用的一个典型例证。

开放实验室，成立物理实验兴趣小组，进行"三小"评比，开展科普阅读、参观实践活动等都是课外进行物理科学实践、自主发展的良好渠道。

实验，是初中物理教学和学习的主旋律；探究，是物理学习的主要方法和基本能力，让学生在实验中学会方法、培养能力就是培养学生自主实验能力的目标。充分利用物理学科特点，多层次、多侧面地开展物理实验活动，让学生充分自主地进行物理探究学习，让学生在自主实验中探究物理知识与规律，研究物理现象与生活应用，关注物理与科学创新，形成自主发展的能力，实现物理教学中学生核心素养发展的目标。

参考文献

［1］中华人民共和国教育部.义务教育物理课程标准（2011年版）［M］.北京：北京师范大学出版社，2011.

［2］李德信，胡元斌.学校科技教学的创新指导与实施［M］.合肥：安徽人民出版社，2012.

浅谈探究性教学在初中化学教学中的应用

肖远忠

探究式教学以调动学生主动性、积极性为前提，发展学生的思维能力和创造能力，更有利于学生学会学习，符合教学改革的实际。在初中化学教学中应用探究式教学应注重激发学生学习兴趣，注重学生的自主探究，注重丰富探究内容，以自主学习、合作讨论为主要途径，以培养学生的学习能力，发展学生的思维能力和创造能力。

一、探究式教学的必要性

所谓探究式教学就是以探究为主的教学。具体来说，它是指教学过程是在教师的启发诱导下，以学生独立自主学习和合作讨论为前提，以现行教材为基本探究内容，以学生周围世界和生活实际为参照对象，为学生提供充分自由表达、质疑、探究、讨论问题的机会，让学生通过个人、小组、集体等多种解难释疑尝试活动，将自己所学的知识应用于解决实际问题的一种教学形式。

探究式教学在课堂中的应用主要是为了让学生在探究过程中通过对知识的深入理解从而能够更好地掌握知识，而在教学中发挥的其他作用往往不被重视。2014年中华人民共和国教育部研制印发《关于全面深化课程改革 落实立德树人根本任务的意见》，提出要明确学生应具备的适应终身发展和社会发展的必备品格和关键能力，也就是我们当前新一轮课改的中心"核心素养"。核心素养不是先天遗传，而是经过后天教育习得的，即强调经过后天的学习可获得，是可教可学的。因此，中学化学的课堂教学也应当与培养学生的核心素养相结合。教育不仅是让学生学习知识，更重要的是让学生学习探究的过程和方法。知识不是固定不变的，随着时代的发展，即使真理也可能会被打破。而在社会飞速发展的背景下，人们生存所需的知识也在不断地增加和更新，因此要更好地帮助学生适应现代生活，更重要的是引导学生学会学习，学会掌握知识的方法。而探究式教学是在教师的启发诱导下，学生独立自主学习和合作讨论的过程。在这个过程中，教师重视培养学生的自学能力，发展学生的创造性思维，为学生提供自由表达、质疑、探索、讨论的机会。学生自己发现问题、提出问题、分析问题、解决问题，从而促使他们深入地理解知识，建立知识间的联系，理解科学的本质。因此，相较于传统的课堂教学，探究式教学以调动学生主动性、积极性为前提，发展学生的思维能力和创造能力，更有利于学生学会学习。

二、初中化学探究式教学的实践

教师作为探究式课堂教学的主导者，应充分认识科学探究对于促进学生科学素养发展的独特价值，应有目的地组织学生交流讨论；应高度重视和加强实验教学，充分发挥实验的教育功能；应密切结合学生的生活实际，帮助他们感受身边的化学物质及其变化。教师通常引导学生按科学探究的一般程序"提出问题——大胆猜想——设计实验——实验验证——得出结论"进行探究。在这个过程中，还需要注重以下几个方面：首先，激发兴趣，可以通过趣味实验、故事及生活经验来引起学生的探究欲望；其次，要注重学生的自主探究；最后，要开展课外活动，丰富探究内容。

现以"二氧化碳的性质"一课中的片段为例，来浅析探究式教学模式在初中化学教学中的运用。

1. 激发兴趣，引题探究

教师的课堂要引人入胜，就要抓住学生的心，调动学生的情绪。因此，在"二氧化碳的性质"这一课中，用播放"死狗洞"动画导课，并利用简短、生动的语言讲述"死狗洞"的故事，很快就能把故事和课题联系起来，趁着学生的好奇心立即提问，这是二氧化碳的什么性质？学生很快就能找到二氧化碳的密度与故事之间的联系，学生在这个过程中感受到了成功的喜悦，学习的兴趣也就被调动起来了。然后立即提出问题：如何验证二氧化碳的密度比空气大？设计两个实验，一是二氧化碳灭高低不同蜡烛的火焰，二是往平衡的两个纸袋中的一个倾倒二氧化碳。通过上述两个实验充分证明二氧化碳的密度比空气大。

2. 适当引导，自主探究

在实际教学过程中，我们发现，不但验证了二氧化碳的密度比空气大的问题，教师还可以联系"死狗洞"的故事提问二氧化碳是否能燃烧和支持燃烧的性质，引导学生关注实验的设计，关注实验原理。

在学习二氧化碳溶于水产生的化学变化的过程中，可以变演示实验为学生探究实验。教师提供必要的知识储备，引导学生设计实验，让学生自己探究，主动参与知识获得的过程，以发展其归纳、推理的思维能力及掌握探究思维的方法。具体流程如下：

（1）大胆猜想。教师引导学生联系生活实际当中的碳酸饮料，让学生大胆猜想，二氧化碳能溶于水并且产生碳酸。教师演示实验——稀盐酸能使紫色石蕊试液变红，并告知酸能使紫色石蕊试液变红的性质。

（2）学生设计实验。教师提供实验所需材料，由学生小组讨论设计实验，教师在适当的时候进行点拨。最后引导学生通过对话、争论等方式帮助他们集思广益，完善实验设计。学生通过设计实验——把二氧化碳通入紫色石蕊试液的变化情况，探究二氧化碳溶于水产生什么。

（3）学生实验验证，得出结论。充分发挥学生的主体性，由学生自主进行实验操作，对实验结果加以分析并得出的结论是二氧化碳能溶于水，且产生碳酸。

（4）总结反思。在问题解决后，教师还应该指导学生对实验活动进行反思概括，帮助学生理解在实验过程中运用了什么策略解决问题，将原有的知识和获得的新知识进行联系，防止学生实验过后仅仅知道实验的结果而忽略了实验过程中的思考，防止学生仅获得知识而忽略了探究方法和过程。

3. 课后探究

在探究过程完成后，每节课的新知识都应该给予学生质疑、深入探究、应用新知识的机会，鼓励学生提出问题，培养学生的创造性思维。如在"二氧化碳的性质"这一课中，可以引导学生思考如何利用家庭中的物品自制汽水，鼓励学生独立思考、大胆实践，让学生感受到化学与生活息息相关，保持学生对生活和自然界中的化学现象的好奇心与探究欲望。

再如，我们在讲授教材中"实验室制二氧化碳"这个实验的时候，可以运用探究式教学理念进行这样的课程设计：

（1）取适量的大理石、稀盐酸和必要的实验器材，做大理石与稀盐酸的反应。

（2）取适量的碳酸钠、稀盐酸和必要的实验器材，做碳酸钠与稀盐酸的反应。

（3）取适量的大理石、稀硫酸和必要的实验器材，做大理石与稀硫酸的反应。

（4）取适量的碳酸钠、稀硫酸和必要的实验器材，做碳酸钠与稀硫酸的反应。

（5）取适量的大理石、浓盐酸和必要的实验器材，做大理石与浓盐酸的反应。

（6）取适量的碳酸钙粉末、稀盐酸和必要的实验器材，做碳酸钙粉末与稀盐酸的反应。

引导学生注意观察实验现象，学生们会发现，碳酸钠与稀盐酸或稀硫酸的反应速率太快，浓盐酸有白雾，碳酸钙粉末与稀盐酸的反应速率比大理石与稀盐酸的反应速率快，大理石与稀硫酸的反应开始时有气泡产生，但一会儿几乎无气泡产生。然后对实验的结果进行分析，找出这几个实验的异同。学生们在观察实验、参与实验的过程中，不仅能够学到很多来自实践的化学知识，而且能够培养他们的观察能力、分析和解决问题的能力。

探究式教学相比于传统的教学方法，更能突出学生的主体地位，更利于培养学生学习的积极性和探究精神，更有助于培养学生的学习能力和创新精神；既让学生体验到思索探究的心路历程，又使学生体验到探究的乐趣和成功的喜悦，同时体悟到探究的收获和成果。因此这种教学方法值得推广应用。

💬 **参考文献**

［1］林崇德.21世纪学生发展核心素养研究［M］.北京：北京师范大学出版社，2016.

［2］中华人民共和国教育部.义务教育化学课程标准［S］.北京：北京师范大学出版社，2012.

开发地理隐性课程资源　打造平实生本课堂

徐京京

地理学科作为一门综合性、区域性很强的学科，教学的开展需要丰富的课程资源，地理隐性课程资源是地理课程资源的重要组成部分，随着课程改革的推进，日益受到重视。但截至目前，还没有出现地理隐性课程资源的概念。结合隐性课程、隐性课程资源的概念及近四年的教学实践经验，笔者认为，地理隐性课程资源指以潜在方式存在，能够与显性地理课程资源相辅相成、相互促进，对地理教学开展有支撑作用，蕴含着地理教学价值的一切因素和条件，如学生的地理生活经验、地理专用教室所营造的地理学习氛围、师生关系等。在教学过程中，要善于开发与利用，打造丰实、充实、真实的平实课堂。

一、关注学生蕴藏的地理隐性课程资源

皮亚杰的建构主义理论认为学生在学习某一门课程时，是基于自己原有的生活经验、知识背景而积极主动地进行选择、加工和处理信息；学习过程不是无意义地接受现成的知识信息，而是在学生头脑中拥有的知识经验基础上进一步转变的过程。学生在教学过程中利用课程资源从而获得发展，同时自身也是重要的课程资源。我国东西南北跨度大，自然和社会环境差别很大，同时城市景观和农村景观差异较大，生活在不同地区的学生又与当地独特的自然和社会环境相处了十几年，积累了一定的生活经验和感性认识。在成长的过程中，切身感受到身边的一些地理现象，如昼夜更替、冬冷夏热等。生活在城市的学生，对城市污染、商业布局、低中高住宅区的分布等方面有一定的感性认识，而生活在农村的学生，对农业的种植、乡村聚落的分

布及其变化、土地利用方式等方面较为熟悉。因此在地理教学过程中，无论是自然地理还是人文地理，或者是学生的头脑中已经积累的相关的地理现象和问题，都已形成了一定的感性认识，为地理教学的开展奠定了一定的感性经验，地理教师要充分挖掘，打造丰实的地理课堂，提高地理教学的效率和活力。

例如，在开学初要进行区域地理的学习。寒假中很多学生出省，甚至出国，基于此，我引导学生说出省或者出国旅游前我们应该查询哪些信息。有一个学生刚去过俄罗斯，他很乐意和大家分享他们一家人前期准备的过程，并把主要的点写在了黑板上，写得非常全面。归纳主要有以下几点：查询著名景点及距离；查询天气和气候，以便准备衣物；查询美食和价格；查询当地的风土人情。基于此，我引导学生从信息中归纳区域地理的学习方法：首先是地理位置，其次是自然特征，最后是人文特征。学生从自己出游的经历中学习到了区域地理的学习方法，效果非常明显。

二、构建民主和谐的师生关系

良好的师生关系是进行地理教学的前提和基础，民主平等的师生关系是进行师生之间互动交流的前提，保证了教学的顺利开展。如果学生对任课教师不满，带着情绪进入地理课程的学习，那学习效率和对地理课的热情必定会大打折扣；反之，如果学生因为老师而喜欢地理课堂，学习的积极性和参与度会大大提高，学生愿意配合地理老师、同伴开展地理讨论、合作探究等活动，将有助于实现地理教学目标。如何建立和谐民主的师生关系呢？

首先，教师要树立师生平等观念，虽然教师和学生之间在教学关系上是授受关系，但在人格上是平等的，学生是独立发展的个体，能够积极主动地参与到教学的各项活动之中。在教学过程中，教师要尊重学生的观点和见解，让学生能够感受到自我价值。

其次，热爱和关心学生，关爱学生是教师职业道德的灵魂所在，也是建立和谐师生关系的基础。在课下，与学生保持经常性的交流，对他们的所思、所想、所求有一个全面及时的了解，尤其是对于后进生和学困生，对于他们的点滴进步，给予肯定和鼓励，与他们一起寻找适合他们的学习方法和突破口，引导他们多参与班级活动，寻找在班级中的角色，让他们感觉到自己是班集体中的一员，从而有集体归属感。

最后，教师要树立终身学习的观念，及时更新自己的知识库，拓宽知识领域，提高自我修养。

例如，工作三年多，所带的六个班学生整体上思维比较活跃，难免有几个上课调皮捣乱的，其中一个男生经常被班主任训话。有一次上地理课，被班主任训了整整一节课，快下课的时候才进来，而此时本节地理教学内容已经结束了，我看到他打开地理课本，自己在看刚学习过的知识点。我走到他桌旁对他说，本节内容有一定难度，如果课下看书有不懂的，随时都可以来办公室，我们一起探讨。快放学的时候，他来了，提出了几个问题。我先表扬了他的认真、善于思考，之后和他一起解决了他提出的几个问题，并与他讨论了如何做一个遵守纪律的高中生。他自己说从遵守班规做起，上课尽量集中注意力，少分心等。之后，我细心观察，他确实比以前好多了，在我的地理课上，他能够主动发言了，课堂上也很少出现违纪行为，也很少被班主任叫去训话了，看到他的变化，我感到很欣慰……

三、捕捉地理课堂动态生成的资源

新课程改革提倡的课堂是教师与学生之间进行平等对话、合作的互动过程，引导学生主动参与教学过程。随着地理新课程改革的深入，课堂动态生成的隐性资源开始受到关注，学生无关教材的提问、疑惑的表情、解题的错误等都可以成为活的课堂资源，这些动态资源是教材和教师教学设计中没有的，却是学生真实状态的流露，这种以动态生成的课堂资源为基础的教学，最接近学生的"最近发展区"。因此，地理课堂上教师要善于用心观察，学会倾听，及时获取在地理课堂中出现的新信息、新动态，抓住稍纵即逝的教学机会，合理选择有价值的动态资源并转化为有效的教学资源，及时调整教学内容及环节，进行生成性教学，打造真实的地理课堂。

地理课堂动态生成的资源

分类	案例
学生错误	学生学完乡土地理之后，进行专题练习，其中有一题为：关于深圳自然环境说法正确的是（　　）。 A.深圳地形以低山丘陵为主　　B.深圳每年有一次太阳直射 C.深圳属于五带中的亚热带　　D.深圳属于半湿润地区 在所教的班级中，超过一半的同学选择了C选项，主要是学生对于一些地理概念理解不够清晰，地理概念相互之间混淆，而这种错误在地理学习中非常常见。于是我就利用学生的错误提出问题：这道题目的正确答案是C吗？有个大胆的男生说应该是A，我提示了一下，现在出现了A和C两个选项，其中只有一个是正确的，再给你们一次机会。过了一会儿，班级中超过一半的同学选出了正确的选项。之后，我让学生说一说刚开始为什么选错了，有的学生说，忘记了深圳属于热带，有的学生说把天文五带和气候带混淆了……他们自己说出了自己的错误，借此机会，正好可以把这两个地理概念进行对比，让学生更加清晰。我引导学生，结合以前所学，再次思考天文五带是如何划分的，与气候带有何区别与联系。学生思考并回答总结，我进行了补充完善。在这次习题课上，借助学生的错误进行提问，引导学生思考，使学生从自己的错误中学习并进行反思总结，比较清晰地理解了地理概念，达到了较好的学习效果
突发事件	在地理课堂中，经常会发生一些来自学生、教师及外界的突发事件，在这种情况下，如果地理教师能够运用教学机智灵活处理，把突发事件作为动态资源引入教学，能够起到立竿见影的效果。记得有一次一个学生因为堵车迟到，于是我就借机发挥：深圳为什么这么堵车呢？大家分别从城市人口、公共交通、城市规划等方面进行思考，寻找深圳堵车的病因。之后同学们积极发言，同学之间互相补充和点评，最后我和学生们进行总结归纳，同时让学生为深圳的堵开出"药方"。利用迟到这个和地理教学无关的突发事件，上了一堂与我们生活密切相关的地理课，激发了学生的求知欲和兴趣，同时引导学生学会分析地理问题、解决地理问题的方法
学生体验	有一次一起解决日影朝向与长短的问题，在此之前已经讲解过日影的朝向与太阳光线是相反的，可能学生早已忘记，也可能学生当时就没有理解透彻，当遇到相关问题时，依然不知道这个知识点。我就让学生把教室的灯都关了，窗帘拉上，顿时吸引了全班同学的注意力，然后请一个学生用我手机中的手电筒模拟太阳光线，照射桌子和椅子，让其他学生观察，看看影子朝向和光线的位置关系，这次同学们自己说出光线与影子的朝向应该是相反的。通过引导学生开展日影实验，进行亲身体验，从而比较全面地理解了日影朝向问题

让平实课堂更出彩

分类	案例
教师错误	在地理教学过程中，不仅学生会出错，教师也会因为一些原因而出错，如解题错误、命题错误、有意出错等，这些错误也是十分宝贵的动态课程资源，应对其进行开发利用。比如，我在给学生讲解地图三要素中的比例尺时，对于比例尺大小与图幅内容详略的关系，总有一部分同学不能灵活应用。因此，我设置了一个真实情境：现在需要绘制一张我们学校南校区操场的平面图，较合适的比例尺是（　　　）。 A.图上1厘米代表实际距离5千米　　　B.1：1000 C.图上1厘米代表实际距离20千米　　D.图上1厘米代表实际距离200千米 在解决这个实际问题时，学生已经学习了此知识要点：在图幅相同的条件下，比例尺越大，表示的范围越小，内容越详细；比例尺越小，表示的范围越大，内容越简略。首先，我引导学生把选项中的比例尺转化为数字式：A.1：500000，C.1：2000000，D.1：20000000，完成后，我有意出错，随口说出，D选项的比例尺最合适，因为它的比例尺最大！绘制我们学校的操场平面图较合适。这时，班级有好几名学生说，老师你错了！D选项不是比例尺最大的，B选项才是呢！我装作恍然大悟的样子，然后主动承认自己在解决这道题目时出现的"思维定式"。为了让大家掌握这类题的解题思路，我请了刚才发现我错误的学生为大家演示解题过程，并再次总结归纳。通过此教学环节，有助于学生利用地图三要素，灵活解决生活中遇到的地理问题。还让学生意识到在以后的解题过程中，要细心分析，克服思维定式

四、整合信息化资源中的地理隐性课程资源

作为信息时代的地理教师，要充分利用信息技术，深入挖掘信息化资源中的地理隐性课程资源，利用信息技术，为地理教学注入新的活力。首先，地理是一门综合性很强的学科，利用现代信息技术，可以为学生展现丰富的图片、视频等地理资源，丰富学生的感性认识；其次，有些地理教学内容对学生来说，比较抽象宏观，如板块运动、地震波，学习难度较大，如果教师善于利用现代信息技术，能把抽象的地理内容变得形象直观，变静态为动态，能够有效降低学生学习地理的难度；最后，利用现代信息技术，可以提高教学效率，改善教学效果，同时学生面对大量的地理信息，自己要学会获取有用信息，需要自己去加工分析，这有利于培养学生的自学能力，打造充实的地理课堂。

例如，八年级上册学习中国农业时，生活在城市的孩子对农业生产和发展比较陌生，正好中央电视台播放纪录片《超级工程——食物供应》，结合

视频进行学习。视频再现了我国农业生产的方方面面，真实生动，孩子们看得很入神，同时思考：我国农业哪些方面得到了发展？结合视频，举例说明科技兴农。看完之后，分成三个小组讨论，完成之后，小组进行分享。学生从农业单产、农产品质量和农业生产方式等方面，论述中国农业获得了长足的发展。同时也能够说出科技在农业方面的应用，如育种、农业植保、冷藏保鲜技术、水产养殖技术、自动化挤奶设备、无土栽培等。整节课，学生通过观看、思考、讨论和分享，感觉非常充实，并且乐在其中。

要给学生一碗水，我们需要有一桶水，而且需要有源源不断的泉水进行补充，因此我们必须善于开发利用好隐性课程资源，助力平实生本课堂的实现。

参考文献

［1］何征宇.中学物理隐性课程资源的利用与开发［J］.教学研究，2012（03）：116–118.

［2］汤晓玲.论体育隐性课程资源的开发与利用［J］.体育科技文献通报，2006（08）：61.

［3］李艳霞，蔡淑兰.生成性课程资源的开发与利用［J］.内蒙古师范大学学报（教育科学版），2009（06）：5–7.

统计图表巧应用　平实课堂见实效

于海跃

平实，意为平易朴实。历史学科范围广，内容多，材料丰富，但文字史料难以带来直观的感受，图片或视频资料又只能展示历史的某些时刻。而统计图表既可以进行明显的对比，也可以直观展示长时间的变化趋势，所以在历史教学中具有独特的作用。在"立德树人"的总任务下，平实课堂理念的推出更强调向课堂要效率，合理创新地应用统计图表就是其中一种有效的方式。

一、统计图表在新课导入环节的应用

"导入"就像一出戏剧的"序幕"，所有教师精心设计的新课导入，都是为了可以从一开始就抓住学生的眼球，让学生明确这节课的教学主题和目的，带领学生进入新课讲授的环节。在目前的教学模式下，很大一部分老教师对于课堂导入不太重视。在新课导入方面往往离不开复习导入、图片视频导入、直接导入这三板斧。更多的情况下，教师倾向于直接导入，虽然在一定程度上可以节省教学时间，却容易使学生失去学习兴趣，难以集中注意力。

统计图表在一定程度上就可以兼具两方面的优点。例如，在讲"经济大危机"一课时，教师首先就可以利用一张统计表，直入本课主题。教师插入一张统计图表来反映欧美经济大危机的经济社会状况，表1为"1929—1933年经济危机情况统计表"，并让学生思考：1929—1933年欧美资本主义世界的经济状况是怎样的？

表1　1929—1933年经济危机情况统计表

项目 国名	工业生产 下降	农业产量 下降	对外贸易 缩减	工人失业 人数	工人罢工 次数
资本主义世界	1/3以上	/	2/3	3000万以上	/
美国	31.5%	/	70%	1700万	1929—1933年 4900次
德国	40%	30%	70%	600万	1930—1932年 1000多次
日本	32.5%	/	50%	300万	1931年 2415次
意大利	33.1%	/	/	100万	/

这样的统计表直观明了，学生可在短时间内思考出问题的答案，即"欧美资本主义世界产生了经济大危机"。紧接着利用这张表，老师便可以继续要求学生思考："为什么会出现这样的状况？这样的状况对他们的国家产生了什么样的影响？他们又采取了什么办法来解决这些问题？"通过这三个问题的提出，既可以激发学生思考和学习的兴趣，勾起他们强烈的求知欲，又可以直接引入本节课的中心内容，节省教学时间。教师还可以通过让学生对这三个问题进行交流和讨论，活跃学生的头脑，引导他们的思考方向，培养学生的历史思维能力。

二、统计图表在新课讲授环节的应用

统计图表在新课讲授的环节中也可以得到充分应用。在新课讲授过程中，使用不同的统计图表，可以丰富教学内容，推进教学过程，如在讲到某一时期的政治、经济、社会、文化等的发展时，可以利用统计图表来帮助学生理解教学内容；在讲到某一经济政策或政治政策时，可以利用统计图表帮助学生理解政策的背景和意义。

例如，在讲"在探索中曲折前进"这一部分内容时，教师可以利用下面这个统计图来总结和强化学生对这一时期经济政策内容的理解（见图1）。

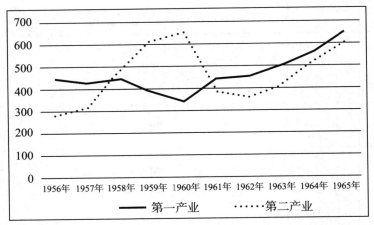

图1　1956—1965年我国第一产业与第二产业的发展趋势示意图（单位：亿元）

在新课讲授环节，教师可以根据图1设计以下教学过程，提问：同学们知道什么是第一产业和第二产业吗？学生大多是不知道的。教师可以进行讲解，让学生了解前提内容。紧接着，教师就统计图继续提问：

上面这幅折线图描绘了我国从1956年到1965年间的第一、第二产业的发展变化，那么，从这个变化中可以得到什么对我们有用的历史信息？学生能够分别从图中得出我国第一产业及第二产业的发展变化情况。第一产业自1956年开始到1960年呈下降趋势，从1960年到1965年又呈上升趋势，并且在1962年开始就超过了1956年的生产值。第二产业自1956年开始至1960年呈上升趋势，1960年至1962年呈下降趋势，但未低于1956年的生产值，并且在1962年后开始回升。

教师根据回答的这些内容继续提问：结合之前预习的史实内容，请同学们思考为什么在1956年到1958年两年间我国的第一、第二产业都在增加？学生经过回忆，回答：1956年中国共产党召开了第八次全国代表会议，该会议对国内的主要矛盾作了正确、精准的分析，指出当下的主要任务是集中力量把中国尽快从落后的农业生产国变成先进的工业国。教师：回答得非常好。请大家再认真看上面的统计图表，为什么第一产业的增长到1958年就戛然而止了，而第二产业仍在继续增长，但是在1960年也突然开始下降？学生再经过观察和思考，回答：1958年我国由于缺乏社会主义建设的经验，希望快速进入共产主义社会，国家忽视了客观条件，错误地发起了"大跃进"运动和人民公社化运动。这个时候，教师可以继续向学生提问，让学生阅读教科书，结合书上的知识独立思考并回答：为什么人民公社化运动会产生这样的结果？"大跃进"运动所推动的第二产业的增长是有利还是有弊？学生经过阅读书本并思考可回答：因为人民公社化运动过分强调了生产资料的集体所有，搞平均主义，农民不论工作量的大小结果都是一样，缺乏激励机制，挫伤了农民对工作的热情和积极态度，导致第一产业生产值下降。工业方面的"大跃进"则是以"全民大炼钢铁"为中心。只求数量不求质量，钢、铁合格率低下，大量资源遭到浪费，浪费了大量的人力、物力资源，破坏了环境，国家财政出现了赤字，所以"大跃进"是弊大于利。教师鼓励学生回答，并对"大跃进"和人民公社化运动进行讲解，让学生在学习和思考的过程中还能对基础知识进行巩固和补充，做到知识获得和能力培养的双结合。

三、统计图表在课堂小结环节的应用

课堂小结一般来说，是在一节课的最后时间用于对本节课已经学习过的内容进行复习巩固。在当前教学模式下，课堂小结的重要性丝毫不亚于讲授新知，而统计图表对于历史课堂小结也可以有所帮助。一组数据或者统计图表所包含的内容往往是纷繁复杂的，它不仅仅局限于某一特定历史时期，对于一个课时或者一个课程的内容都有所包含。因此，如何利用好统计图表在课堂小结中的应用也是十分重要的。

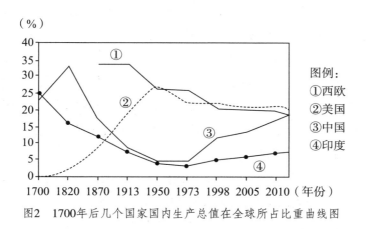

图2　1700年后几个国家国内生产总值在全球所占比重曲线图

以图2为例，此图描绘了1700年以来世界上几个重要国家及地区的发展状况，具体为①西欧、②美国、③中国、④印度的国内生产总值在全球所占比重曲线图。这张折线图曾多次出现在历史考试中，其出题范围包括从世界市场的形成到中国改革开放，跨度很大。这样的数据统计图具有时间跨度长、包含内容广、

体现内涵多等特点，对于一节课程的课堂小结具有极其重要的帮助作用。

在教学过程中，教师可以根据图2设计以下应用过程：首先，教师告诉学生这是一张反映世界各主要国家和地区国内生产总值的折线图，让学生小组合作讨论、分析：这四条线分别代表的是哪个国家或地区？教师在学生小组讨论的过程中可以适当地给予一些指导和提示，如缩小猜测范围，或者指出统计图中关键的时间点等，避免直接给学生答案，让学生有自己对统计图的分析和思考，培养学生的统计图分析和思辨能力。在学生小组讨论和分析后，可以让小组代表对自己小组的讨论结果进行分享，并将各组的讨论结果与原因分列出来，以此作为对其他小组的借鉴和思维启发。最后，教师要进行总结和评论，并对这张统计图进行讲解。

这种一反传统的小结模式，既可以极大地激发学生的兴趣，让学生对历史新课程内容的复习产生新的、积极的认识，对复习的效果产生极大的帮助；又可以培养学生的历史思维能力和材料分析能力，使学生学会整合和运用知识，逐步掌握历史现象背后的历史规律和历史发展趋势，形成正确的历史观、历史分析和思考能力，这样，学生才能做到以不变应万变。

四、统计图表在课堂练习环节的应用

课堂练习中应用统计图表可以考查学生对数据变化的敏感度及分析总结能力。所以，课堂练习也离不开统计图表。

在练习中的考查方面应该多样化。一是问题形式多样化，出题者在学生可观察的数据基础上，根据数据变化设计形式多样的问题，有的可以根据数据的分析归纳出发展特点，有的可以根据自己所学过的知识分析数据变化的原因，通过对数据变化的原因及趋势分析揭示历史发展变化的趋势与规律等。避免出现过于单一的问题形式。二是材料形式多样化，材料的提供避免过于单一，统计图表材料多类型，问题材料多样化，也就是说，一个问题的材料可以由统计图表加文字材料等形式构成。如下题：

美国历史学家斯塔夫里阿诺斯指出，汉朝之后的一千年，对中国人来说，是一个伟大的黄金时代。阅读材料，回答问题。

材料一 丝绸之路"在长达一千多年的时间里，把黄河文明、两河文明、恒河文明和希腊文明等诸多人类文明最重要的起源地串联在一起，被喻为世界历史展开的主轴"。

材料二 《唐六典》记载唐王朝曾经最多与三百多个国家和地区进行过交流和往来，每年都有大量的外宾来到长安。

——摘编自人教版七年级下册《教师教学用书》

材料三

表2 汉至宋南北方户数统计表（单位：万户）

地区＼朝代	西汉（210年）	西晋（280年）	唐代（742年）	宋代（1080年）
北方	965	149	493	459
南方	111	65	257	830

（1）根据材料一，想一想"丝绸之路"有什么作用？

（2）阅读材料二，概述唐朝对外交往的特点，并举一事例进行说明。

（3）阅读材料三，说一说南北方经济发生了什么变化并解释原因。

这道题中前两则材料表明材料运用了包括历史材料及著作材料，第三则材料则使用了统计表格的形式，并且体现了数据的比较，可从中发现一种发展趋势，即我国经济重心逐渐转移到南方。由此可见，统计图表在课堂练习中的应用与方法除了单一的图表外，还可以与其他史料结合起来运用，当然还可以与其他类型的数据史料相互组合。

统计图表在初中历史课堂的应用可以贯穿课堂始终，拓宽历史教学的维度，以其简洁直观的特点，多样灵活的处理方式，对构建平实的历史课堂具有独特的作用。平实课堂的理念和实效也能够促使我们进一步探究统计图表在内容和使用方法上的创新，以期进一步培养学生核心素养，提升教学质量。

💬 参考文献

［1］宋菲娅.统计图表在高中历史教学中的运用［D］.武汉：华中师范大学，2017.

［2］许德煌."数"说历史——数据在历史教学中的运用［J］.中学历史教学研究，2010（03）.

［3］于少华.中学历史课堂"数据"运用的再反思［J］.中学历史教学参考，2018（13）.

［4］左卫星.数据材料植入历史教学的问题与思考——从近几年高考试题说开去［J］.中学历史教学参考，2012（08）.

谈少儿现代阿卡贝拉乐团的建设与思考

黄 章

阿卡贝拉是指没有乐器伴奏，由多人演唱各个声部或模拟各种乐器的声音来完成的一种表演方式。阿卡贝拉与传统无伴奏合唱的不同之处在于阿卡贝拉人声乐团运用乐器编奏法，实现人声器乐化的音效。少儿现代阿卡贝拉即用现代的编曲与天籁童声的结合，把童声的纯净美好与阿卡贝拉的新颖个性结合在一起，给人一种至真至善至美的感受。本文从少儿现代阿卡贝拉乐团的建设、困难与挑战等方面进行研究，从理论结合实际的角度为少儿现代阿卡贝拉乐团的建设与发展提供借鉴和帮助。

一、背景

随着我国音乐艺术教育的多元化发展，已有越来越多优秀的少儿现代阿卡贝拉乐团和作品出现，如厦门糖果盒子的《蜗牛》、翼乐团的《小手拉大手》、子芽童声的《我爱洗澡》。这种新颖独特的演唱方式不仅打动了听众，而且深受少年儿童的喜爱，如今阿卡贝拉已慢慢从大学校园发展到了小学校园，越来越多的小学教育工作者把少儿现代阿卡贝拉作为培养学生音乐素养的方式，使少儿现代阿卡贝拉成为学校社团的组成部分。

深圳市坪山区坪山实验学校少儿现代阿卡贝拉乐团成立于2015年，作为深圳市坪山区坪山实验学校素质教育特色课程建设的重要组成部分，一直努力研究与思考如何进行少儿现代阿卡贝拉乐团的建设，如何培养学生的音乐素养，促进学生的长远发展。

二、乐团建设

（一）硬件配置

根据现代阿卡贝拉的表演特点，少儿现代阿卡贝拉训练需配置一些硬件设备，如至少4通道的调音台一台、32英寸音箱一对、功放一个以及至少4支动圈话筒。这些硬件的配置可以提高学生对于现代阿卡贝拉电声音色的理解，激发学习兴趣。随着乐团的发展需要还可配置人声效果器，使用人声效果器不仅可以让人声有千万种变化的可能，也可以使BASS（人声贝斯）和BBOX（人声鼓）的音色更加真实而多样，从而促进学生对音色有更好的理解与感知力。

（二）成员选拔

1. 人数要求

阿卡贝拉被称为极致的人声艺术，通常是一人一声部，国内外著名的现代阿卡贝拉乐团有：Pentatonix（五人组合）、The voca people（八人组合）、自由人（六人组合）。少儿现代阿卡贝拉的建设宜选择以小组合唱的方式进行编制。这是因为童声的个体声音稳定性较成人弱，以小组的方式编制也符合少儿的同伴心理，能更好地促进乐团的长远发展。因此，少儿现代阿卡贝拉乐团按S、A、B、BBOX四个声部划分，人数可以定为7~13人。除BBOX声部为一个人（BBOX声部的节奏型通常比较密集，为了节奏声部的干净有力，通常由一人担任），其余声部均为两人以上组合，如厦门糖果盒子少儿现代阿卡贝拉乐团演唱的《蜗牛》即为13人。

2. 选拔条件

具有良好的节奏感和音准是选拔阿卡贝拉乐团成员的基本条件，除此之外，选拔还应充分考虑各个成员的音域和音色特点，按音域和音色进行选拔分组。现代阿卡贝拉是一种模拟乐器的无伴奏的多声部合唱形式，音域的宽度将直接影响作品的表达与演唱。优秀的童声乐团音域一般从大字组的G音到小字一组的G音。童声的音色比较单一，根据少年儿童个体差异，将音色进行合理分配能使少儿现代阿卡贝拉的演唱声音更加饱满，如S声部可选择相对干净明亮的音色，A声部可选择相对温暖宽广的音色，B声部可选择相对低沉厚实的音色，低声部（BASS）和人声打击声部（BBOX）可选择高年段男生来担当，因为高年段男生不仅声音更低沉，气息足，而且腔体大兼唇齿有力，贝斯、底鼓和军鼓的音色与表现力会更好。

（三）课程设置

乐团的长远发展离不开系统而规范的课程设置。由于少儿现代阿卡贝拉的演唱需要各声部高度的协调性和统一性，对于乐团成员的音乐素养有着很高的要求，乐团成员不仅会唱歌，能识谱，还应具有良好的听音习惯和平衡声部的意识与能力，这要求在培养少儿现代阿卡贝拉乐团的课程设置上应系统而规范。

具体课程内容可参考小学音乐教学三维目标来设置。即，①情感态度与价值观：开设阿卡贝拉作品赏析课。②过程与方法：乐理课、视唱听音课、发声方法训练、声音的平衡。③知识与技能：少儿阿卡贝拉练习曲，作品演唱等。课程应循序渐进，先易后难，先基础后作品，不断激发学生学习兴趣，避免学生在训练过程中因为太难而失去学习兴趣，如视唱课可先从单声部开始再到双声部、多声部的练习。作品赏析课可先由教师讲解作品风格，理解与感受声部的平衡，再引导学生由粗赏到细赏，然后截取学生感兴趣的节奏或乐句进行模唱训练。发声方法的训练应教会学生怎样科学发声，作品演唱应学会理解各种音乐风格，再进行作品的表达与演唱。

三、问题与办法

童声有其鲜明的色彩与特点，这独特的声音特点给少儿阿卡贝拉带来了一些问题。

（一）童声音域狭窄

少儿现代阿卡贝拉用现代的编曲与童声的结合。现代编曲有一个声部是BASS声部，成人现代阿卡贝拉乐团可以用男低音表现出浑厚低沉的BASS，而童声却无法做到。这使得童声阿卡贝拉因无低音而缺少了声音的厚度。

怎样解决这一问题？通过我们乐团的实践，笔者发现可以利用少年儿童活泼好动这一性格特征，在演唱中创造性地加入身体律动，利用身体律动发出的声响（如拍打身体、Cups节奏、跺脚等）来增加声音的频响范围，拓宽声音的宽度。律动的加入也能使少儿现代阿卡贝拉的表演更加生动、活泼、有趣。

（二）童声音色缺乏丰满度

童声的音色清澈明亮，缺乏丰满度。成人乐团的男高音明亮结实，男中音厚实稳重,男低音低沉有力;女高音清脆明亮,女中音温暖宽广。童声不像成年男女声有那么明显的声音分化,音色较单一,且童声均分布在中高频,这使得声音的频率分布范围比较狭窄。在听觉感受上,少儿现代阿卡贝拉较成人现代阿卡贝拉更加单薄。但这一特征也是少儿现代阿卡贝拉的独特之处,它给人一种清晰悦耳、天籁纯净的听觉感受。

为更好地解决少儿现代阿卡贝拉声音的丰满度问题,可以采用加入人声效果器,通过加入人声效果器改变声音的频率,增加频率范围来达到理想的效果,如BASS可采用低八度效果器、BBOX增加低频或者给和声声部增加FX效果,使少儿现代阿卡贝拉整体听感更加丰满。

四、困难与挑战

(一)参考资料匮乏

虽然少儿现代阿卡贝拉已逐渐在我国发展起来,但供教学与参考的书籍和资料非常有限,关于学校少儿现代阿卡贝拉社团建设的研究与经验更是不足。要想让少儿现代阿卡贝拉乐团发展成熟,还需要教育工作者进行大量的探索与研究。

(二)演唱作品有限

随着少儿现代阿卡贝拉逐渐走入人们的视野,被大家所喜爱,已有越来越多的教育工作者把少儿现代阿卡贝拉乐团作为学校特色社团来建设,作为学校社团的重要组成部分,其发展面临一个共同的问题,即少儿现代阿卡贝拉快速发展的需要同少儿现代阿卡贝拉演唱作品的匮乏之间的矛盾,这大大影响了少儿现代阿卡贝拉的普及与发展的进程。

困难并不是阻碍。作为有心建设少儿现代阿卡贝拉乐团的教育工作者,我们可以尝试自己为乐团创编作品,可以参考的内容和办法有很多。阿卡贝拉是运用乐器编奏法来进行人声编配的,所以模仿少儿歌曲的伴奏织体来自主编配少儿现代阿卡贝拉作品是简单且可行的方法,但在编配时尤其要注意童声音域的问题,乐器的音域要远远大于童声的音域,在处理这一问题时可以考虑降低八度或者升高八度来进行编配。还可以参考优秀的少儿合唱歌谱,利用已有的和声织体来进行编配。网络上已有一些优秀的童声阿卡贝拉作品值得借鉴与学习,用这些作品作为模板来进行编配也是行之有效的,可参考的少儿现代阿卡贝拉作品有《蜗牛》《春天在哪里》《卡农》《外婆的澎湖湾》等。

随着音乐教育快速、多元化的发展，相信少儿现代阿卡贝拉这种独具特色与魅力的演唱形式会被越来越多的人关注与喜爱。少儿现代阿卡贝拉走进校园，作为学校社团不仅丰富了校园文化，而且给童声合唱注入了新的血液，为艺术教育添砖加瓦。

参考文献

［1］冯国栋.阿卡贝拉乐团的成立与营运手册［M］.香港：港澳当代阿卡贝拉协会，2012.

［2］尤静波，等.和音演唱训练教程［M］.北京：大众文艺出版社，2011.

［3］王颖晖.当代阿卡贝拉音乐风格训练［M］.北京：中国青年出版社，2014.

第三章

课堂实践

让文本在生活体验中升华

——《数星星的孩子》教学课例及评析

陈康喜

在新课程理念的指引下，认知、体验和感悟是学生精神生活的基本方式与教学过程的显著特征，是达成"三维"教学目标整合的根本途径。体验是促使知识得以内化的重要方法，它要求关注学生的各种生活经验、独特的思维方式和情感态度。而与此相关联的"回归生活"的教学理念也提出了注重生活的教育意义和教育对学生生活方式的建构。然而，多年来，我们的基础教育脱离了学生的生活世界，远离了学生的生活世界，导致学生对人生与社会自主思考的忽视，导致课堂教学缺乏生命的活力，导致教育丧失生活的意义。

"回归生活"的教育理念是课程改革的基本理念之一，它是在传统教育远离学生的实际生活、实效性差、针对性不强的反思与批判的基础上产生的，体现了21世纪教育发展的重要方向。语文学科的社会性充分体现在语文渗透于社会的每一个方面、每一个角落，与社会生活息息相关。语文无所不在，在教育方面，它主要在书本里，也在生活中，而书本以外的生活更是学习语文的广阔天地。本学期，学校为了拓展教学实践的视野和空间，进一步深化教学改革，以提高教学的有效性，开展了"蓝青工程"教学大赛。借此，我在研究课《数星星的孩子》的教学中，以"回归生活教学理念"为指导，通过对文本的品读、体验、感悟，为促进学生语文人文素养的发展进行了如下探讨。

一、在生活体验中感悟文本之美

课堂教学中，品读文本需要贴近学生已有的生活经验和生活体悟。为了引导学生充分品味《数星星的孩子》的文本之美，我设计了两个探究性的教学活动：①小张衡为什么那么喜欢数星星呢？②你觉得"晚上，满天的星星像无数珍珠撒在碧玉盘里"这句话美在哪里？通过学生自读感悟、抓重点词体验等方式，让学生结合自身生活经历，体会文本、文字所表达出来的星空之美、星空之神秘，以丰富学生的生活体验。

【教学片段1】

师：张衡能够成为一名天文学家，除了他长大后刻苦钻研天文，还与他小时候数星星有关呢。为什么小张衡那么喜欢数星星呢？

生1：因为他看见星星一闪一闪地乱动，觉得很有趣。

师：神秘天空中的星星吸引了他，是吧？

生2：想数清楚天上的星星有多少颗？

生3：他对星星很感兴趣。

师：看，那么美丽、神秘的星空吸引着小张衡，我们课文中也有一句话写出了星空的美丽。请看黑板，全班齐读。

（出示：晚上，满天的星星像无数珍珠撒在碧玉盘里。）

师：这么美的句子，你们觉得它美在哪里？

生1：把星星比作珍珠，又把天空比作碧玉盘。

师：这句话之所以那么美，主要运用了什么修辞手法？

生齐答：比喻。

（师板书：比喻）

师：比喻句，它把什么比作什么？

生齐答：把星星比作珍珠，把星空比作碧玉盘。

师：请你们再把这句话美美地读一遍，好吗？

生美美地读：晚上，满天的星星像无数珍珠撒在碧玉盘里。

师：你们读得真美！你们不仅读出了星星很美，而且还很——（手指着"满天"）

生回答：多。

师：我们可以从哪两个词语看出来？

生答：满天、无数。

师：那么，满天的星星还像什么呢？

（出示句式：满天的星星像_____。）

生：满天的星星像一眨一眨的眼睛。

生：满天的星星像无影无踪的宝石。（"无影无踪"我们可以改为"亮晶晶"。）

生：满天的星星像无数的豆子。（你觉得它圆圆的，是吗？）

师：除了这个比喻句，文中还有一个比喻句呢，请同学们翻开书本，快速地找出来，并用横线画出来。

生：你看，那七颗星，连起来像一把勺子，叫北斗七星。

我们都知道，语文教学的内容大多是通过文本来进行教学的，而如何通过简单的文字给学生展示语文的文化内涵，特别是如何让学生领会汉字独特的美，这不是一件容易的事情。我们知道，文本的语言总是有限的，那么，如何在有限的语言中体会到无限的美感？我们应该思考这些教学内容怎样与学生的实际和心理需要相联系，教学目标怎样才能真正转化成学生作为生活主体的内在需要。因而在本教学环节，我以学生都有数星星的经历为基准，换位思考，小张衡为什么每天晚上都会数星星？他为什么那么喜欢数星星？让学生在生活体验中感悟文本之美，从而引出小张衡对浩瀚星空的向往，对神秘星空的探索欲望。激活学生本身对星空的向往之情，为他们品味语言文字之美奠定了情感基础。

二、在字里行间感悟人性之美

语言文字不仅仅是工具，更是人的生命活动、心灵活动。为了让学生通过文本的解读，探究张衡的优秀品质，我设计了两个探究活动，分别通过动作和词语体会张衡坚持、执着的优秀品质；通过小组讨论交流，体会张衡爱观察、爱思考的优秀品质。

【教学片段2】

过渡：面对这么美的星空，小张衡开始数星星了，他是怎么数的呢？

师：请同学们默读第一段，圈出描写张衡数星星的动作词语。

生：靠着奶奶（师：靠着）、仰起头（师：仰起）、指着天空（师：指着）。

师：谁来补充？

生：坐在院子里。

师：哪个词语？

生：坐在。

师：还有一个"数着"。

师：我们也来学一学张衡的样子，数一数星星吧。

（出示星空的图片）

生：开始数星星。

（师下去随机发问）

师：星星一闪一闪的，你看得清吗？

生：看得清。

师：你的小手一直指着，累吗？

生：不累。

师：你数了几颗？

生：很多颗。

师：你还要不要继续数呀？

生：要，我要数完它。

生：不要，很累。

师：你数了多少？

生：两百颗。

师：你还要数下去吗？

生：要。

师：老师刚刚下去问了几位"小张衡"。有的同学说一闪一闪的，数不清，但他还要数下去，小手指指累了，还要数下去，一颗、两颗，一直数到——

生答：几百颗。

师：你们从这个数星星的行为中，可以看出张衡是一个怎样的孩子？

生：刻苦的、仔细的。

师：还有吗？手指指累了，还要数下去。

生：刻苦钻研的。

生：有耐心的。

（师板书：耐心）

师：虽然很难数得清，但他还是坚持数下去。

【教学片段3】

第二组展示：

生：他们小组读错了一个字"见"。

生：他数得很认真。（板书：细心）

师：他数得很认真、很仔细，发现了一个规律——

生：距离不变。

师：听了爷爷的话，他有什么想法？

生：张衡听了爷爷的话，想这是真的吗？

师：爷爷说的话指哪一句话，使张衡产生了怀疑？

生：北斗七星总是绕着北极星转。

师：张衡为了证明这句话是不是真的，做了什么？

生：观察。

师：他怎样观察？

生：这孩子一夜没睡好，几次起来看星星，北斗七星果然绕着北极星慢慢地转动。

师：从这一句话，我们看出张衡是一个怎样的孩子？

生：用心、细心。

师：就算怀疑爷爷的话，张衡也要经过——观察、思考。（板书：思考）张衡也是一个爱观察、爱思考的孩子。

师：让我们一起通过朗读再次感受张衡的美好品质。

（生读）

二年级的学生正处于天真烂漫的年龄阶段，对于真善美有着最纯真的认识，因而在设计教学环节时，我重点让学生从字里行间感悟人性之美。

这两个教学片段都有一个共同点，就是让学生通过品味文本中的关键词句来感悟张衡所具有的优秀品质，这也是本课的重点内容。即通过教会学生认真揣摩课文中描写动作、神态、语言等细节的语句体会人物的性格品质，如从小张衡坚持数星星的行为到怀疑爷爷的话，再到为了证明爷爷所说的话而"一夜没睡好，几次起来看星星"的描写中，体会小张衡从小就具有爱观察、爱思考并敢于通过实际行动来求证的优秀品质，从而也让学生理解、体会张衡长大以后成为著名的天文学家与他小时候所具有的品质是分不开的。

三、在成果展示中畅谈梦想之美

课堂是语文教学的主阵地，学生的学习方法、知识技能等主要通过课堂学习获得。但课堂不是语文教学的起点，更不是语文教学的终点，它只是语文学习的一个重要场所。因此，我在本环节教学中，让学生展示其探究收集张衡在各个领域的成就，并在此基础上畅谈自己未来的梦想。

【教学片段4】

浩瀚的星空总能带给我们无尽的思考与遐想，张衡通过自己的观察与之后的不懈努力终于成了一位著名的天文学家。你还知道张衡有哪些贡献？

生交流展示自己收集的资料。

生：我国东汉时期伟大的天文学家、数学家、发明家、地理学家、制图学家、文学家、学者，在汉朝官至尚书，为我国天文学、机械技术、地震学的发展做出了不可磨灭的贡献。

张衡是东汉中期浑天说的代表人物之一；他指出月球本身并不发光，月光其实是日光的反射；他还正确地解释了月食的成因，并认识到宇宙的无限性和行星运动的快慢与距离地球远近的关系。

生：他发明了地震仪。

生：把卫星送上了天空。

师：你知道张衡是哪个朝代的人吗？（汉朝）卫星是哪个朝代的呀？（现代）

师：为了纪念张衡的功绩，人们将月球背面的一个环形山命名为"张衡环形山"，将小行星1802号命名为"张衡星"。

师：张衡长大以后成了一位天文学家，你们长大以后想成为怎样的人呢？

生：总统。

师：你知道总统需要什么品质吗？（不知道）那你现在就要好好学习。

生：发明家。

师：怎样成为发明家？（把家里的灯拆了，再装回去）

师：发明家要动动手。

生：艺术家。（上美术课能不能忘带彩笔）

生：博士。

生：邮递员。（为什么）工作简单。

师：工作简单吗？你要知道邮递员很辛苦的哦，你怕不怕辛苦？（不怕）希望你能如愿。

生：美食家。（你会炒菜吗）不会，但我会吃。（那你要有一条好舌头才行）

师：同学们，以后想成为一个有用的人，我们就要从现在开始，好好学习。

"语文训练，联系生活则生动活泼，脱离生活则死气沉沉。"所以，语文教学空间应尽可能拓展到校园、家庭、社会生活中，课内课外双翼并举。只有这样，那原来就是反映社会生活的一篇篇课文才不至于成为抽象乏味的教学符号，而是还原了它的本来面目，变得亲切、生动，充满活力。而在成果展示环节中，孩子们的畅所欲言，让我们欣喜地看到他们的想象力是如此的丰富与奇妙。

【课后反思】

1. 引导学生走向文本

在本课的教学中，为了让学生更好地理解、感悟星空之美，我将学生的生活经历与课文文本链接，让学生再次领悟汉字语言的意蕴。

2. 创设情境感悟文本

语文教学只有认识到学生是人，是生活中的人，回到学生的生活世界、生命世界，才能充分挖掘教材中的人文精神，才能使教学充满人文关怀，才能有利于提高学生使用语文工具的能力，才能有利于陶冶学生情感、发展学生个性。为了培养学生的语言能力，就必须将学生所学的语言有效地介入学生的生命活动、心灵活动，从而达到促进学生学习能力的提高、人格的完善和创新意识的培养。因而在本课的教学中，我多次创设情境，抓住学生的自读自悟，体会文本中展示出来的认真、执着、爱思考的张衡形象。

3. 真情流露升华文本

《语文课程标准》指出："培养学生高尚的道德情操和健康的审美情趣，形成正确的价值观和积极的人生态度，是语文学习的重要内容。"因此，在本课的教学中，我创造性地收集资料、拓展表达，增强学生学语文、用语文的意识，多方面提高学生的语文能力。当学生对张衡的成就进行收集表述，并说出自己长大后想成为一个怎样的人时，我没有禁锢学生的思维，而是采用了开放式的教育方式让学生自我表达，引导学生提出自己的看法，对课文内容表达自己的心得，让学生在深刻领悟文本含义的同时，找到了自己的行为准则，陶冶了情操，这样真正地让学生走进了文本，升华了文本。

4. 不足与改善

课文语言生动、优美、直观，我利用多种方式让学生走进文本，感受语言的魅力，如"在生活体验中感悟文本之美""在字里行间感悟人性之美""在成果展示中畅谈梦想之美"等。但本节课还有值得进一步研究、改善的地方：这节课教学的内容安排，我没有逐句逐段地分析课文，而是直入中心，由"数星星"到"发现规律"，再研究"证实规律"，看起来一气呵成，但也觉得内容过多，故此朗读得还不够充分。语文学习主要是通过学生的读，让学生在读中体会文本之美、人性之美，并采用多种形式的读，充分感悟人物的科学精神品质。我感觉这节课读得还是少了些。这些都是今后要注意和改进的地方。

让读写通融，并蒂开花

——《奔跑吧，二年级》教学课例及评析

宋 敏

阅读和写作是语文教学的重难点，开展小学生阅读与写作相结合的教学方法具有重要意义，二者的有效结合可以优势互补，相互促进，提高课堂教学水平和学生课堂活动水平，有效提升学生的语文综合能力。为此，我做了以下尝试。

一、拓展优秀教材，培养学生读写意识

《小屁孩上学记》是一套优秀的系列丛书，内容贴近学生生活，语言幽默有趣，也是小学生日记写作的趣味范本。我将第一辑《奔跑吧，二年级》作为范例，引入课堂。与教材相比，童书的趣味性、结构的完整性、情节的波折性更吸引孩子。加上教师朗读时注重身体语言，尽量把人物对话读得惟妙惟肖，师生互动带来的默契、愉悦、激情，令这一节读书课成为全班学生小学阶段书香岁月的甜蜜回忆。

【教学片段1】

第一章，先出示书名封面，简单介绍作家黄宇。然后读一读整本书的目录。学生说出最想看哪个故事。引导学生知道标题的作用，好标题之妙。老师继续读本章标题。第一章《短暂的新同桌》，欣赏日记格式里的天气——阳光金灿灿的。

师：同学们发现没有，和我们平时写的日记天气有什么不同？"阳光金灿灿的"，和我们平时写晴天、雨天不一样。今天是"晴"天，也可以这样写——太阳金灿灿的。还可以说——

生：太阳火辣辣的。

师：夏天的太阳可以这样说。还有哪些有创意的天气说法？

赖昕懿：太阳笑眯眯的。

师：你的说法是同学们经常说的。

刘沐阳：太阳温暖地照射着大地，太阳在捉迷藏。

师：沐阳的语言感受能力和表达能力特别强，他的每一次回答都会给人以惊喜。

李振麒：冬天时，太阳总是晚出早归。

师：爱观察的孩子。

李振麒：爸爸在上学的路上跟我讲了太阳东升西落的自然科学知识。

师：真好，你们瞧，聊天也是学习啊。

二、深入挖掘文本，落实读写结合点

读的书多，不一定文笔好。当好书中的营养不能内化为自己身体骨骼肌肉血液的一部分，即使书读破万卷，也只落个读得热闹。教师在教学中应深入挖掘文本，每次设计几个语言训练点，指导孩子如何进行课外阅读，一课一得。让学生不再仅仅关注情节，而是有意识地学习其中的语言点。这种阅读训练也是写作指导，理解内容，积累语言，内化于心，并尝试运用于写作表达中，比专门空谈理论的作文指导课实用，也高效得多。每次领悟一点，收获一点，久而久之，学生写出来的文章就不会干瘪无趣了。

【教学片段2】

语言训练点：P7

•开学第一天，操场上聚集了许多一年级的"小豆包"，他们有的紧张地（东张西望），有的兴奋地（乱蹦乱跳），还有的在（哭）鼻子（抹）眼泪。

（填空，前两个空都是四字词语，后两个各填一个字）

我给孩子们读了这段话，并提出回答问题的要求。

学生发言实录——

第一处填空：

李伯奇：流出汗水。

师：李伯奇平时回答问题非常积极，但是往往没有听清楚要求。这一次其实是有进步的。

姜煜炜：打哆嗦。

师：姜煜炜的回答比较切合题意。

唐欣妍：透不过气来。

师：大家越来越活跃，你说的也是从平时的生活经验得来的。

刘炳熹：手忙脚乱、尿裤子。

师：嗯嗯，这也是紧张时的表现。

第二处填空：

郭耿熙：跳起来。

尹邦瑞：蹦蹦跳跳。

安晓妍：手舞足蹈。

师：大家填得都非常合适。没有人猜对，郭耿熙联想到生活中的画面，尹邦瑞的答案接近原文，安晓妍会用积累的成语回答，都很棒！

第三处填空：哭

师：这个字很简单，容易答对。

第四处填空：流

李昱成：擦。

师：此处"抹"字太难了。

语言训练点：P8

•胡小涂希望自己不再犯糊涂，金刚想有个志同道合的好朋友。

师：请同学们思考"志同道合"是什么意思？

李伯奇：经常玩的朋友。

姜煜炜：很有智慧的朋友。

刘沐阳：想法一致的朋友。

师：通过这三个同学的猜测，看出大家真的动了脑筋，在积极地参与了。

志同道合就是两个人或几个人，兴趣差不多，爱好相似。举例来说，你喜欢跳舞，她也喜欢；小丽总想成为班级的背诵能手，小强也有这样的心愿。

语言训练点：P13

•甜老师的脸虽然板着，却好像有笑容会随时蹦出来。

（讨论：你觉得句子中哪个词语用得好？为什么？）

学生发言实录——

李伯奇："随时"用得好，就是笑容随时都会蹦出来。

赖昕懿："蹦出来"，说原因就不知道了。

后来有孩子在下面喊：因为笑容不会蹦出来，我们人才会蹦出来，所以好。

三、多种策略结合，促进读写能力提高

精选童书中适合师生边读边训练的语言点，是把热闹和门道有机结合的有效途径之一。不同于传统的读写结合教学中程式化、单纯的文章讲解和写作训练，如用续写、仿写、扩写的方法来达到读与写的目的。在这节课中，我大声读童书，通过课堂的即时生成、多重解读、精彩演绎，达到读有所获的总目标。而质疑、反诘、追问、猜测、填空、表演等则成了这种训练的常用策略与外在形式。

【教学片段3】

语言训练点：P17

• 它冲到客厅，蹿到沙发上，蹦到桌子上，跃到书柜上，然后跳下来，逃到我的房间，一头钻进床底下⋯⋯

猜猜它是什么呢？

孩子们有答猫的，多数觉得是狗，而且都能自圆其说，挺好。尹邦瑞说机器人，马上有人不同意，说机器人没有那么快。

（学生跟着教师大声朗读这一段话，读到画线的动词时，读重音）

李振麒：这些词都很快。

吴可欣：都跟足有关。

师：大家对语言文字的感受能力还是挺强的。

语言训练点：P19

• "爸爸的鼻子长五分米⋯⋯"大家的笑声快把教室（掀翻）了。（填空）

学生发言实录——

张艺翔：震塌。

宋佳晓：掀翻。

陈冠颖：屋顶都掀翻了。

黄淑媛：玻璃震碎了。

师：有同学的答案与作家的遣词一模一样，真的不敢小瞧大家的智慧。

这样的读书课，答案一点都不重要，甚至没有什么标准答案。细细咀嚼其他同学的回答，也不无道理：

笑声震耳欲聋，当然能把教室"震塌"，也可以把玻璃"震碎"。

语言训练点：P20

• 金刚趴在桌子上，笑得（上气不接下气）。

（猜测：金刚笑成什么样儿了？）

学生发言实录——

陈乐天：直拍桌子。

师：很有生活画面感。人笑得喘不过气来的时候，话都不能说，只能用拍桌子这样的动作表达自己乐到极点的情绪。陈乐天的回答很新鲜。

张艺翔：前仰后合。

师：大概没注意前半句话。当然，把"趴在桌子上"删去，直接写金刚笑成什么样子，也许就是前仰后合。

马世瑞：肚子都疼了。

师：马世瑞肯定也笑得肚子疼过，所以才这样说。想象合理！

杨曼妮：口水都流出来了。

师：生活中的确经常看到有这种人，笑就笑呗，他一直笑，最后控制不住自己，竟然流出口水了。

姜煜炜：牙齿差点掉了。

师：现在宋老师知道了，有的小孩子的牙不是自己掉的，也不是牙医用钳子拔的，而是笑掉的。

刘沐阳：泪都出来了。

师：一直笑，一直笑，泪真的会出来呀。

最后教师出示原文中的短语：上气不接下气，并且示范表演。全班模仿表演，有的假装翻白眼，有的像打嗝一样，可好玩了。

相信总有人在某次写话写到某人笑得特别过分的时候，会想起这六个字，会用上这个短语。那么，句子的味道立马就不一样了，生动感、镜头感会扑面而来。

即使暂时不会用，想不起来用，至少同学们隐隐约约觉得，写人高兴，不能就是简简单单的"我笑了""小文乐了"，要把笑、乐的具体样子写一点出来。

【课后反思】

读书给孩子听，缘于一位学生家长说孩子爱看书，但好像只关注情节，像当年自己爱看言情小说一样。于是，我将课外书引入课堂，给每本书设计了几个语言训练点，指导学生如何进行课外阅读。

小学生正处于快速成长阶段，他们对知识的理解能力和吸收能力与日俱增，但又不能很好地领会阅读宗旨，运用写作方法。在这种情况下，有效选择适合孩子们阅读的文本就成了读写结合教学工作的难点。仅靠课本上的文章是不够的，这些内容不一定符合大多数学生的胃口。教师要对学生的心理有一个准确的把握，在实际教学中，要突破文章选择面窄的问题，鼓励学生多进行课外阅读，激发学生的阅读兴趣，丰富学生的阅读范围，把符合孩子年龄特征、认知水平的优秀文本引入课堂。

以读促写，以写促读，读写通融，让学生通过输出实践来推导和理解文章内容，补充和扩充自己的阅读技能，培养学生的情感理解力和表达能力。

小学生天真活泼，多种方法的灵活运用可以使他们更积极地参与课程，学生可以就未知的部分，在老师的适当引导下进行合理的想象，为故事的起承转合赋予个人色彩并加以运用。在角色扮演的过程中，学生会对人物有更深的理解，并且可以学习更有效地采用细节来描绘人物的方法。优秀的作品源于生活又高于生活。优秀的童书会让学生感受到生活的乐趣，并将其提炼成自己的语言。作为教师，应该有意识地用日常生活中身边的人事物来刺激学生的创造性思维，提高学生的归纳、理解、表达运用能力。

对于这次尝试，我也许没有做到精耕细作，但我有一颗广种薄收的心。当我去做一件事时，总会有一些学生有所收获，毕竟对于学生来说，就是给他们铺就了一条新的道路。

精彩追问生成平实课堂

——《一棵小桃树》之教学叙事

姚 霞

追，是追赶、探究的意思；问，是提问的意思。追问则是师生共同质疑、提问、探究，教师根据学生的反应，对原问题进行拓展深化，再次提问，完成教学目标的过程。《学校教师教学方法与艺术全书》中指出："追问，即为了使学生真正理解某一具体知识，在提问后再次发问，直至学生真正明白。"因此，如果教师善于挖掘问题，且善于把握追问契机，就能帮助学生更快更好地理解所学知识，提高课堂的教学质量。

具有追问功能的课堂能够启发学生、培养学生良好的思维品质，特级教师肖培东上的《一棵小桃树》便是很好的证明。

一、追得及时，问得恰当

部编版教材最大的亮点在于形成了从"教读课文"到"自读课文"再到"课外阅读"三位一体的阅读体系，学生可以根据教材的单元提示、阅读提示、注释等内容自主学习。《一棵小桃树》是七年级下册第五单元的自读课文，本单元学习托物言志的手法，体会如何运用生动形象的语言写景状物，寄寓自己的情思，抒发对社会人生的感悟。肖老师借助自读课本上的五处旁批和不断追问，引领学生自主阅读文本解决问题。

课堂需要提前预设，但课堂也充满许多不确定性，教师的追问显得尤为关键。追问就像一个个收放自如的风筝，如果教师没把控好追问的时机与适宜度，就容易偏离教学方向。因此，课堂里的追问要及时，更要恰当。

【教学片段1】

PPT展示五个批注：

① 寻常的情景，不寻常的情感。

② 课文中一些描写反复出现，如多次描写小桃树"没出息"。这类地方往往寄托着深意，要仔细体会。

③ 是什么使"我"遗忘了小桃树？

④ "蓄着我的梦"的桃核长成了树，而且真的开了花。作者仅仅在写花吗？

⑤ "我"的情感在这里来了一个转折，你读出来了吗？

师：五处旁批有三个问题，不用肖老师说，你们自己能解决的问题是哪个？

生1："蓄着我的梦"的桃核长成了树，而且真的开了花。作者仅仅在写花吗？这里不仅仅是在写花，小桃树的种子是奶奶给"我"的，此时奶奶已经去世了，所以还寄托了对奶奶的哀思。

师：她回答的是，小桃树开花寄托了"我"对奶奶的思念。还能不能从其他角度理解呢？

生2：小桃树开花了，作者也开花了，"我"的事业成功了。

师：从树及人，这种写作手法叫什么？

生：托物言志。

肖老师巧用旁批来教自读课文，敏锐地提醒学生注意文本的阅读方法。课堂随意自然，以生为主，并不是由老师生硬地牵引到自己预设的教学步骤上来。学生自由回答第二个问题，从小桃树开花想到奶奶，已经达成了由树及人的目标。当学生对问题有了初步思考的时候，肖老师根据《一棵小桃树》的教学目标继续提问："小桃树开花寄托了'我'对奶奶的思念，还能不能从其他角度理解呢？"学生便自然地将小桃树与儿时的梦关联起来，明白了其实小桃树就是另一个"我"，小桃树开花了，象征着"我"的梦想也开花了，托物言志的写作手法在教师的追问下就有了明确的思考方向。因此，如果教师细心地发现学生的反应，追问得十分及时且恰当，教学重难点的攻克便水到渠成。

二、追出错误，问出方法

由于知识水平和接受能力的不同，同一个问题对于不同层次的学生而言，难度不一。学生偶尔会出现一些错误的答案，可如果教师轻率地予以否定，一定会影响学生学习的积极性。此种情形下，追问具有一定的优越性，如果教师善于抓住契机，以追问让学生从错误中顿悟，便能使学生突破思维的瓶颈。

同时，课堂的追问不应该单纯为"问"而"问"，应该是双向互动的，是多种多样的，更应该有学法的渗透。

【教学片段2】

师：谁能把没出息的小桃树的外形读一读？哪个词最能体现小桃树的"没出息"？

生1：从"委屈"这个词可以看出。它长得很委屈。

师：哦，它长得很委屈，"委屈"是什么意思？

生2：瘦弱。

生3：不健康。

生4：毫无生气、不自信。

师：学会这个词怎么用了吗？这棵树长得很瘦弱，长得不健康，毫无生气，不自信，可贾平凹有没有用"瘦弱""不健康"，而是说"它长得很委屈"，陌生化的词语运用有助于表情达意，这个"委屈"，让我们把它记在心里面，再读读。"它长得很委屈"，预备起——

师：还有哪个词？

生5：瘦瘦的、黄黄的。

师：没出息的树是瘦瘦的、黄黄的，那有出息的树应该是？

生6：壮壮的、绿绿的。

师：那能不能换成瘦的、黄的？

生7：不能，"瘦瘦的、黄黄的"表强调。

师：哦，要表达内心的情感，可以用叠词。

生8：紧抱，紧抱着身子的。

师："紧抱"为什么就没出息了？

生8：因为一般的树，它长出来是伸展开的。

师：你有没有"紧抱"过身子的体验？什么时候我们会把身子紧抱起来呢？

生8：紧张。

师：紧张，还有呢？

生9：害怕。

师：害怕，还有吗？

生10：冷。

师：小桃树在那个角落里感到紧张、害怕、冷。你看，这个"紧抱着身子"是不是贾平凹根据自身的生活体验来写的？多生动！

生11：没找到。

师：找不到没关系，你来读一读。（生读）你这么读能找到吗？要字正腔圆，有感情地读，来，再读一遍。

生11：它竟从土里长出来了！竟。

师：连作者都不相信，它竟从土里长出来了！"竟"是一个副词，读的时候要重读，读出那种担忧、敬佩。所以读散文，品词语，不仅要注意有明显状态的动词和形容词，还要从有隐含意味的副词中读出深意，这样，你的阅读能力就会越来越强。

课堂的追问一定要具有指向性，问题不能设置得过于随意和琐碎，更不能空洞地、重复地提问。如果学生在老师的追问下，仅仅抓住几个字词就展开联想，对"生命""爱"等大概念的词语泛泛而谈，那么这堂课的意义何在呢？或者几个问题之间是相互重合的，师生之间的互动则会显得尤为低效。肖老师紧扣"没出息"三个字，以第四自然段为辐射点，引导学生朗读、概括、分析和感悟小桃树的处境。肖老师设置了一个主问题"哪个词最能体现小桃树的没出息"，这一主问题其实是从文本语言的表达入手，巧妙地要求学生在理解课文的基础上进行语言表达的斟酌与品味。由这一主问题衍生出好几个次问题，这几个次问题并非偏离主题，而是为解决重难点服务的，且肖老师的问题给了学生思考的空间，不是非此即彼的封闭式答案。学生在回答问题时难免会出错，直接进行否定，会挫伤学生的积极性，追问便能有效地让学生意识到自己错误的根源，避免后续再犯类似的错误。所以，每一个小的追问之间是彼此关联、相互影响、共同作用的。

更难能可贵的是，肖老师的每一次追问都在教给学生方法。《义务教育语文课程标准》指出："阅读是搜集处理信息、认识世界、发展思维、获得审美体验的重要途径。"阅读教学的重点应是培养学生感受、理解、欣赏和评价的能力，逐步培养探究性阅读和创造性阅读的能力。在老师追问下，学生掌握了"委屈"这个词的运用，对叠词、副词的了解更深刻了，学会了如何写出生动的文字来吸引读者的阅读兴趣。追问并不只是带领学生分析文本、评价人物，这样的提问，学生学习时易浮于表面，学过就忘了，真正精彩的课堂是在每个问题设置背后暗含学法的指导，追问提醒了学生思考问题要有具体的文本支撑，要贴近文章的写作主旨。在肖老师一次一次的追问下，学生一层一层地拨开语言文字的薄雾，一点一点地触摸到细腻文字背后的情感。

值得一提的是，追问的方式并不单一，有正向、反向追问，有正面、侧面追问，等等，灵活运用这些追问的方式可以让语文课堂摇曳生姿。例如，"哪个词最能体现小桃树的没出息？""委屈是什么意思？"这些都是正面追问，但是课堂如果只有正面追问，就成了枯燥无味的"一问一答"型课堂。肖老师追问的形式则是俯仰异观，如反向追问："能不能换成瘦的、黄的？"因果追问："'紧抱'为什么就没出息了？"多种追问方式的运用，不仅能使课堂更加生动，还能使学生改变固有的思维方式，多角度地思考问题。

三、追向意外，问向生成

叶澜曾说："课堂应是向未知方向挺进的旅程，随时都有可能发现意外的通道和美丽的图景，而不是一切都必须遵循固定线路而没有激情的行程。"课堂需要教师提前预设，但是正确应对课堂中出现的意外，更能生成平实课堂。

【教学片段3】

师：如果贾平凹先生只能给小桃树写一个字，表达对小桃树的情感，你觉得他会用哪个字？这个字，可以是你自己的思考，也可以从文本中寻找。

生1：我觉得是敬佩的敬字！小桃树"没出息"，后面经历了风雨挺过来了，作者对它由衷地敬佩！

生2：我觉得可以用怀念的念字。作者不仅怀念奶奶，还怀念陪伴他的那棵小桃树。

生3：梦。第一，小桃树是"我"小时候的一个梦；第二，小桃树的经历非常坎坷，像一场梦一样。

师：来，角落里的同学，不能让你们受委屈，角落里的小桃树！

生4：嗯……我没有想好。

师：哦，你还没想好，就你这句话，就在你说的"我没有想好"这句话里找一个字，联系课文，去说说。

生4：好！因为小桃树有很多困难，挺过去了，嗯，那就是挺好的！

（全场鼓掌）

师：走过风雨，好！战胜脆弱，好！选择面对，好！

生5：如果我在"我没有想好"里挑一个字，我会挑"我"，因为小桃树就是"我"，挺过了风雨，最终看见了彩虹！

生6：我选择爱怜的怜字！这个怜，首先是爱怜，文中多次写到"我"爱怜这棵小桃树，忍不住忧伤，泪珠儿掉下来。其次这个怜，还是同病相怜，他和小桃树共同挺过风雨，最后开出了花。

生7：美。小桃树的外形是不美的，但它的内心很美。

（板书：敬、念、梦、好、我、怜、美）

师：我们还能找出更多的字来诉说作者和我们的内心，不再举例了。让我们把目光投向黑板上这一个个美好的字！也许，你的人生路上会有而且必然会有一段可怜的时光，但是请记住，我们并不孤独，这个世界上总有人（物）和你同病相怜。只要我们拥有梦想，敬畏生命，想着远方热爱和挂念你的那个人，努力面对，那么，你就能在人生的风雨中找到自我，最后抵达美好！

追问不是针对一个学生一直问下去，问的面积要广，要让每个学生都参与其中。很多公开课，课堂看似活跃，实则老师叫来叫去都是那几个同学，这就造成了"一花独放，万马齐喑"的局面。肖老师的课堂则照顾到每一个学生，他善用激励性的语言鼓励所有学生积极参与其中，所以这节课上，回答问题的学生很少重复，每个学生害怕老师点名也会十分认真地听课。因为得到了老师的肯定，学生的积极性一下子被调动起来，这便是以生为本的课堂。

预设课堂可能出现的情形是备课必不可少的一个环节，然而一节出彩的课很多时候是由学生生成的。"嗯……我没有想好。""对不起，我不知道。"课堂常常会出现这种情况，如果老师非常生气地指责学生，那学生便有可能对这门课失去信心；如果老师谅解，让其他同学帮忙，也是一个保护学生自尊心的办法；如果老师能运用教学机智，巧妙地追问，引导学生回答问题，便是更有效的上课方式。肖老师认为这几个字里大有文章，便鼓励该生大胆发言，更妙的是，另一个学生能顺着这句话找到了另一个词"我"，这个词语的概括使"无我"的小桃树变成了"有我"的灵魂。更精彩的是，肖老师用学生总结的这七个字（敬、念、梦、好、我、怜、美）组成了一段完整而有深意的话作结，这段话恰好是对全文的总结，课堂达到高潮，戛然而止。

【课后反思】

1. 教法与学法

叶圣陶先生在谈到教学时说："必须使所学的东西融化在学生的思想、感情、行动里，学生的思想、感情、行动确实受到所学东西的影响，才算真正有了成效。"语文老师教课文常常喜欢带着学生分析文本，分析作者思想感情、分析主题，教师灵活运用教法把这样的课上好了，学生的确能够有所得。如果在此基础上有所升华和提炼，利用追问让学生掌握学习规律和学习方法，而不是简单地让他们储存知识，课堂效果会更佳。只停留在"赏析文本中哪个词语用得好"还远远不够，还应该提升至"我怎么运用这个词、这类词"。评价一节课的好坏，我们的着眼点常在于老师怎么教，但是老师教的落脚点在于学生学得怎么样。《一棵小桃树》无疑是肖老师执教中的优秀课例，因为教师的追问都渗透着学法的引导。

很多教师上自读课都是直接在多媒体上出示问题，然后展示答案，学生完全丧失了参与学习的过程。教师是课堂的设计者，选择什么样的教法直接影响教学效果。"先学后教"近年来被很多教师所接受，学生"先学"之前，需要有教师的教法指导，学生再用教师教的方法进行自主互助探究学习，仍有不懂的地方，教师再利用追问进行补充，后教知识。

2. 预设与生成

"凡事预则立，不预则废"，预设和生成是辩证的统一关系，相辅相成，生成有了预设更加完整，预设有了生成更加精彩，没有游刃有余的预设，生成便会令人应接不暇。

学生是课堂的主角，更是课堂的推动者。当学生理解文本内容、形式时，如果教师强行灌输，学生一定是意犹未尽或者失望的。教学过程不可能是完美的，更不可能完全按照教师预设的环节进行，当课堂出现意料之外的事件时，需要教师将"意外"转化为"精彩"。当然，生成不是意味着放任学生，而是科学地分析问题，调动教师智慧。布卢姆曾说："人们无法预料教学成果产生的完全范围。没有预料不到的成果，教学也就不成为一种艺术了。"教师的高明之处在于不断地顺应学生，能根据学生课堂的反应，灵活地调整自己的教学进程和内容，利用追问使课堂形成无缝对接的师生互动。

一言以蔽之，用追问的方式把问题抛给学生，是生成的基础；巧用追问，关注学生的知识水平，不脱离教学重点，是生成的关键；善用追问处理意外，是生成的最高境界。

"启发+变式" 给平实的数学课堂增添活力

——教学"探索勾股定理"的叙述研究

汤曙初

"数学到底怎么教，学生怎样学才能突出数学的特点，同时也能让学生热爱数学？"在以前的教学实际中，许多人抱怨学生基础差、习惯差、不好教等。郭思乐教授的生本课堂理论研究指出，生本课堂是以学生为主体，让学生主动、自主学习的课堂。我们坪山实验学校以生本课堂为基础，结合我们实验学校的实际情况，让学生在课堂中自主学习探究获得知识，形成学习能力。我们把课堂还给学生，充分发挥学生的主体作用，从而创建了自己的平实课堂，而平实的数学课堂是以发展学生思维为主线的一种课堂模式，在教学中注重让学生感受知识技能的获取过程、习得规律、发展智慧。

新课程标准要求老师课堂上开展启发式教学，注重学生的学习方式，倡导学生自主探索、合作交流及动手实践，改变学生过去那种学习困惑及被动学习的状况。那么，如何在课堂上开展启发式教学呢？在上八年级数学上册第一节课"探索勾股定理"时，我一直在思考这一问题，首先要考虑学生的学情，学生在此基础上掌握了哪些知识？正如维果斯基讲到的寻找学生的"最近发展区"，我考虑到八年级学生已经具备一定的观察、归纳、探索和推理的能力。在小学，他们已学习了一些几何图形面积的计算方法（包括割补法），但运用面积法和割补思想解决问题的意识和能力还远远不够。此外，学生普遍学习积极性较高，探究意识较强，课堂活动参与较主动，但合作交流能力和探究能力有待加强。

一、创设情境，激发探究欲望

新课标强调学生在数学学习过程中，要以实际生活为背景，让学生充分感受实际生活中的数学原型，然后从实际生活中提炼出相应的数学模型。在课堂教学时，我先向学生引出电线杆的实际生活例子，构建学生的直角三角形模型，启发学生思考探索直角三角形中各条边之间的关系问题。

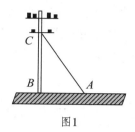

图1

情境：如图1所示，从电线杆离地面8m的C处向地面拉一条钢索AC，如果这条钢索在地面的固定点A距离电线杆底部B长为6m，那么需要多长的钢索？

师：如图1所示，根据题意，怎么知道钢索AC的长度？

生：测量，量出来。

师：如果手边没有测量工具呢？

生：那就没办法了，不知道怎么求。

师：在直角三角形中，任意两条边确定了，另一条边也就可以确定，三条边之间存在一定的特殊数量关系。今天我们就来研究这三条边的特殊数量关系。

创设适当的数学情境，激发学生的探索欲望，我以电线杆中维持电线杆稳定性的钢索的长度的求解，引出直角三角形中边的求法的思考，激发学生的探究欲望。

二、探索拓展，培养探究热情

【探究活动1】

师：投影显示的是图2地板砖示意图，请同学们观察图3和图4中标示的图形，你能发现图3、图4中各自的三个正方形的面积之间有何关系吗？

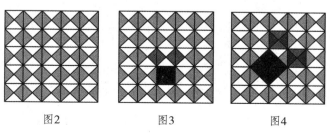

图2   图3   图4

生：以等腰直角三角形两直角边为边长的小正方形的面积的和等于以斜边为边长的正方形的面积。

从观察实际生活中常见的地板砖入手，让学生感受到数学就在我们身边，通过对特殊情形的探究得出结论，为后面的学习做铺垫。探究活动能够让学生独立观察，自主探究，培养独立思考的习惯和能力，通过探索发现，让学生得到成功的体验，激发进一步探究的热情和愿望。

【探究活动2】

师：由前面的探究我们自然产生联想，一般的直角三角形是否也具有该性质呢？观察下面图5格子中的两组图形。

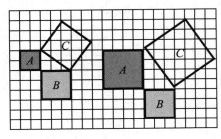

图5

请同学们填下表：

图5格子中正方形A、B、C的面积

	A的面积（单位面积）	B的面积（单位面积）	C的面积（单位面积）
左图			
右图			

（学生填好表）

师：你是怎样得到正方形C的面积的？与同伴交流。

（学生可能会运用多种方法）

生1：如图6所示，将正方形C分割为四个全等的直角三角形和一个小正方形，$S_C=4\times\dfrac{1}{2}\times2\times3+1=13$。

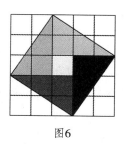

图6

生2：如图7所示，在正方形C外补四个全等的直角三角形，形成大正方形，用大正方形的面积减去四个直角三角形的面积，$S_C=5^2-4\times\dfrac{1}{2}\times2\times3=13$。

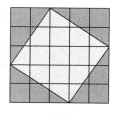

图7

生3：如图8所示，正方形C中除去中间5个小正方形外，将周围部分适当拼接可成为正方形，如图8中两块浅色阴影（或两块深色阴影）部分可拼成一个小正方形，按此拼法……

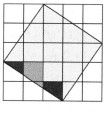

图8

师：通过这些正方形面积的关系，你发现了什么？

生4：以直角三角形两直角边为边长的小正方形的面积的和等于以斜边为边长的正方形的面积。

教学过程中突破难点是让学生去感受数学的学习过程及知识的生成。通过让学生参与探索研究，让学生通过观察、计算、探讨、归纳进一步发现一般直角三角形的性质。由于正方形C的面积计算是一个难点，因此设计了一个交流环节，学生通过充分讨论探究，在突破正方形C的面积计算这一难点后得出结论。

【探究活动3】

师：你能用直角三角形的边长a、b、c来表示图5中正方形的面积吗？你能发现直角三角形三边长度之间存在什么关系吗？

生：从前面的学习中我们知道，如果直角三角形两直角边长分别为a、b，斜边长为c，那么$a^2+b^2=c^2$，即直角三角形两直角边的平方和等于斜边的平方。

师：你的理解很深刻，说得好。我们把直角三角形两直角边的平方和等于斜边的平方称作勾股定理。勾股定理是我国最早发现的，中国古代把直角三角形中较短的直角边称为勾，较长的直角边称为股，斜边称为弦，如图9所示。

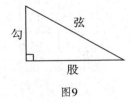

图9

让学生在前面结论的基础上，进一步发现直角三角形的三边关系，得到勾股定理。让学生归纳表述结论，可培养学生的抽象概括能力及语言表达能力。

三、习题练习，巩固探究应用

通过前面的学习，学生对知识点的掌握，有种成功的体验，是个体完成某项学习或活动任务后产生的一种自我满足的积极愉悦的情绪状态。在教学中应注意激发学生的成功体验，让学生在体验成功中进一步加深学习。下面通过一个例子及练习来巩固探究应用。

【教学片段1】

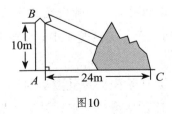

图10

师：请同学们看投影，如图10所示，一棵大树在一次强烈台风中于离地面10m的B处折断倒下，树顶C的落地位置距离树根A有24m，大树在折断之前高多少？请同学们思考。

生：∵大树离地面部分、折断部分及地面正好构成直角三角形，即△ABC是直角三角形，∴$BC=\sqrt{AB^2+AC^2}$，

∵AB=10米，AC=24米，

∴$BC=\sqrt{AB^2+AC^2}$=26（米），即大树的高度=$AB+BC$=26+10=36（米）。

思维提升与变式：

（1）如图11所示，以Rt△ABC的三边为斜边分别向外作等腰直角三角形，若斜边$AB=3$，则图中阴影部分的面积为_____。

（2）如图12所示，在△ABC中，∠C=90°，在△ABC外，分别以AB、BC、CA为边作正方形，这三个正方形的面积分别记为S_1、S_2、S_3，请探索S_1、S_2、S_3之间的关系。

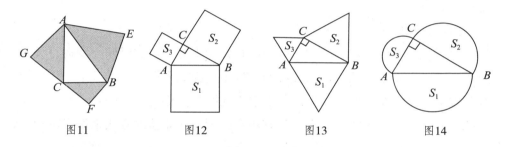

图11 　　　　　图12 　　　　　图13 　　　　　图14

变式1：如图13所示，在△ABC中，∠C=90°，在△ABC外，分别以AB、BC、CA为边作正三角形，这三个正三角形的面积分别记为S_1、S_2、S_3，请探索S_1、S_2、S_3之间的关系。

变式2：如图14所示，在△ABC中，∠C=90°，在△ABC外，分别以AB、BC、CA为直径作半圆，这三个半圆的面积分别记为S_1、S_2、S_3，请探索S_1、S_2、S_3之间的关系。

通过勾股定理的直接运用或实际应用问题，意在巩固基础知识或提升思维。例题和练习既巩固了基础知识，体现了数学源于生活，又服务于生活，意在培养学生"用数学"的意识，运用数学知识解决实际问题是数学教学的重要内容。

四、课堂评价，促进探究热情

通过前面知识点的讲解、巩固与学习，在最后通过练习及思维方面的变式

训练，与学生一起构建知识体系，首先通过下面的两个问题引导学生思考。

【教学片段2】

师：这一节课我们一起学习了哪些知识和思想方法？对这些内容你有什么体会？

生：（1）知识：勾股定理：如果直角三角形两直角边长分别为a、b，斜边长为c，那么$a^2+b^2=c^2$。

（2）方法：①观察—探索—猜想—验证—归纳—应用；②面积法；③"割、补、拼、接"法。

（3）思想：①特殊—一般—特殊；②数形结合思想。

鼓励学生积极大胆发言，可增进师生、生生间的交流、互动，通过畅谈收获和体会，意在培养学生口头表达和交流能力，增强学生不断反思总结的意识。

【课后反思】

对于"探索勾股定理"这节课的讲解，学生在学习的时候，我通过设置问题不断启发学生以及在处理练习的过程中用变式来拓展思维，根据学生已有的数学活动经验，特别是运用数学解决问题的策略达到巩固知识的目的。在课堂教学时，我始终坚信学生只有用自己创造与体验的方法来学习数学，才能真正地掌握数学，因而数学教学要展现数学的思维过程，要学生领会和理解数学，会探索和应用数学，在数学学习中找到自信，同时也感悟和感知数学，特别是像勾股定理这类知识，它也是我们国家传统文化的一部分。这节课设置的两个探究活动为的是让学生自主地探索知识，从而将其转化为自己的学习体验。先激发学生兴趣，使他们进行独立思考，再合作交流。这节课学生通过自己的活动得出结论，提升了创新能力与处理实际问题的能力。

总之，通过"启发+变式"这一教学模式，学生在学习的过程中，数学的思维能力上来了，也不会再畏惧数学；在学习的过程中，学生的自信心得到了提高，数学的活力也得以显现。

浸润数学思想　构建高效课堂

——"圆的面积"教学叙事研究

刘　丹

　　《小学数学新课程标准》指出："数学教学应该从学生的生活经验和已有知识背景出发，向他们提供充足的从事数学活动和交流的机会，帮助他们在自主探索的过程中真正理解和掌握基本的数学知识与技能、数学思想和方法，同时获得广泛的数学活动经验。"

　　新知识的获得，离不开原有认知基础，很多新知识都是学生在已有知识的基础上发展起来的。在几何体的计算公式推导中，要让学生学会运用变换的思想，将原形体通过旋转、平移、割补、切拼等途径加以变换，使推导化难为易，由旧知引入新知。对于学生来讲，学会怎样在已有知识的基础上掌握新知识的方法非常必要。这也是我们推导平面图形面积计算公式的一条重要思路。对于教师来讲，教学中精心设计，抓住学生的知识生长点，促进正迁移的实现，为学生获取知识提供帮助。

一、联系旧知，引人深思

　　现代学习理论中的认知同化理论认为，数学学习主要是有意义的接受学习，如果原认知结构中的某些适当的观念与新知识具有实质的、非人为的联系，可根据新旧知识的内在联系，使原有的认知结构主动地与新知识发生相互作用，形成新的认知结构，作用的方式主要是"同化"或者"顺应"。于是，在此部分我设置了这一环节。

【教学片段1】

　　师：在学习新的图形面积之前我们回忆一下，我们都学过哪些图形？

　　生：长方形、正方形、平行四边形、梯形、三角形。

师：它们的面积公式是什么？

生1：长方形的面积=长×宽。

生2：正方形的面积=边长×边长。

生3：平行四边形的面积=底×高。

生4：梯形的面积=（上底+下底）×高÷2。

生5：三角形的面积=底×高÷2。

师：它们的面积公式是怎样推导的呢？

生1：平行四边形的面积通过转化为长方形的面积得到。

生2：梯形和三角形的面积通过转化为平行四边形得到。

通过对之前知识的回顾，让学生在学习新知识时，能够以转化思想为指导，着眼于新旧知识的联系，将新知识转化为旧知识，不仅有利于新知识的领悟，而且有利于把新知识纳入原有认知结构，以提高学习效率和学习能力。

二、情境导入，联系生活

在教学中，我们要从现实生活入手，让学生通过参与身边的数学活动，激发他们内在的情感体验，缩短学生与学习内容之间的距离，让学生主动参与新知探究，营造和谐、愉快的学习氛围。因此，我根据六年级学生的心理特征、年龄特点，结合实际内容，创设了一个贴近生活的情境。

【教学片段2】

师：在我小时候，有的小朋友经常会帮父母做一些力所能及的事情，如放羊。在放羊之前他们都会先观察地理位置，观察哪个地方的草最多，他们就会把羊赶到那个地方去，并在草地的中心处打上一根木桩，在木桩上拴一根绳子，绳子的另一端拴着一只羊。

师：我把实际图形搬到了我们的课堂上，大家请看！木桩上用4米长的绳子拴着一只羊，从图片中我们能读到哪些信息？

生1：我发现羊能吃到草的一周刚好是一个圆。

生2：这个圆的半径就是绳子的长度，也就是4米。

生3：这个圆的中心就是木桩所在的地方。

师：同学们说得很好。请大家说说这只羊能吃到草的最大范围是多少？

生：羊能吃到草的最大范围就是这个圆的面积。

师：说得很好，今天这节课我们就来学习如何求羊能吃到草的最大范围的面积，也就是怎样求圆的面积。

创设问题情境，让学生在生活中发现问题，激发学生探究新知的兴趣，为新知的学习做好铺垫。通过提问、设疑，激发学生的求知欲，激发学生的学习兴趣，自然导入新课。

三、自主学习，主动探究

在教学中应注意组织学生利用学具，开展探索性的数学活动，注重知识发现和探索过程，使学生从中获得数学学习的积极情感，体验和感受数学的力量。同时在学习活动中，要使学生学会自主学习，主动探究，培养学生解决数学问题的能力。本节课我着重以"以学生的发展为中心"为理念，将学生的已有知识作为重要的课堂生成资源，运用有趣的教学手段，突破学生的思维定式，给学生充分发散思维的空间。

【教学片段3】

1. 先估后算，探究方法

师：（出示一个圆片）圆的面积在哪里？请同学们拿出圆片，用手摸一摸，感受一下圆的面积，你想说什么？

生：手摸到的地方就是圆的面积。

师：圆所占平面的大小叫作圆的面积。

师：这个圆片的面积是多少呢？我们先来估一估吧。怎样估呢？回想一下，我们以前是怎样估算的？

生1：我是根据方格图中的正方形来估算的，方格图的面积为$8\times8=64$（平方米），圆里面的正方形的面积为$6\times6=36$（平方米），那么这个圆的面积在$36\sim64$平方米之间。

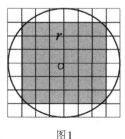

图1

生2：我是用数方格的方法来估算的。大于半格的算一格，小于半格的直接舍掉。通过数一数我发现，圆的面积大约是52平方米。

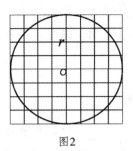

图2

师：同学们的估算很有道理，但在实际生活中往往要有一个精确的结果，我们接下来就讨论一个能计算圆的面积的方法。

巧设估算圆的面积这个环节，让学生对圆的面积获得十分鲜明的表象，让学生带着悬念去探究推导公式，与后面得出圆的面积计算公式的验证前后呼应，加深学生对圆的面积计算公式的理解和记忆。

2. 主动探究，殊途同归

【教学片段4】

师：课前我们刚刚回顾了其他平面图形面积推导的公式。圆可转化为哪一个学过的图形呢？小组可以剪一剪、拼一拼，试试看！哪怕是近似的图形也可以。

（1）操作活动一

让学生以小组为单位将圆形纸片分成8等份，将每份剪下来后再进行拼接。

师：拼成后像什么图形？

生：像平行四边形。

让学生以小组为单位，将圆形纸片分成16等份、32等份。将每份剪下后再进行拼接。

师：通过剪拼，你发现了什么？

生：把圆等分的份数越多，拼成的图形越接近平行四边形或长方形。

师：非常好。拼成近似的平行四边形和原来的圆的面积有什么关系？

生：面积会相等。

师：平行四边形的底相当于圆的哪一部分？

生：平行四边形的底相当于圆周长的一半。

师：平行四边形的高又是圆的哪一部分？

生：平行四边形的高就相当于圆的半径。

师：请同学们试一试，根据已经学过的平行四边形面积公式，推导出圆的面积公式吧！

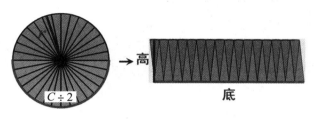

图3

圆的面积＝平行四边形的面积

平行四边形的面积＝底×高

圆的面积＝　　πr×r

即圆的面积$S＝\pi r^2$

让学生通过动手实践，观察猜想，探究发现圆可以转化成平行四边形，且面积不变，圆的面积等于圆周长的一半×半径。这一系列探索活动是学生对新知的转化、重组和发现的过程。当课件演示圆剪成8等份、16等份、32等份后，可以让学生展开想象的翅膀，假如继续剪拼下去，圆会转化成什么图形？在学生的直观思维最高潮处，学生会在不经意间碰撞出知识的火花，这个过程给学生的思维转向留下新"空白"，使学生从形象思维上升到抽象思维。

（2）操作活动二

【教学片段5】

师：拼成近似长方形和原来的圆的面积有什么关系？

生：面积会相等。

师：近似的长方形的长相当于圆的哪一部分？

生：长方形的长相当于圆周长的一半。

师：近似长方形的宽又是圆的哪一部分？

生：长方形的宽就相当于圆的半径。

师：请同学们试一试，根据已经学过的长方形面积公式，推导出圆的面积公式吧！

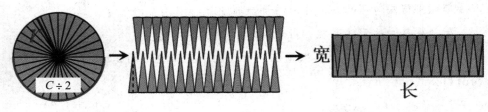

图4

圆的面积＝长方形的面积

长方形的面积＝长×宽

$$\downarrow \qquad \downarrow \quad \downarrow$$

圆的面积＝$\pi r \times r$

即圆的面积$S = \pi r^2$

通过小组合作、探究学习等不同形式，调动学生的多种感官参与学习，发挥学生的主体作用，培养学生主动探究、互助合作的精神，让学生明确圆可以拼成近似的长方形，渗透化曲为直的方法。

（3）操作活动三

【教学片段6】

师：除了上述方法外，还有没有其他的方法呢？可以拼成三角形吗？

生：可以。

师：同学们都开动了自己的脑筋，大家想一想，到底可以怎么拼呢？

师：这是我们经常看到的茶杯垫，如果沿着半径剪开它会是什么图形呢？

生：三角形。

师：是的，大家想一想，拼成的三角形的底相当于圆的哪一部分？

生：三角形的底就是圆的周长。

师：拼成的三角形的高相当于圆的哪一部分？

生：三角形的高相当于圆的半径。

师：那就请同学们根据三角形的面积计算公式，推导出圆的面积计算公式吧！

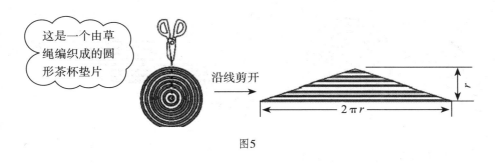

这是一个由草绳编织成的圆形茶杯垫片

沿线剪开

$2\pi r$

图5

圆的面积＝三角形的面积

三角形的面积＝底×高÷2

↓ ↓ ↓

圆的面积＝$2\pi r \times r \div 2$

即圆的面积$S = \pi r^2$

学生在具体情境中了解圆的面积的含义，体会计算圆的面积的必要性，激发研究圆的面积的兴趣。引导学生探究不同条件下求圆的面积的方法，发展学生的发散思维和积极探究能力。用拼三角形的方法探究圆的面积计算公式，再一次体现了"化曲为直"的数学思想。

（4）操作活动四

【教学片段7】

师：除了沿半径剪开外，还可以沿什么剪开？

生：直径。

师：非常好，同学们试一试，剪开之后再拼会是什么图形？

生：平行四边形。

师：非常好。拼成近似的平行四边形和原来的圆的面积有什么关系？

生：面积会相等。

师：平行四边形的底相当于圆的哪一部分？

生：平行四边形的底相当于圆周长的一半。

师：平行四边形的高又是圆的哪一部分？

生：平行四边形的高就相当于圆的半径。

师：请同学们试一试，根据已经学过的平行四边形面积公式，推导出圆的面积公式吧！

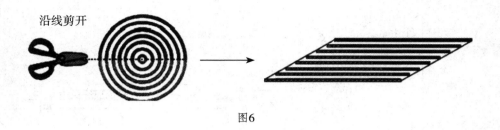

沿线剪开

图6

圆的面积＝平行四边形的面积

平行四边形的面积＝底×高

$$圆的面积 = \pi r \times r$$

即圆的面积$S = \pi r^2$

师：通过计算，小羊能吃到草的范围是多大呢？

生：根据公式我算出羊能吃到草的范围是50.24平方米。

通过将未解决的问题转化成已解决的问题的实例来研究，不仅能使学生找到新旧知识的连接点与转化方式，而且能使学生正确掌握操作方法，形成操作技能。学生通过剪拼、转化、观察、操作，利用等积变形把圆的面积转化为其他的平面图形，逐步归纳出圆的面积的计算方法。这样多层次的操作，多角度的探究，激发了学生的求知欲，使学生同时体验到成功的乐趣、学习数学的快乐，从而培养学生的数学情感。

四、巩固练习，步步紧逼

新授的知识学生并不能立即掌握，巩固的练习是必不可少的。根据圆的面积推导的特点，设计出新颖的、符合学生特点的练习尤为重要。我根据其特点设计练习如下。

【教学片段8】

师：圆的面积推导就仅仅局限于此吗？肯定不会。

师：同学们观察一下这三张图片，你们有什么发现呢？

生1：从图一我看到：圆的面积比圆外正方形的面积小，比圆内正方形的面积大。

生2：从图二我看到：圆的面积比圆外正八边形的面积小，比圆内正八边形的面积大。

生3：我发现正多边形的边数越多，越接近圆的面积。

师：同学们回答得都很好，其实正多边形的边数越多，圆外切多边形和圆内接正多边形的面积越接近圆的面积。

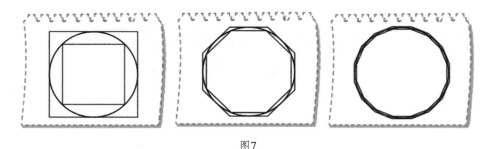

图7

通过提问、讨论，激发了学生的积极思维，并且在相互影响下积极探索的情绪得以保持和深化。这样进行教学就不会出现传统教育的"满堂灌"，可以通过学生的再创造活动，让学生更多层次、更灵活、更牢固地掌握知识；可以使学生的思维更开阔，分析更多元化，创新能力也得以升华。

小学数学教学要以生活体验为原型，以实践活动为载体，以自主探究为动力，把数学课堂教学构建成师生之间、生生之间交往互动和共同发展的平台。因此在教学中，我们要从现实生活入手，让学生通过参与身边的数学活动，激发他们内在的情感体验，缩短学生与学习内容之间的距离，让学生主动参与新知探究，营造和谐、愉快的学习氛围，从而使小学数学课堂生活化、活动化、探究化，让课堂教学焕发出无限的生命活力。

生本教育在小学英语小组合作学习中的应用

——以Unit 8 Helping tourist教学叙事研究为例

陈 璐

生本教育是郭思乐教授创立的一种教育思想和方式。生本教育是为学生好学而设计的教育，也是以生命为本的教育；它既是一种方式，更是一种理念。它强调以学生为中心的教育理念，发挥学生学习的主观能动性，激发学生的学习能力，提高学生的素养。

小学英语的教学目的是培养学生学习英语的浓厚兴趣和良好的语言习惯，打好语音发音基础，培养学生听、说、读、写的初步能力和口头交际能力。在素质教育的背景下，在以人为本的学生观要求下，采取"生本教育"的方式进行小学英语的教学，我以Unit 8 Helping tourist做了一次有益的尝试。

一、生本教育下的小组合作学习是积极的互促学习

在合作学习情境中，个体目标与小组目标之间是互相依赖的关系，学生必须紧密团结，相互合作，共同努力，共同取得成功。这种积极的相互依赖关系和共同的学习目标能培养学生互相帮助、互相支持、互相鼓励的积极的合作学习精神。在此教学环节中，我设置了课前小组合作表演的环节。

【教学片段1】

师：Now Let's come to show time. Welcome eagle group. They will bring us "Lion's bad breath".

生1：We are eagle group. Now watch our show.

生2：A lion is a strong animal. One day, he met a monkey.

生3：Good morning, my king. On no!

生4：What's the matter?

生3：No, no, nothing.

生4：Tell me the truth.

生3：Your breath smells bad.

生4：Ok, you will never smell again.

生2：So, the lion ate the monkey. The lion was angry. He met a rabbit.

生4：You , stop!

生1：Oh , yes, my king.

生4：Does it smell good or bad?

生2：The rabbit was afraid. So she lied to him.

生1：It smells good , my king , like an apple.

生4：You lie. I will eat you.

生2：So the lion ate the rabbit. Then he met two foxes.

生4：You two, stop.

生5、生6：Oh, my king.

生4：Does it smell good or bad?

生3：Two foxes saw the rabbit was eaten by the lion. They were so afraid.

生5：Uh, my king , we have a cold. I can't smell.

生6：But we think you smell good, don't you?

生4：Sure.

生2：So the lion let the two foxes live.

生本教育下的小组合作学习是开发人工智能的有效方式。组内成员都有责任保证本组内成员掌握教学内容，只有组内每一个成员都掌握了，教学任务才算完成。因此，每个成员的积极性都被调动起来，学生间互帮互助、互相促进、互相合作。学生在交流信息，分享成果时，团体合作精神得到了培养。英语小组表演学习法可让学生激发其内在的学习动机。尤其在获得成就感的同时，学生看到了自身潜力。运用得当的英语表演学习法，虽然只占课堂教学的几分钟，却能为这堂课的教学带来良好的效果。在运用英语的过程中，学生学到了正确的学习方法，即大量接触英语、大量练习英语，以促进学习成绩的提升。学生之间的配合表演是互相促进学习的有效方式，通过丰富多彩的课堂表演，能够迅速培养学生的英语学习兴趣，并使这种浓厚的兴趣保持下去，形成英语学习中有利的非智力因素。尤其对于那些原本在他人眼中水平低、能力差的英语学习者来说，如果能够通过小组合作表演法给予正确的引导，他们也都能开始向正面转化。

二、生本教育下的小组合作学习是责任明确的协作学习

针对很多课堂出现的"搭便车"现象等问题，解决的办法主要是使每个学生在小组作业中都负责承担独特的一部分任务，或者使学生各自为他们的学习负责。小组合作学习是责任明确的协作学习，让每个学生都有事可做，有任务去承担。为此，我设计了组内讨论的环节。

【教学片段2】

师：Boys and girls，today I will introduce a friend to you. His name is Benben，a country mouse.

生：Nice to see you，Benben.

师：Benben will visit Shenzhen this summer holiday. Do you know any interesting places? Please talk in your groups in three minutes. You can talk like this：

Leader：We are...group.（我们是哪组）Here are our ideas.（这是我们组的想法）

A：I think City Stadium is good...

B：I think...

…

Leader：So，in our group，we think...

生1：We are Happy monkey group. Here are our ideas.

生2：I think Happy Valley is good.

生3：I think Longhua Temple is good.

…

生1：So in our group，we think Happy Valley，Longhua Temple ...are good.

…

师：Very good.You all did a good job.

在小组合作教学下，应注重形式，还应注重内容及质量。从一定程度上讲，尊重学生的主体地位，学生能够进行积极的交流探讨，还能在有效时间内进行分工合作。教师应加强对学生的指导，进而调动学生的学习兴趣，让

学生能够愉快地度过课堂教学时间，还能将知识进行全面的消化。在这一环节，我设计了暑假一个乡村小老鼠来深圳参观，不知道去哪儿参观，求助每组学生的活动。在这一环节，我规定了每组每个同学都要发表意见，并且组长还要负责总结归纳的工作，让人人投入小组合作中，完成共同的任务。

三、生本教育下的小组合作学习是多边的互动学习

德国教育家第斯多惠说过："教育的艺术不在于本领，而在于激励、唤醒与鼓励。"生本教育下的小组合作学习实施给现代教育带来了崭新的理念。为此，我将课堂归还给学生，设置各类师生、生生间的活动，以达到自主互助，释疑深化的目的。

【教学片段3】

师：Oh，Benben is here.He wants to find the bus stop.He comes to the policeman for help. Perhaps I'm Benben. Who wants to be the policeman?

生1：I can.

师：Excuse me.

生1：Can I help you?

师：Yes，please. I want to find the bus stop. Where's the bus stop1?

生1：It's over there，on the left.

师：Boys and girls，are you clear? Please read in your groups. You need to read after group leader twice. Then，the group leader needs to check your group one by one. At last，your group can read to the whole class.

生：Ok.

师：Which group wants to have a try?

生：Excuse me. Can I help you? Yes，please. I want to find the bus stop. Where's the bus stop1? It's over there，on the left.

生本教育下的合作学习创造性地应用了互动理论。合作学习的互动不是传统意义上的教师与学生之间的单向型互动，它强调的是师生之间、生生之间的多边互动。师生互动，顾名思义就是教师将知识传递给学生，师生之间相互交流的双向型互动。而生生互动主要指学生间的互动，包括学生个体与学生个体的互动、学生个体与学生群体的互动、学生群体与学生群体的互动。这个教学环节，我通过师生之间的互动以及让组长带着组员进行生生之

间的互动，在课堂教学中为学生创设了一种能够充分表现自我的氛围，为每个学生个体提供更多的表现机会。人人都有自我表现的机会和条件，学生在小组中相互交流，彼此尊重，共同分享成功的快乐；每个学生进一步发现自我，认识自我，他们的主体地位被大大地肯定与提高，促进学生的全面发展。

【课后反思】

第一，本堂课中，我将教学实际与生本课堂相结合，将小组合作学习运用其中，进而激发学生的学习兴趣，使其参与其中，最终提升学生的学习能力，还能从真正意义上促进教学质量的提高。课堂教学中的小组合作是学生的独立活动。每个学生都是学习合作的主人、积极主动的协调者和创造者。教师从传授者变为指导者、参与者或观察者。教师主要是向学生讲解小组活动开展的方法和要求以及学生在自己开展活动时所需运用与掌握的语言知识。学习合作技巧是顺利进行合作的前提保障。小组合作学习的过程也是小组成员之间的学习活动相互调整、相互改进、互补共效的过程。每个组员的学习行为将会不断受到来自伙伴的建议、提醒和修正，同时每个组员也要关注他人，经常提出自己的观点和意见。

第二，本节课有许多成功之处，但也存在不足的地方，如小组合作学习会带来相对于传统教学更大的噪声；部分成绩较差或不善于表达的学生在对话表演中，只说几句礼节性的口语，小组分工不完全公平合理；课堂用语不够丰富清晰，在学生小组活动的时候，时间还不够充分；等等。今后要更加注重教学理论的学习，精心研究教法，优化学法，在课堂上真正关注每位学生的发展，调动学生的积极性，全面提高课堂效率。

如何在小学低年段有效开展四人小组合作型同伴阅读教学

——以英语戏剧表演课为例

林芯羽

21世纪是全球化和信息化的时代，英语也是世界上运用最广泛的语言之一，因此英语阅读能力对信息获取的有效性和阅读的流畅性都会造成重要影响。我国儿童开始接触英语的时间也越来越早，中国发达地区的学生从一年级便开始学习英语，越来越多的家长重视孩子的英语能力。特里西娅·赫奇在《语言课堂中的教与学》一书中提到：阅读教学有许多目标，其中最重要的目标之一应该是帮助学习者根据不同问题采取相应的阅读法并让学习者了解多种文体。英语戏剧是一种重要的英语文体，英语戏剧教学可以让学生在具体的情境中学习英语，为学生提供整体学习语言的机会。低年段学生喜欢在动中学、演中学，英语戏剧可以提升学生的英语学习兴趣。《义务教育英语课程标准》一级语言技能目标对低年段学生的阅读和表演技能都作出了明确规定。戏剧中有不同角色，这就需要多人合作完成表演。合作能力的培养是一个持续、渐进的过程，同学之间要相互磨合，学会运用协商、配合等技巧。四人小组是同伴阅读教学的常见组织形式之一，在小学低年段开展四人小组合作型的同伴阅读教学比较合适。笔者目前从事小学低年段的英语教学工作，本文将通过理论与实践相结合，探讨在英语戏剧表演课中如何有效开展四人小组合作型同伴阅读教学。

一、理论依据

（一）同伴阅读教学的概念

国内外均有较多相关研究对同伴教学做出了详细的定义，肯定了其价值。Smith和Wood的研究指出，同伴教学（peer teaching）是一种融小组讨论、教师协助、学生讲授为一体的互动式教学方法，以学生为主体，能够最大限度地调动学习者。尤其是小组讨论，能为学生提供非常有价值的交流沟通和元认知技能。以学生为主体的同伴教学模式关注学生的自主学习，是教师发展到较高阶段的体现。通过这种教学模式，可以较好地实现师生之间、生生之间及课内课外的互动，学习者可以通过完成各种任务发展综合能力。对于同伴阅读教学的研究主要以小学高年段合作学习、自主互助合作学习为形式进行，总结了较为完善的小学高年段英语阅读小组合作教学模式。董振在研究中提出，合作学习在小学英语阅读教学中的基本教学模式为：合作目标与任务呈现（课前）—合作构建激活图式（读前）—合作理解把握全文（读中）—合作深层理解（读后）—评价交互进行（生生）。但目前没有对小学低年段如何开展同伴阅读教学及其效果进行详细研究。

（二）英语戏剧教学的概念

戏剧对于中小学教育具有重要的价值，国外教育界已对此有了广泛的共识和多年的实践研究。近年来，我国一些中小学也将戏剧引入学校的英语教育活动中，而我国的戏剧教学还处于探索阶段，缺乏相应的资料和教材。教师往往因为不能完全理解戏剧教学的目的与本质而过分关注台词的记忆和模仿，忽视戏剧的情境、人物的心理表现和学生的创造力。戏剧应该是一个独立的、富有创造力的课程，其产生的是"孩子们自发的、自我的创造，并自然而然地发展成为一种表演"。廖琴芳和唐健禾从研究中发现戏剧能够培养学生合作学习的能力。戏剧教学的每一个环节都可以组织合作学习，一台精彩的演出是由整个"剧组"和多个"演员"合作完成的，学生相互支持和相互鼓励，还要学会如何帮助同伴克服害羞的心理，在沟通过程中学会集中注意力，提高沟通能力。笔者在英语戏剧表演课上运用这一理论指导英语戏剧表演课中的合作学习，并探究适合小学低年段的具体方法。

二、案例分析——两节英语戏剧表演课的观察、对比与分析

案例课的剧本分别为牛津英语课本1B中的Unit 12 The Boy and the Wolf和二年级上学期的英语寓言故事初级The Wind and the Sun改编版。这两个剧本角色简单，适合四人小组合作学习，而且语言情感丰富，配有动画，符合低年段学生的学习特点。笔者从一年级下学期开始运用四人小组合作型的同伴阅读教学方式给学生上英语戏剧表演课，本文通过对比分析两个案例的教学目标、教学过程和评价方式来发现英语戏剧表演课同伴阅读教学的有效策略。

（一）教学目标分析

1. The Boy and the Wolf

本剧剧情是学生熟知的故事《狼来了》。但本剧的生词量和新句型比之前的课文更多，全体学生要顺利阅读剧本有一定的难度。而且，这时候学生分组刚刚成型，相互磨合不足，这也是学生第一次以小组形式进行较长的英语戏剧表演，学生可能不会运用适当的语气、表情和动作进行表演，以及在小组合作表演之中学生可能会因为角色分配、表演方式差异等问题与同学发生矛盾，因此笔者将本节课的教学目标定为：能通过听读理解故事并完整地表演出来；初步了解戏剧表演的形式；了解四人小组合作规则；能初步学会小组合作表演。

2. The Wind and the Sun（PP19–21）

学生对The Wind and the Sun的剧情不熟悉，而且剧情更长，生词量更多，语言形式和功能更为丰富，这对学生的阅读能力和表演能力都提出了更高的要求。经过一个学期的小组合作同伴阅读教学，各组组长有了管理的概念，要更加有效地进行小组合作表演就需要合作学习阅读剧本，因此笔者将本节课的教学目标定为：能通过听读理解片段故事，并能小组分角色朗读出来；学会合作学习生词，组长能够指导组员学习。

（二）教学过程分析

1. 合作学习生词

词汇是学生理解阅读材料的一个重要因素。这两个剧本的生词量都略高于本年级学生的平均阅读水平，因此课前笔者布置学生回家预习听读剧本，并把自己觉得不明白或者很难读好的单词标注出来。在The Boy and the Wolf的pre-reading阶段，笔者让学生看动画感知语篇后，用看图片说单词活动检查同

学们对生词的掌握情况。然后出示生词表，让组长在小组内带读生词，遇到组员不会的地方组长可以单独教授。在这个过程中，笔者发现narrator，wolf (wolves)，poor，tell a lie是学生的难点，很多小组都不会读。在while-reading阶段，笔者就能结合课文语境着重教授这几个单词。在教授The Wind and the Sun时，生词更多，笔者挑出语篇中的关键词，鼓励组长创造性地采用小组喜欢的方式学习这些生词，如看图说单词、看动作说单词、听单词做动作等活动。通过小组合作学习生词，学生能够在生生互动中解决大部分生词，形式多样，也让学生对生词的记忆更加鲜活。

2. 合作听读剧本

听读是语言输入和促进理解的重要途径，要让学生最后能够进行合作表演输出，就需要设置有效的合作听读活动。在教授The Boy and the Wolf时，笔者让学生在组间轮换角色模仿听读，学生可以体验不同角色情感和语音语调，读后笔者评价各组的听读效果，指导他们改进情感和语音语调，为下一步组内分角色听读做准备。接下来在小组分角色时，小组需要遵循三个"重要原则"：第一，分组时间为1分钟，此规定可避免学生因讨论分组使用过多时间；第二，分角色先按照个人喜好，如果有冲突则要和平协商或找老师帮助，这可以避免很多类似两个学生因为想演同一个角色而争吵的问题；第三，每个角色都很重要，都需要发挥创造力去演好，这可以鼓励学生用心朗读不同角色的台词，不避重就轻或者随意对待。这三个原则帮助课堂减少了很多因为分角色发生的冲突。经过一年的训练，学生在听读The Wind and the Sun时，都能够迅速地进行分角色合作听读。但是，小组遇到了新挑战，这个剧本句型多而且复杂，有的组员因为难而不愿展示朗读或者读得非常不流畅。为了解决这个问题，笔者除了在感知语言阶段给予学生更多的时间去听读外，还让组长在展示时可以在组员旁边轻声带读，减少同学的学习焦虑。

3. 合作表演剧本

表演不仅是说出剧本台词，还要根据剧情融入角色的情感，用相应的表情和动作进行表达，以及注意进出场等舞台规则。低年段学生处于感知运动阶段，喜欢模仿有趣的声音和动作进行学习。在教授The Boy and the Wolf时，笔者挑出体现boy和farmers情感的关键词句，让同学上台表演，表演好的同学可以做小老师，台下的学生能够在快乐中学习到不同的表演方式。接下来，笔者让小组合作排练后上台表演，发现学生表演的主要问题有：经常忽略上台和下台的致辞表达；不会根据情境变化进出场；对话时没有面对面或者经常背对观众；声音太小，台下同学听不见；表情和动作放不开，不够生动。笔者提出这些问题，带着学生一起思考，让每个小组带着思考重新朗读剧本，更深入地体会角色感情，然后进行二次排练。这时候，组长要指挥组员一起完成舞台礼仪，像小导演一样提醒同学进出场，组员之间还可以互相帮助改进表演方式。有了一个小组的成功示范，后面的小组很快便学会了。在教授The Wind and the Sun时，小组的合作表演效率和效果都有了很大的进步，学生基本上都能做到上台下台有秩序，体现舞台礼仪；不同角色能够根据情境进出场；学生音量提高了，锻炼了胆量；学生无论进行独白还是对话，都能够用适当的表情和动作较为自然地表演出来。

（三）评价方式分析

1. 生生评价

生生评价主要在组内和组间评价中生成。组内评价就是让组长多鼓励学习能力较弱、自信心不足的同学，在组内营造和谐友爱的合作氛围。组间评价即在小组合作展示后，让其他组的同学进行评价，评价一般要先说优点，再说需要改进的地方。这样既能培养学生良好的倾听习惯，也能在班上形成一种良性竞争的氛围。

2. 师生评价

教授The Boy and the Wolf时，笔者主要对小组处理合作矛盾的方式进行评价。笔者在小组活动时，仔细观察每个小组的合作方式，并及时总结合作效率高、矛盾少的小组经验，表扬这些小组在合作的过程中懂得互相鼓励、互相谦让，以及组长会管理，会帮助组员，以此改良小组合作的成效。到学习The Wind and the Sun时，每个小组都磨合得比较好了，都有了自己处理矛盾的方式。在这个阶段，笔者主要对小组合作中的创意表达和倾听效果进行评价，即鼓励学生多发挥创造性，多学习取长补短。

三、分析结果与讨论

（一）分析学情，目标导向

低年段小学生刚刚适应小学生活，初步了解校园生活和班级同学。在学生还没有深入了解同学的情况下，开展同伴教学会遇到各种困难，而且不同班级的学情、班风都不一样，要顺利开展同伴阅读教学，就要根据学情制定目标。笔者所任教的班级班风良好，课堂有序，因此课堂教学目标可以集中在培养学生的学习与合作能力上。如果班级课堂秩序较乱，教师的教学目标应当首先侧重于利用小组合作的形式调控课堂纪律，规范秩序。

合理的分组是小组活动顺利开展的保障。在一年级下学期中段，笔者已经根据"同组异质，组间同质"的原则将班级分成10个四人小组，1个三人小组。每组有一名小组长，组长自律性高，学习能力强，有责任心，愿意帮助同学学习，是小组活动的组织者和管理者，不宜经常变化。而一年级的组长也没有管理的概念和方法，教师应对培养组长的管理能力制定持续性和阶段性目标。笔者将目标分为以下四个阶段：管好自己，树立榜样；管理同学，严中有爱；讲究方法，巧妙管理；机会平等，共同进步。各个组长的学习能力有差异，有的组长可能会较早达到某个阶段的目标，教师可以对这些组长提出下一阶段的学习目标；有的组长可能会较迟达到，教师需要对其多鼓励和帮助，也可以让其他小组长与他分享经验。

（二）环环相扣，灵活解难

小组的合作形式和组长的组织方法要随阅读任务的不同而变化。笔者的英语戏剧阅读课一般运用PWP模式。在读前阶段，教师精选出关键生词，让组长带领组员用多种方式认读生词，解决大部分生词的认读问题，增强学生的学习动机，提升学习自主性，也为理解阅读语篇做好准备。在读中阶段，小组要根据三个"重要原则"快速分好角色，进行听读练习，一起认真研究角色的表情、动作。在组员遇到困难时，鼓励小组一起了解同学的难题，帮助他、安抚他，给予他信心克服困难。其他小组的同学也不能嘲笑他，用同理心理解和尊重同学。在读后表演阶段，小组要整齐地上台下台，并在组长的指导下顺利地完成每一次的进出场，通过集体仪式感，增强合作意识。

（三）多元评价，激励为主

课堂教学评价要坚持学生的主体地位，学生是教学活动的主体，也应是评价的主体。学生互评具有很大的影响力，能促进合作学习，友善对待学习同伴的情操。教师的评价要有目的性和计划性，教师的评价应注重学生思维方式、方法的运用，创设多样的问题情境，从新颖、创新的思维角度去评价学生。教师的评价还要突出表扬激励。表扬激励是培养良好习惯的好方法，也是学生最喜欢的方式。

四、结语

在新时代对人才的要求和新课标理念的推动下，小学同伴阅读教学的必要性越来越突出，而开展同伴阅读教学的具体有效策略还需进行探究和优化。笔者在本研究中以经常运用同伴阅读教学方式的英语戏剧课为例，结合小学低年段学生学习特点，总结出在小学低年段有效开展同伴阅读教学的策略：分析学情，目标导向；环环相扣，灵活解难；多元评价，激励为主。本研究的局限性在于只研究了英语戏剧表演课中的同伴阅读教学，而没有研究其他阅读课型。还有，对于目前低年段的同伴阅读教学效果和对未来的影响，还需要未来进一步的实证研究。

感知、鉴赏、创造、分享，让美根植在孩子心中

——"水果大聚会"教学叙事研究

柴冬雪

审美教育是素质教育的重要组成部分，是学生实现全面发展的重要途径。美术作为一门艺术课程，更是在教学大纲上将审美教育放在举足轻重的位置。研读新课标我们可以看出，小学尤其是低年段的美术课在教学中不但要教授学生精湛的画艺，更重要的是培养学生高尚的情操和正确的审美观，并能对美术怀着终身的兴趣。因此，教师应该多关注学生的审美体验，通过美术课堂的熏陶来培养学生的审美感知力、鉴赏力和创造力，只有这样，才能让学生在以后的生活中感受身边的美，并能对客观事物有自己的审美理解。正如德国哲学家费尔巴哈说的那样："我自己虽然不是画家，没有亲手制作美的力量，我却有审美的感觉、审美的理智，所以我才感觉到在我外面的美。"本节课我运用实物、图片、平板等方法和科技帮助学生感知美、鉴赏美、创造美，并联系生活和家庭，让学生学会分享美。

一、直观实物感知美

感受与观察活动有利于学生建立敏锐的感官体验，开阔思维，从而提高审美感知力。因此，教师应在课堂上多借助审美媒介，创设美的学习情境，为学生搭建起连接感知与审美的桥梁。本环节我利用实物，采取启发引导和小组讨论两种方法，让学生从多个角度描述水果的特性，培养他们把握整体、关注细节的能力，并在此基础上向学生渗透水果的美，增强学生对美的感知。

【教学片段1】

1. 启发引导

师：这些水果可爱臭美了，它们都希望自己美丽的倩影可以留下来，所以它们立刻想起了二（8）班的小画家们，想请同学们用画笔将它们大聚会的场景描绘下来，你们愿意吗？

生：愿意。

师：真好，但是我们要描绘它们必须先了解每一个水果的特点，同学们，你们觉得可以从哪些方面来了解呢？

生1：外形。

生2：特点。

生3：颜色。

生4：味道。

师：刚才同学们回答了很多，那下面请同学们用刚才说的特点来形容一下火龙果。

（出示火龙果实物）

（出示平板页面）

师：什么颜色？

生：红色。

师：看看上面的图片，是哪一种红色？

生：最后一种，偏粉的红色。

师：除了这个颜色，同学们觉得还有什么颜色？

生：绿色。

师：同学们观察得很细心，那老师将这两个颜色勾起来，那么它的质感是怎样的呢？

生：粗糙。

师：哦，虽然它摸起来还是很滑的，但它身上有很多"鳞片"一样的结，所以质感还是比较粗糙的。老师将这个选项勾起来。那么，同学们又觉得形状是怎样的呢？

生：椭圆。

师：哦，椭圆形，非常准确。刚才还有同学说要找出它的特征，我们来看看它有什么特征。

生：它外面的皮有些水果没有。

师：是身上的鳞片吗?

生：是。

师：非常好，那我们就可以用平板将刚才同学们说的它的特点表现出来，看看老师是怎么做的。

将火龙果的外形用平板画笔功能描绘出来。

师：火龙果的颜色、质感、外形都有着独特的特点，同学们觉得火龙果美吗?

生：美。

2.小组讨论

师：老师在每个小组的桌子上都放了一个水果，同学们可以看一看、摸一摸，然后在自己的平板上将特点填上去。并在小组内互相讨论，思考一下这个水果还有哪些特点。

小组讨论，填写答案。

老师选取小组代表将答案投屏到大屏幕上，并让学生对水果的特点进行讲解。

教师对水果的特点和美感进行总结。

师：每种水果都有独特的颜色、质感和形状，都展示着它们独一无二的美感……

美从不缺席，只是我们时常忘了去感受。水果是我们屡见不鲜的物品，它的某些属性如颜色、形状、质感等具有不可忽视的审美意义，感知这些属性正是本课的教学目标之一。小学低年段学生观察事物往往只关注整体，比较笼统，不够精确，而直观实物法正可以通过看得到、摸得着的实物让学生对水果进行整体与细节的描述，进而感知美。

二、巧用图片鉴赏美

审美鉴赏力是人们对美认识、评价、分辨的能力，培养审美鉴赏力有助于提高学生对外界事物的直观把握能力，并逐渐形成以美的理解、美的规律去改造客观世界的能力，帮助学生形成文明的、健康的、科学的情感态度。所以，教师在设计课堂时应该充分利用各个环节让学生对美术现象进行评论与分辨，说出自己最真实的感受，这样不但可以开拓学生积极而独立的思维,还可以提高对审美对象的欣赏和评判能力。

【教学片段2】

师:我们已经了解了单个水果,那么将它们组合在一起怎样才能很美观、很漂亮呢? 让我们一起来对比一下。

(出示第一张图片)

师:你觉得这样摆放水果好看吗? 为什么?

生1:不好看,因为摆得很乱。

生2:不好看,太散了。

师:同学们观察得很仔细,这样摆放水果显得太杂乱无章了。

(出示第二张图片)

师:你们觉得这样摆放水果怎么样呢? 说说原因。

生1:不好看,因为西瓜把其他水果都挡住了。

生2:不好看,太挤了。

师:哦,西瓜这么大块头还想出风头,站在最前面把其他水果都挡住了,其他的水果都看不到了。

(出示第三张图片)

师:同学们觉得这样摆放好看吗? 说说你的见解。

生1:像列队一样。

生2:一条都是一个颜色。

师:哦,你发现了,颜色像列队一样,红色、绿色、红色,一二一,颜色搭配得不够均衡。

(出示第四张图片)

师:同学们觉得这样摆放怎么样呢?

生:好看。

师:同学们不约而同地说好看,这样摆放的确比之前的几种好看很多,位置不散不挤,大小和颜色的搭配也十分均衡,当然我们还可以精益求精……

【教学片段3】

师:请同学们看大屏幕,这幅美丽的水果大聚会是意大利著名画家卡拉瓦乔画的,叫作《水果篮》。同学们看看这幅画的色彩分配,整个构图都非常好,水果摆放也特别协调。下面请同学们看看这幅学生作品,这幅画美吗?

生:美。

师：美在哪里呢？请同学们评论一下。

生1：颜色搭配得很好。

生2：大的水果在后面，小的水果在前面，不会被挡到。

师：同学们观察得十分仔细，这幅画有种均衡、协调的美。再仔细看看，这幅画的水果还有纹理，如西瓜的花纹，榴梿上的刺，画得很逼真、很生动。下面这幅学生作品很特别，请同学们看看特别在哪里？

生1：菠萝是红色的。

生2：蓝色的草莓。

师：这幅画很有创意，很有想法，有种特别的美……

（出示多幅美术作品，学生评论与鉴赏）

爱美是人的天性，大多数学生对美丑有一定的认知力，但普遍都是直观而粗略的感受。无法关注到细节、特征和特别之处，也很难用语言表达出来。本节课我在两个环节中加入审美鉴赏力的培养，一是在教水果的搭配摆放时，运用图片进行对比；二是在欣赏范画时，运用图片进行评论。在这些环节，我着重引导学生感受，使学生理解什么是美，并鼓励他们用语言表述出来，使学生具有初步的审美能力和辨别美丑的能力，培养学生受用终身的审美观。

三、依托平板创造美

感受美、鉴赏美是为了更好地表达美和创造美。审美创造活动比其他活动更需要自己积极独立的思维，因此，教师在教学中应该选用恰当的方法唤起学生创造美的渴望，用适宜的难点去激发学生对美的发现与探索，及时引导，把学生对美的感知与认识转化为表达美创造美的能力。同时，孩子的思维力和想象力往往比大人更大胆、更丰富，教师一定要加以保护和鼓励，不要限制和禁止。在本节课上，我选用学生很感兴趣的平板技术，力求达到最有效的课堂效果，利用平板便捷的操控性、时效性和逼真感，让学生自己动手、自己实践，将个性的审美感受展示出来、创造出来。

【教学片段4】

师：同学们，你们想摆一下吗？

生：想。

（播放操作视频，教师讲解方法）

师：中间的图片是背景，同学们可以滑动选择自己最喜欢的，然后将上面和下面的水果拖到合适的位置，可以放大缩小，也可以进行旋转，看看谁摆放得最好看。

（学生在平板上操作）

（将学生的作品展示在大屏幕上）

师：请同学们看向大屏幕，有些同学已经摆好了，让我们一起来欣赏一下，看看他们摆放得好不好看。

（出示第一个同学的作品）

生1：不散也不挤。

生2：颜色搭配得也很好。

（出示其他三个同学的作品，进行逐一讲解）

心理学家米尔格拉姆认为："世界上所有美好的事物都是创造力的果实。"创造力的重要性不仅体现在个人身上，也对国家的发展、社会的进步有着重大的影响，其重要性不言而喻。在这一教学环节，我将具有创新性的平板教学技术与培养审美创造力融为一体，将生活化的背景和本节课的主题"水果"结合在一起，激发学生自己动手表现的欲望，最终提高审美创造能力。

四、联系生活分享美

美术新课标提出要注重美术课程与学生生活经验紧密相连。在这一环节，我将课程内容和生活紧密联合在一起布置课后作业，不但促使学生用已有的审美能力去改造生活，更让学生学会分享的美德。

【教学片段5】

师：今天同学们在课堂上画水果大聚会，回到家之后你们也可以拿出家里的水果在果盘上或桌子上摆放一下，让爸爸妈妈、亲戚朋友来欣赏一下你学到的水果大聚会，也教教他们怎样摆放水果更好看、更美观，好吗？

生：好。

分享是一种境界、一种智慧、一种快乐，是情感和品德的升华。小学低年段学生天真烂漫，十分乐意与人分享，教师要充分利用这一特质鼓励学生将自己的审美体验表现出来进行分享，这样有助于培养学生更高尚、更健全的人格。

【课后反思】

1. 关注个体审美差异

每个学生由于成长生活经历不同和智力上的差异、天赋上的区别等，在审美体验上存在着差异。美术这种艺术本身就没有统一的评判标准。美也一样，不同的历史时代、社会背景，不同的生活阅历对美都有不同的感受。教师往往更多地关注共性教育，而忽略了学生的个性观点，班级人数众多也是形成这一情况的重要原因。在"水果大聚会"这节课的审美鉴赏环节，我在教学中准备了四幅水果搭配的图片让学生对比，前三幅都是摆放得不太协调的，最后一幅是最美的。当然，绝大多数同学都按照我的设想回答了，可是有一个同学举手告诉我他觉得第一幅图也是美的。这个答案出乎我的意料，为了圆场，我回答他每个人都有自己对美的感觉，只要你觉得美，老师就尊重你的感觉。课后回想这一幕觉得处理得还欠妥，面对孩子天真无邪的想象与思考，我仅仅表示了肯定，并没有给予他阐述自己观点的机会，只是用一句话草草了结，也许这样的举动就扼杀了孩子展现个性的愿望，这是今后教学需要特别注意的地方。

2. 模仿不能僭越创造

模仿提供了人认识世界的基础，所以说模仿是创造的前提。在美术教育中，我们应该以模仿作为一种手段去促进学生创造力的发展。但模仿和创造怎样协调一直是我教学中的难题。平常的美术课上，我都会展示范画，让同学们注意优秀的艺术作品出色在哪里，有什么点睛之笔，在学生作画环节，我会用PPT在大屏幕上将范画滚动播放。在这节"水果大聚会"美术课上，我也同样加入了这样的设计，并且依托了平板这一技术，方便学生在作画时可以在自己的平板上左右滑动参考范画。画出来的作品的确效果很好，但非常可惜的是，学生在绘画的同时会不自觉地模仿范画的构图、色彩创意等，缺乏创意感。在培养创造美的环节，我用平板示范的水果树也成了学生争相模仿的对象。这些现象都引起了我深深的思考，模仿与创造都是美术课堂必不可少的部分，教师设计教学过程和方法时一定要权衡好两者的轻重。

"五步教学法"在信息课堂中的运用

——"实现电子表格自动计算"案例分析

高 悦

新课标指出，"能综合运用所学的知识和技能解决问题，发展实践能力与创新精神，发挥学生的主体作用"。新课标中所提的实践能力，就是指利用所学的知识解决生活中实际问题能力的具体体现。在教学过程中如何让学生自己学会将知识应用到实际情境中解决问题更成了重中之重，可是教学毕竟是一个教师引导学生学习的过程，如何让学生自主获取知识呢？

我校平实课堂在课堂中推进一种重要的教学方法叫作五步教学法。五步教学法分为前置学习、自主合作、释疑深化、展示交流、总结评价五个部分。这种教学方法将学生从原来的被动接受型转变为主动学习发展型，使学生的自主学习能力大幅提高。在这节课中，本人尝试用五步教学法解决学生自主学习的问题。

一、前置学习，目标导入

前置学习是五步教学法的引入步骤，让学生融入教学情境，自主学习。我通过制作动画设置"梦想的声音"校园歌手比赛场景，给学生提供一个与校园生活相关的情境，与上节课任务表格的设计联系起来。在动画中提出本节课的问题：怎么在短时间内从100位选手中筛选出10位进决赛的名单呢？

图1 "梦想的声音"校园歌手比赛

动画播放完后，本节课的问题浮现出来，教师带领学生确定本节课的任务和方法。让学生清楚本节课要完成的任务是什么，为学生自主完成任务做好铺垫。

师：我们怎么从100位选手中选出10位选手进入决赛？

生1：分数高的同学可以进入决赛。

师：那我们来看一下表格，看看我们需要计算什么。

全班：右边空着的部分。

"梦想的声音"校园歌手比赛评分表

评委1	评委2	评委3	评委4	评委5	评委总分	最高分	最低分	实际得分	名次
83	86	76	83	70					
85	94	89	85	89					
73	71	86	73	86					
86	88	84	80	95					
85	89	72	90	83					
71	89	88	70	81					
94	95	83	77	77					
71	84	87	70	81					
84	72	84	84	77					
75	83	85	82	85					
70	76	84	93	72					
82	82	94	79	90					
71	74	93	70	89					
86	93	90	78	74					
93	75	85	83	86					
77	93	76	94	90					
83	80	76	94	78					
72	72	90	70	80					

师：对，第一列评委总分怎么计算？

全班：5个评委的分数相加。

师：这里我提示一下，最高分其实是5个评委分数中的最大值，那最低分是？

全班：最小值。

师：上节课我们看到了很多节目，它怎么计算选手最后得分？

全班：去掉一个最高分，去掉一个最低分，其余三个评委的分数取平均值。

师：取平均值是除以几呢？

全班：除以3。

师：那最后排名是根据前面四列中的哪一种得分排名的呢？

全班：实际得分。

师：好，我们已经确认了本节课需要完成的学习目标了，现在我们就来实际操作了，怎么在一节课内算完这些成绩呢？

生2：用手算。

生3：用计算器。

师：这些能在一节课中算出来吗？

全班：很难。

师：那今天老师就教你们一种方法，我们使用电子表格自动计算。

分析： 教师和学生一起明确本节课需要完成的任务和采用的方法，学生根据教师的引导思路回答本节课的问题，一起找出计算方法。明确本节课的学习目标后即可分小组自主学习。

二、自主合作，展示交流

本节课将自主合作部分和展示交流部分合在一起。自主合作部分分为三个部分实现，分别运用三种方法：小组合作探索、阅读书籍学习和视频分段教学。展示交流部分则是每次活动后，教师选取完成任务最快的小组派代表上台展示交流自己的方法，其他小组也可以分享不同的方法，实现学习多元化。

探究活动1： 用公式在1分钟内计算所有同学的评委总分。

师：现在请同学们分组思考一下怎么运用公式在1分钟内计算所有同学的评委总分，2分钟后我请完成得快的小组为大家展示。

（学生计算评委总分，教师邀请一个小组的同学上台讲解并展示）

师：有多少位同学做出来了？

（学生举手）

师：有没有同学知道刚刚这位同学执行的步骤叫什么？

生1：刚才他使用了自动向下填充。

师：很好，有没有同学知道自动向下填充是什么含义？

生2：复制公式。

师：对，那为什么可以用复制公式呢？

全班：因为计算方式是一样的。

师：很好，哪位同学能告诉我复制出来的公式单元格引用有什么变化规律吗？

生3：1，2，3，4，…这样变化的。

生4：递增的。

师：什么在递增？

全班：行标在递增。

师：对，列标不变，行标和生成结果所在单元格一致。

分析：学生一般看书知道怎么做，但不会讲出来。所以在课堂上，如果学生不会讲，我会鼓励他从书中找到专业词汇，再让其他同学为他讲解专业词汇的含义。如果学生总结能力较差，先鼓励他们进行总结，最后我再总结。在这样的过程中，学生参与度高，知识点记得牢固。

探究活动2：计算所有同学的最大值、最小值。

师：刚才我们学习了用公式计算评委总分，请问你们可以写出最大值的得分是什么吗？

（学生迷茫，用公式难以表达）

师：在进行一些复杂的计算或大量的统计时，如果编辑出对应的"公式"就会遇到麻烦和困难。为了方便用户，Excel中已经包含了能自动进行各种计算或统计的"公式"，把它们称为"函数"。请同学们阅读第81页，看一看怎么运用函数解决问题。

（学生阅读书籍解决问题，教师观看学生制作成果）

师：5分钟后我邀请一个小组的同学为大家展示。

（5分钟后）

师：同学们用了什么函数？

全班：最大值和最小值函数。

师：那我请一位同学演示一下怎么使用最大值和最小值函数。

（学生演示）

参赛歌曲	评委1	评委2	评委3	评委4	评委5	评委总分	最高分	最低
feded	83	86	76	83	70	398	=MAX(G2:K2)	

图2 最高分计算表

师：函数会为我们确定一个计算范围，在函数括号中用冒号"："连接两个单元格名称表示一个连续的计算范围，称为"单元格引用区域"。对于"计算范围"不符的，我们可以进行修改。那么，现在请同学们计算实际得分，小组互相帮助完成进度。

分析：知识的获取不能够只靠教师讲解，学生学习，让学生自己从书籍中获取知识，有时候学生思考得会更多，效果反而更好。由学会的学生向获取书本知识能力较差的学生展示交流方法，相比教师教学，学习效果更好。

探究活动3：计算所有同学的名次。

师：刚才你们计算实际得分用的什么方法？

生：用公式计算的。

师：在计算实际得分的时候要注意括号的使用。

师：现在只剩名次没有计算了，在你们的共享里有一个视频叫《RANK函数使用小秘籍》，请你们根据视频学习怎么排名。

（学生观看视频完成排名）

图3 RANK函数使用表

分析： 排名函数是一个相对较难的内容，此处教师设置分层学习。学习能力较差的学生可以多看几遍视频，根据视频一步一步完成任务。对于较难的任务，采用分层学习可以让每一个学生都能够完成任务，得到满足感。

三、释疑解惑，深化认识

针对课堂中出现的集体性有难度的问题，如本课中"绝对引用"的定义部分，由教师讲解原因和相关定义，再让学生解决问题。

师：你们排完名次之后有没有发现什么问题？

生：好像名次不是很对，有很多第一名。

师：对的。那我们来看一下问题出在哪里。

（教师切换屏幕，学生观看）

师：刚才第一位同学的名次明明是对的，你们用什么方法计算的所有同学的得分？

生：自动向下填充。

师：或许这里就是问题所在，我们来看一下。

（教师展示引用位置的单元格区域变化，引导学生发现问题）

师：为什么最后一位同学排名是第一名？我们看，他自己在和自己比较当然是第一名啦。我们刚刚讲了引用位置的单元格区域在复制公式的时候会发生相对变化，为了避免这种变化，我们要将其固定住。请同学们阅读第83页最后一段"绝对引用"的定义和第84页"绝对引用"的使用方法。

师：我们用什么符号固定住引用区域？

生：美元符号！

（教师演示并讲解）

fx =RANK(O2, O\$2:O\$133)

图4 函数表

师：对的，Excel中规定可以在单元格的行号或列号前加上一个"＄"符号，以表示把所引用行或列"固定"下来，称为"绝对引用"。把RANK函数中第二项参数O2：O101改为O＄2：O＄101，然后再进行复制公式的操作，就会发现这次的排名结果是正确的了。

（学生解决问题提交作业）

分析：在课程中总会遇到一些问题，一些小的问题可以由学生展示给大家看，让其他同学帮助解决，而一些较难的问题则通过学生发现，教师进行讲解，在释疑的过程中同时讲解问题的知识点，让学生明白如何解决问题。

四、展示作品，总结评价

师：今天同学们的表现很棒，在一节课内帮助工作人员完成了成绩的计算。现在我们来展示小组作品，看一下哪个班的同学获得了第一名。

（学生上台展示自己制作出来的表格，分享不同的方法）

师：我们今天学习了什么？

生1：用公式计算分数。

生2：用函数计算分数和名次。

师：都用了什么函数？

生3：最大值函数、最小值函数、RANK函数。

师：这节课大家学会了没有？

全班：学会了。

师：相信这节课过后，如果有什么表格方面的数据问题，同学们也能够运用电子表格实现自动快速计算的方式处理。今天大部分同学做得很好，甚至有的同学也按升序排出了名次。其实电子表格计算的方法不止一种，如总分可以用函数计算，排序可以用升降序排序，这些都等待着你们去探究、去思考。相信同学们可以找到更多的方法解决问题。

【教学反思】

第一，五步教学法是以自主、合作、探究为本质，以"三维目标"为目标，以发展学生为方向。在教师的引导下，学习目标、学习内容、学习过程全方位开放。通过学生自主学习、深入研究、动手实践去发现新知识、掌握新概念、解决新问题，在构建新知的过程中，获取经验，发展能力。课堂上用丰富多彩的主体性学习活动取代单一的讲解接受式学习，促使学生由被动接受走向主动探究，进而培养学生自主学习、主动成长的意识和能力，让学生在掌握知识的同时发展智慧。这样的教学方法真正实现了生本教育理念下以学生为学习的主人、为学生好学而设计的教育理念。

第二，实现电子表格自动计算这节课是初一课程中实际操作相对较多、学生兴趣较浓的课程，本节课的设置，学生自主学习效果很好。通过本节课的学习，大部分学生可以解决本节课的任务，遇到相似的问题也能够想到用电子表格来解决。通过本节课的学习，学生学习用自己思考的方法解决问题，培养自己思考问题的意识；通过本节课的学习，学生学会使用多种获取知识的方法，获得了满足感。在小组合作环节和"小老师"环节，都可以培养学生的表达能力和合作能力，实现对学生多方面能力的培养。

第三，在之前的课程中也有培养学生自己思考问题的意识，但学生还是习惯性地想要依赖老师获取知识。所以本节课采用五步教学法，通过小组合作、阅读书籍、视频教学种种方式让学生自己思考解决问题。五步教学法的每一个教学环节都是相互连接的，首先前置学习设置情境让学生融入环境，知道自己这节课要解决什么问题；引领学生自己思考、搜索方法解决问题，小组之间合作交流；对于较难的问题，教师统一讲解释疑深化；最后点评作品总结本课学到的方法。这节课使用五步教学法自主学习最大的优点在于学生参与度和积极性很高。大部分同学可以完成任务，在过程中如果做得快一点或者发现一些新的方法，学生就会十分开心，也愿意给其他同学讲解。在课堂上形成了学生与教师之间、学生与学生之间的良好互动。

综上所述，在教学中结合生本教育理念，采用五步教学法，真正地把学习的自主权还给学生，引导他们自己去探索、去发现，在反复验证的过程中学习知识，成为学习的主人。

探索问题化探究式教学　提高平实课堂效率

——"浮力"教学案例

曾　蔓

　　课堂提问是艺术性很强的教学手段之一。随着对发展智能的日益重视，如何有效地进行课堂提问成了一个值得认真研究的课题。教师要善于设置复杂的、有意义的问题系统，通过解决系列的物理问题，来学习隐含于问题情境背后的科学知识，形成解决问题的技能，并形成自主学习的能力。教师提问艺术水平的高低直接影响着课堂教学的效率，甚至影响着教学质量。有经验的教师总是善于在课堂教学中巧设疑问，层层递进、深浅适度、灵活多样的提问常常激发学生的思维兴趣。提问是增进师生交流，集中学生注意力，促进学生思维，调动学生主动参与教学活动，推动学生实现预期目标的基本手段。

一、物理课堂提问存在的问题

当前课堂提问存在的主要问题如下。

1. 提问目标指向不明确

表面性提问，旨在追求热闹场面，问题浮皮潦草，要求一问齐答，表面看轰轰烈烈，实则空空洞洞。要解决什么问题不清楚，也不具体。

2. 提问很零碎，不系统，习惯性提问

问题未经精心设计，每讲一两句便问"是不是""对不对"，形同口头禅，发问不少，收效甚微。缺乏环环相扣的逻辑体系，导致学生对所学内容的掌握也表现出零散和不系统。

3. 提问时感情用事，惩罚性提问

发现某一学生精力分散，心不在焉，突然发问，借机整治。抑制其他学生思维，导致教学的生态环境恶化等。这些类型的提问利少弊多，甚至不如不问。

二、物理课堂提问的策略

我们在教学中要有效地激发学生思维，发展学生智能，必须在课堂提问的艺术性上下一番功夫。就我执教的"浮力"课堂教学中的课堂提问，我简单地谈几点课堂提问的策略。

（一）依据教学需要，关要之处设问

1. 在理解教材的关键处精心设问

【教学片段1】

学生小组活动，感受浮力的存在，加深对浮力的认知，认识到浮力的方向是竖直向上的，施力物体是液体。

感受浮力：

① 将乒乓球按入水中慢慢浸没，说出你的感受。松开手后观察乒乓球的运动情况。

② 将小木块按入水中慢慢浸没，说出你的感受。松开手后观察小木块的运动情况。

③ 先将圆柱体提在手中，感觉一下它的自重，然后慢慢浸没在水中，说出你的感受。松开手后观察圆柱体的运动情况。

生1：感受到越往下压乒乓球越费力，松开手后乒乓球向上运动。

生2：感受到木块浸入水中越多，需要的力气越大，松开手后木块向上运动，最后漂在水面上。

生3：感受到水中的圆柱体比在空气中轻了，松开手后圆柱体向上运动。

分析： 教材的关键之处是指那些对学生的思维有统领作用，"牵一发而动全身"的地方。认识和感受浮力就是本节课的关键之处，教师提出学生应该感受什么，观察什么，只有明确感受的目标和准确的观察定位，才能深切地感受到浮力实实在在就在身边，才会激发学生更有兴趣地思考和研究浮力的相关内容，达到使学生由感性到理性的自然过渡目的。教师在此处精心设计问题，也为后续更好地理解浮力的大小与哪些因素有关做好铺垫，突破本节课的重点。

2. 在学生认知矛盾的焦点处精心设问

【教学片段2】

学生通过体验感受知道上浮的物体和下沉的物体在水中都受到浮力。

图1　乒乓球演示实验

教师提出问题：一切浸在水中的物体都受到液体给它的浮力，是吗？

生回答：是的。

教师演示乒乓球在水中不受到浮力的实验。

生：……

教师演示"浮力产生的原因"实验。

学生恍然大悟……

分析：学生在认知最感到困惑的地方往往也是教材的难点和重点之处。本节课的难点就是浮力产生的原因，学生在固有生活经验的驱使下，想当然地认为浸在液体中的物体一定受到浮力，此时设疑提问，容易引起学生的积极思维和兴趣。通过对比实验、讨论和启发，学生便很容易接受和突破浮力产生的原因这一难点。

（二）组成简单合理的问题结构

【教学片段3】

探究测量浮力大小的方法。

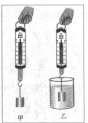

图2　浮力对比演示实验

师：漂在水面上的木块和浸在水中的圆柱体处于什么状态？

生：静止状态。

师：是平衡状态吗？

生：是。

师：受到哪些平衡力？

生：小木块受到重力和浮力的作用，圆柱体受到重力、拉力和浮力的作用。

师：这些力之间有什么大小关系吗？你能得出计算浮力大小的公式吗？

生：$F_浮=G$（漂浮）　　$F_浮=G-F$（下沉）。

师：你能根据计算浮力的公式探究出测量浮力大小的方法吗？

生：用测力计可以测量物体受到的浮力。

师生共同讨论得出测量的方案。

分析： 设计问题合理，即提问的内容在哪个范围内，提问大而无当或提问范围太狭窄，都会影响提问本身的实际意义与价值的大小。提问的预设必须明确，能给人以清晰鲜明的认识，设计的结构不仅要合理，还要简明，有利于学生理解其含义。测量浮力的大小实验如果没有任何的预设和明确的提示，就是让学生直接得出测量浮力大小的方法，学生会感到无从下手，思考便没有方向性，学生会失去思考的兴趣，更谈不上积极思考。所以，我具体从受力分析的角度抛出问题，逐渐启发学生如何通过计算浮力的大小来讨论得出测量浮力大小的方案。强化学生的思维，促进学生积极思考。

（三）设计恰当的问题难度与坡度

【教学片段4】

探究浮力的大小与浸入液体体积的关系。

师：圆柱体浸入水中受到的浮力大小就是测力计在空气中的示数与在水中的示数之差，在老师逐渐将圆柱体浸入水中的过程中，你发现测力计的示数差是否在改变？也就是浮力是否在改变？

生：浮力在改变。

师：浮力改变的原因是哪个因素在改变呢？

生：圆柱体浸入水中的深度变了。

师：好。同学们继续观察，我逐渐加大圆柱体在水中的深度，同学们重点观察：当圆柱体完全浸没在水中逐渐增加深度的过程中，浮力的大小是否发生改变？

　　生：浸没后，圆柱体受到的浮力不变。

　　师：浸没后圆柱体的深度在增加但所受的浮力不变，说明浮力的大小与深度有关吗？

　　生：说明浮力的大小与深度无关。

　　师：那改变浮力大小的因素到底是什么呢？

　　生：是物体浸入液体中的体积。

　　得出猜想：浮力的大小与物体浸入液体的体积有关。

　　分析：设计恰当的问题难度是指教师的提问应遵循一定的认知规律，从学生的认知能力、已有的知识和经验出发。影响浮力大小的因素是浸入液体的体积和液体的密度，学生通过平时的生活体验很容易猜到与液体的密度有关，那么本实验的猜想难度就在于浸入液体的体积这一因素，学生容易猜到与物体的体积、物体的重力、物体在水中的深度等因素有关，造成毫无目的地乱猜，同时对实验得出正确的猜想产生干扰。我采用由表及里、由浅入深、层层递进、逐渐搭建阶梯式提问方法，同时在提问的过程中向学生抛出恰当的信息资料，进行一定的思路引领，帮助学生扫清障碍。这样，学生在教师的启发和引领下通过自己的努力，拾级而上，答疑解难，直到认知的最高处。

　　总之，在平实课堂教学实践中，教师需要认真钻研提问的技巧，深入探究教学提问的艺术，提高教师教学提问的艺术修养，对于保证和提高课堂教学质量，落实新课标倡导的课堂教学理念具有极为重要的现实意义。

追寻平实的物理课堂，重视学科素养的培养

——以"串联和并联"教学的实验活动设计为例

王伟芳

"连接串联电路和并联电路"实验是《义务教育物理课程标准（2011年版）》中规定的学生必做的20个实验之一。生活中看似复杂的各种电路都是由这两种基本电路组合而成，而学生在小学阶段已经对串、并联电路的知识有了操作性的了解。让学生在课堂学习体验中深入认识串、并联电路并掌握其特点，笔者对该课题教学的相关实验活动做了如下设计。笔者在深圳市坪山区2019年度物理学科公民办学校同课异构活动中践行该活动设计，获得区内其他学校老师的一致肯定。

一、通过平实的对话来构建正确的物理概念

活动1：认识串、并联电路的概念

国庆节马上就要到了，为了庆祝中华人民共和国70岁华诞，老师特意购买了灯笼来装饰自己的小家。请看，老师给灯笼装上了两只会发光的眼睛（教师操作，让灯笼的两只眼睛同时亮同时灭，见图1）。紧接着要求学生设计电路图，用一个开关控制两盏灯，让灯笼的两只眼睛亮起来，并按照电路图连接实物图。

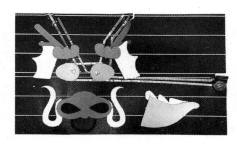

图1

学生基本能设计出串联电路的电路图并能正确地连接好实物电路。部分同学还能设计出并联电路的电路图，但并联电路实物图连接反馈的情况不太乐观。为了让学生突破这一重难点，教师可以在黑板上引导学生按照并联电路的电路图来连接好实物电路。然后，学生利用提供的实验器材独立连接并联电路，闭合开关检验所设计的电路是否满足设计要求。

师：同学们，还有其他设计吗？

生：没有了。

师：仔细观察一下，这两个电路图的用电器在连接方式上有什么不同？

生：左图的用电器是一个挨着一个连起来的。

师：也就是说，左图的用电器是依次相连的，我们给它起个名字：串联电路（板书）。右图呢？

生：并着连起来的。

师：用电器并列连接，我们叫它并联电路。这就是我们今天要学习的串联和并联。串联电路和并联电路都能让灯笼的眼睛同时亮同时灭。打个比方，串联电路的用电器依次相连，就像手链一样串成一串；并联电路的用电器并列连接，就像我们的坪山河有干流和支流一样，并联电路也有干路和支路。打开书本第41页，找到串、并联电路的电路图并标出电流的方向，这时大家有什么发现？

生：串联电路的电路路径只有1条，而并联电路的电路路径有2条。

师：说得非常好。在并联电路中，我们把从电源正极到a点，从b点到电源负极，电流没有出现分支的这部分叫干路，而ab之间的电流出现分支，我们把它叫支路。

为了更好地让学生理解串、并联电路的电流路径上的区别，接下来，教师安排了学生识别电路图的练习（见图2），要求学生说出判断的依据。

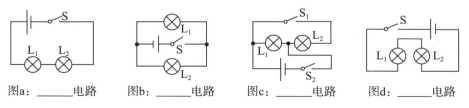

图a：_____电路　　图b：_____电路　　图c：_____电路　　图d：_____电路

图2

设计意图： 语言是师生沟通的桥梁，平凡朴实的语言往往能取得有效的沟通效果。教师运用平凡朴实的语言给学生创设真实的生活情境，提出设计一个开关控制两个灯泡的电路图的要求，并让学生根据电路图动手尝试连接电路。学生亲自参与，学习兴趣和积极性高涨，并在教师平实的语言引导下通过分析、比较，认识串、并联电路及相关概念。

二、通过平实的探究来发展缜密的科学思维

活动2：探究串、并联电路的连接特点

教师展示改进过的可以只眨左眼或者只眨右眼的灯笼。请学生思考该灯笼的电路连接方式，进而引导学生探究串、并联电路的其他特点。

学生按小组分工合作，做好实验记录，填写好如下实验记录表（见图3）。学生实验结束后，上台分享他们的探究成果，说出观察到的实验现象及得出的实验结论。学生上台展示汇报环节，笔者还增设了要求学生结合所学从理论上解析相应的实验现象。

串联电路	（1）闭合开关S、S_1、S_2观察到_____； （2）仅断开开关S观察到_____； （3）仅断开开关S_1观察到_____； （4）仅断开开关S_2观察到_____； 串联电路中，开关的控制与开关的位置_____，它控制_____电路。
并联电路	（1）闭合开关S、S_1、S_2观察到_____，断开开关S、S_1、S_2观察到_____； （2）仅断开开关S观察到_____； （3）仅断开开关S_1观察到_____； （4）仅断开开关S_2观察到_____； 并联电路中，_____开关控制整个电路，_____开关控制所在电路。

图3

最后，学生在教师的带领下再次归纳总结串、并联电路在连接方式、电流路径、工作特点及开关作用上的连接特点。

设计意图：在探究串、并联电路特点的实验中，学生小组合作完成实验探究，派代表上台汇报实验结果，并回答来自其他小组同学和老师的提问，

在这一问一答中，学生的科学思维得到进一步发展。学生通过实验得出结论，会更好地记住并理解串、并联电路的特点而加以运用，为下面判断生活中电路的连接方式做知识上的铺垫。

三、借助平实的应用来提升科学态度与责任

活动3：生活中的串、并联电路

学生判断会眨眼睛的灯笼上的两个灯泡的连接方式并说出判断的依据。学生举出生活中的串、并联电路的一些应用例子并说出判断的依据。教师要重点引导学生关注日常生活现象，如教室的灯、汽车大灯和转向灯、节日小彩灯等，让学生将所学知识应用到生活中。

随后，教师引出走廊灯：白天，不管发出多大的声音，楼道的灯都不亮；夜晚，没有人经过时也不会亮，只有人走动发出声音，电路才会接通，灯也就亮起来了。

为了将一个灯的灯笼改造成走廊灯那样，教师带来了两个开关：一个光控开关，有光时开关打开，没光时开关闭合；一个声控开关，无声音时开关打开，有声音时开关闭合。要求学生根据夜晚有人经过发出声音才会发光，设计出电路图。

设计意图： 设计走廊灯这一活动注重学生所学内容与现代生活的联系，关注物理知识带来的生活便利，有助于培养学生的社会参与意识和社会责任感。让学生运用串、并联电路的特点，联系生活实际，辨别生活中的一些电路是串联还是并联，并在老师的引导下进行简单电路的设计，学会理论联系实际，充分体现了"从生活走向物理，从物理走向社会"的理念。

总之，本节课以三个实验活动为线索贯穿一整节课，学生一步步深入探究串、并联电路的特点，整节课的学习探究氛围非常浓厚，学生的物理核心素养在活动中得到进一步发展。

基于生命科学素养　形成生物平实课堂

——以"人体对外界环境的感知"第一课时教学设计为例

蔡晓霞

一、教材分析及学情分析

　　"人体对外界环境的感知"是人教版七年级第四单元第六章《人体对生命活动的调节》中的第一节内容，本节课第一课时先从人们对外界信息的感知入手，引出眼和视觉。

　　本节内容与学生生活密切相关，学生对视觉有一定的了解，但是他们往往并不了解眼球及视觉的形成过程，且本节课的内容较为抽象，因此要把抽象的内容形象化。教学中笔者通过学生亲自动手拆装眼球模型，完成对眼球结构的学习，通过分析人眼球结构模型与照相机结构示意图，了解眼球的结构与其功能的适应性，在较好地理解了生物学概念性知识的基础上形成生物结构与功能观，以培养学生的生命观念。本节课以学生为主体，开展模仿电视栏目进行小组竞赛活动，激发学生的学习热情，通过小组交流讨论，归纳概括，培养学生的理性思维；通过阅读资料——角膜移植、捐赠情况，培养学生健康生活、关爱生命的社会责任感。

二、设计思路

（一）定标导学

　　根据教学内容和学生的实际情况，设定教学目标并投影展示，导引整个课堂教学，以提高学生学习的主动性。

（二）自主合作

　　根据教学内容设计自学指导题，让学生带着问题自学，并通过合作探究，共同解决疑难问题。本节课，利用小组拆装眼球模型及仿照电视节目等，小组讨论交流，在合作中共享知识，同时加深对结构与功能相适应的理解，形成生命观念，培养学生合作交流能力。

（三）释疑深化

解决学生暴露出来的带有共性的疑难问题，通过点拨和引导，把学生的思维引向更深。本节课，通过仿照医生问诊台，对图片进行观察、比较、归纳，在小组合作中解决疑难问题，培养生命科学素养中的理性思维。

（四）主体提升

课程标准对"社会责任"的界定为：基于生物学的认识，参与个人与社会事务的讨论，做出理性解释和判断，解决生产生活问题的担当和能力。本节课，通过角膜移植和捐赠的故事资料，培养学生健康生活、关爱生命的社会责任感。

（五）评价小结

对照学习目标，让学生回顾本节内容，加深对本节生物核心概念的构建，在理解结构与功能相适应的基础上，再次强化生命观念。完成自评互评表，检查对知识和技能的掌握情况，了解学生的学习过程，多元评价更有助于实现"教学相长"。

三、教学目标

依据课程标准并围绕培养学生核心素养的要求，制定了如下教学目标：

（1）能描述眼球的结构和主要功能，知道视觉的形成原理和预防近视的知识。

（2）通过分析人眼球结构模型与照相机结构示意图，了解眼球的结构与其功能的适应性；通过分析外界物体在视网膜上的成像示意图及图片对比，了解视觉形成的过程，培养学生理性思维。

（3）通过联系实际，使学生注重自我保健，养成良好的生活习惯，培养他们热爱生命的社会责任感。

四、教学过程

（一）定标导学

设定教学目标，通过游戏导入后，展示学习目标。导入：游戏"猜猜这是什么"活动，教师出示一袋物品，让一名学生在蒙着眼睛的情况下去猜想，然后展示学习目标。

设计意图： 人们可以通过各种感觉从外界获得信息，但是从外界获得的信息中，大多来自视觉。小游戏导入，再直接展示学习目标，在明确学习目标的情况下，激发学生对新知识的渴望。

（二）自主合作

1. 眼球的结构

教师引导学生参照书中插图，自学眼球的结构，小组拆装眼球模型并两两过关眼球主要结构的功能。再仿照电视节目，进行小组选环节竞赛（如科学实验站、最强大脑、一站到底）。

2. 视觉的形成

引导学生阅读课本第79页最后一段至第80页第一段（重点是图4-48），用结构名称和箭头表述视觉形成的过程。让学生通过自学和小组间合作，亲自动笔写视觉的形成过程，在老师的指导下提高学生的认知过程。

3. 近视成因及其预防

引导学生自学了解近视的成因，反思自己的用眼习惯。教师提问：你会如何预防近视？通过自学和讨论老师设下的问题并借助直观动画来加深对这一抽象知识的理解，增进学生的爱眼意识。

设计意图： 通过小组拆装眼球模型活动及仿照电视节目等，让学生在合作中共享知识，同时加深对结构与功能相适应的理解，形成生命观念，培养学生合作交流的能力。

（三）释疑深化

仿照医生问诊台：出示两幅不一样的图片（近视眼和远视眼），找出两幅图的不同点，判断哪个是小明的视力情况，哪个是妈妈的视力情况，小明的视力应该怎样纠正？

设计意图： 通过仿照问诊台这样的平台，可以让学生体验到职业医生的严谨性，再通过点拨和引导，通过图片的观察、比较、归纳，解决视觉形成的疑难问题，培养学生生命科学素养中的理性思维。

（四）主体提升

先让学生体验蒙眼走路的活动，再阅读课本第86页"科学·技术·社会"了解角膜移植、角膜捐献和人造角膜，出示中国及斯里兰卡角膜捐赠情况的资料，让学生分析中国与斯里兰卡情况不同的原因。

设计意图：通过小活动，让学生换位体验有视觉障碍人群的感受，再进一步借助角膜捐献资料引导分析讨论，让学生学会关爱和帮助有视觉障碍的人群，培养学生健康生活、关爱生命的社会责任感。

（五）评价小结

教师提问：通过本节课的学习，你知道了什么知识？你还有什么问题？用小组内成员结合自评互评表进行评价。

学生自评互评表

本节课学习过程中的表现		评价等级				评价类别		
		优	良	中	差	自评	组评	总分
知识技能	1. 能说出眼球的结构和主要功能	4	3	2	1			
	2. 通过分析对比图，知道视觉形成的过程	4	3	2	1			
	3. 通过联系实际，能进行眼球保健预防近视	4	3	2	1			
小组合作	1. 能与同学积极主动地交流	4	3	2	1			
	2. 能认真听取其他同学的意见	4	3	2	1			
	3. 能流畅地表达自己的观点和意见	4	3	2	1			
	4. 在活动中能帮助其他同学	4	3	2	1			
	5. 在小组任务中，能勇于担当，不推卸责任	4	3	2	1			
	6. 在讨论过程中，思维活跃，但不偏离主题	4	3	2	1			
学习状态	1. 感觉轻松、活跃、精力充沛	4	3	2	1			
	2. 能积极、主动地投入学习	4	3	2	1			
	3. 对所学内容很感兴趣	4	3	2	1			
	4. 能管住自己，也能对自己负责	4	3	2	1			

设计意图：让学生回顾本节内容，谈谈自己的收获，加深学生对生物学基本核心概念的构建。再让学生结合自评互评表，检查对知识和技能的掌握情况，及时了解学生的学习过程，多元评价更有助于实现"教学相长"。

【课后反思】

基于课程标准的要求，笔者认为：教师进行教学设计时，首先，要理解生命科学素养是实现"立德树人"的根本任务之所在，要仔细分析并挖掘教材内容中隐含的育人价值，并细化落实到每节课堂教学中去，始终将学科核心素养作为教学设计的出发点和落脚点。其次，秉承着"以学生为主体"的理念，通过开展小组自主合作学习的形式，落实到课堂教学设计中，有意识地创设动手实践、合作交流、平台展示等环节，让学生在合作学习中发展科学思维，培养团队精神，具有解决实际问题的能力和担当。

本节课，通过定标导学、自主合作、释疑深化、主体提升、评价小结等主要环节，在课堂教学中以小组自主合作的形式开展活动学习，从而落实生命科学素养教育。在生命科学素养的导向下，本节课利用小组拆装眼球模型活动及仿照电视节目等，小组讨论交流，在合作中共享知识，同时加深对结构与功能相适应的理解，形成生命观念；开展模仿电视栏目进行小组竞赛活动，激发学生的学习热情，再通过小组交流讨论，概括归纳视觉形成过程，培养学生理性思维能力；通过阅读角膜移植、捐赠资料，培养学生健康生活、关爱生命的社会责任。通过本节课例，彰显生物教学独特的育人价值，努力实现从"学科教学"向"学科教育"的转变。

第四章 教研案例

无问西东话苏轼

——《走近苏轼》教研案例

语文教研组

小立课程　大做功夫

庄泳程

郭思乐教授在《教育激扬生命》里，就学生观、教师观、课程观做了清晰而生动的定位，本人读来颇有醍醐灌顶之感。于学生观，郭教授认为教育的本质是学生的生命发展，这种发展必须通过自己的自主学习来实现。这种学习不是刻意的，而是自然发生的，就像吃饭喝水一样，是无须教的；于教师观，郭教授认为教师是学生发展的帮助者，教师不是纤夫，而应该是牧者，牧者就要把牛羊带往水草丰美的地方让它们自己吃草，教师就是要为学生提供优质的课程让学生自己去学习；于课程观，郭教授认为课程变革的关键在于国家课程教师化，教师课程学生化，教师能否具有课程转化能力，将直接决定课程面貌。

细悟郭教授的观点，我认为教师、学生、课程三者的关联可以这样表述：教师将国家课程转化为教师课程直至学生课程，学生借助教师转化的课程，依靠自主学习，来实现生命的有效发展。可见，教师的课程转化能力处于重要的位置。

教师的课程转化能力当然包括课程的开发能力。由此，我想起了朱熹所说的"小立课程，大做功夫"。"小立课程"当然是指课程的精简，"大做功夫"则在于学生拥有学习的天性和潜能，通过自己的学习活动，能获得反映人类高深智慧的知识。这就启示我们，教师开发课程可从小处着眼，从小系统入手，当一个个小系统建立起来的时候，大的学习系统也就悄悄建立了。

基于以上思考，我总是结合自己的兴趣特长所在，适时推出一些小而精的课程，以期在课本（正餐）之外，适时、适量地给学生增添一些成长所必需的精神营养。更为难得的是，我还找到了一群有共同兴趣的知音，组成了一个团队，并先后开发了"文化名人微课程""文学名著微课程"等系列课程。

当然，开发出来的课程是否真的适合学生，会不会拔高而显得儿童视角不足，会不会降低而显得缺乏文化味，都需要到实践中去检验和衡量。

作为苏轼的一个超级粉丝，我曾阅读了大量的苏轼作品，看过各种关于苏轼的纪录片，精读了林语堂的《苏东坡传》，一次次沉醉于苏轼诗词下那美好的意境和天马行空的想象力，一次次震撼于苏轼在别人的苟且中活出自己潇洒的豁达和生命领悟力，这一种沉醉、这一份震撼，我迫切希望与学生分享。于是我开发了一个《有趣的苏轼》的微课程。

苏东坡不仅是奇才、全才，更是一个可亲可敬的人。余秋雨认为，苏东坡身上体现的是一个可亲可爱的形象。选择"有趣"作为走近苏东坡的视角，不仅是为了让学生趣中得学，学中得趣，更是为了让学生感受到一个可亲可爱的苏东坡形象。整个微课程设计为三种课型：阅读教学课以"志趣""雅趣""情趣"为纲，以苏轼各个时期的代表作品为目，借由具体的文学作品让学生感知苏轼之人品与文品。实践探究课以"读万卷书，行万里路"为实践探究活动口号，展开阅读甚或实地观摩之旅。展示交流课以"东坡留响"为主题，通过吟诵东坡诗、饰演东坡剧、临摹东坡字、参与东坡诗词大赛等活动形式，展示学习探究成果，达成对苏东坡作为华夏文化符号的圆融理解。

学生借助教师开发的课程，能否通过自己的自主学习走近苏轼呢？我们进行了尝试。

💬 课堂实录

人梅合一　两相契合

——庄泳程老师《走近苏轼》教学实录

林泽苗

一、课前交流：我心目中的苏轼

师：今天我们来学习一个特别的专题《走近苏轼》。课前同学们已经阅读了《才华横溢的苏轼》，说说读完后苏轼给你留下了怎样的印象？

生：苏轼是一个心态非常好的人，他被贬到海南，但他没有灰心，他还为在瘟疫中受苦的人们熬药。

生：苏轼是一个天才，不仅会书法、画画，还会做菜。

生：比较潇洒。他把别人的苟且活成了潇洒。他在被贬官的路上，与渔夫打鱼时写了一首诗。看荷花时也写了一首诗。

师：他是一个潇洒的人，善于作诗，能够把生活放进诗情画意中。

生：他是一个非常有才华的人。他在生活中的一颦一笑、一喜一怒皆可成诗。他在西湖边作诗，在西夏入侵大宋时作诗，想念亲弟弟时作诗，他用诗歌来表达自己的内心。

生：苏轼是个心态好、才华横溢的人。正因为他心态好，才能将他才华横溢的一面表现出来。他一生不是被贬官，就是在被贬官的路上，但他依旧乐观，继续写诗。

师：他的才华与他乐观的性格是有关系的，这个观点很独特，相得益彰。

生：苏轼有一颗报答国家的心，即使被贬官了，他也负起自己的责任。

师：他有一颗爱国之心，虽然身处逆境，但对于这个国家、这个民族的爱，从来没有变化。

师：苏轼是一个难得的全才，是一个有趣的人。俗话说，诗以言志。苏轼是一个伟大的诗人，要真切地走近苏轼，最好的方式是阅读他的诗文。今天，我们先来学习苏轼创作的一首诗《红梅》、一首词《定风波》。

二、品读《红梅》，通过梅格领悟人格

师：在宋代，梅花成了淡雅精神的象征，成了诗人的最爱。有"梅妻鹤子"之称的林逋写了一首《山园小梅》，其中有这样的诗句：（生齐读）疏影横斜水清浅，暗香浮动月黄昏。

师：林逋笔下的红梅，它的形状是——（生）疏影横斜的，它的花香是——（生）暗香浮动的，树影稀疏，虬枝横斜，淡淡幽香，神清骨冷，写出了红梅的神韵，可谓咏梅之绝唱。

师：有一个叫石延年的写了一首《红梅》，其中有这样的诗句：（生齐读）认桃无绿叶，辨杏有青枝。

师：石延年认为辨别梅与桃树、杏树的区别是看——（生）"无绿叶"和"有青枝"，苏轼认为写红梅不能只看绿叶与青枝，更重要的是写出梅花的品格，就是梅格。石延年只写出了梅花的外形，有形无神，是写红梅的一个败笔。所以苏轼写了一首诗来反驳他，这就是《红梅》：（出示）怕愁贪睡独开迟，自恐冰容不入时。故作小红桃杏色，尚余孤瘦雪霜姿。寒心未肯随春态，酒晕无端上玉肌。诗老不知梅格在，更看绿叶与青枝。

生个别朗读、全班齐读。

师：声音清亮，读音标准，字正腔圆。但读诗与读文章不同，读诗讲究节奏、韵味。比如，颔联"尚余孤瘦雪霜姿"，在"尚余"后有停顿，让人有遐想的空间，究竟尚余下什么呢？这样读起来会显得有板有眼。（生练读，全班齐读）

师：读着读着，每一个字、每一个词会进入你的眼睛，进入你的心里。字里行间会勾勒出红梅的形象，你看到了吗？善于读书的同学还能领悟到红梅的品格。请大家再读两遍，读慢一点，慢慢领悟。

师：苏轼说"诗老不知梅格在"，"诗老"指谁？

生：石延年。

师：石延年不懂得梅格，梅格就是梅花的——（生）品格。

师：苏轼这首诗中有没有写出红梅的品格呢？请大家再读一遍，要努力透过字里行间看见一棵梅树，感触到它的品格。读慢一点，慢慢领悟。（生再读）

师：看见了吗？怎样的梅树？怎样的梅格？不要着急，我们一起来探

究。在中国文化的视域中，形容梅格的一般有这些词语：（出示）玉洁冰清、不流世俗、孤标傲世、傲雪凌霜、凌寒独放、俏不争春、铮铮铁骨、疏影暗香、一枝独秀、冷艳清绝。下面请大家回到诗中，你觉得诗中哪些细节表现了红梅的品格，你就把相关的词语作为批注写下来。比如，"冰容"二字，"自恐冰容不入时"，我们可以联想到它怎样的品格？

生：玉洁冰清。

师：读诗就是这样，似解非解，意会最美！试一试寻找细节，越多越好。

生：我从"寒心未肯随春态"，读出了它的"俏不争春"。红梅在冬天很美，不想随着春天而转变，从"未肯"看出了它不想与百花争奇斗艳，因此也可以用"一枝独秀"来形容。

师：百花争艳时，不流世俗。百花隐去时，它才开放。非常好，大胆地说出自己的想法，有思考，有理且有据。

生：我从"尚余孤瘦雪霜姿"中读出了傲雪凌霜、冷艳清绝。冬天，只有梅花在开放，给人一种孤傲冷艳之感。

师：傲雪凌霜，不惧严寒。这是梅格所在。中国有句成语：瘦有风骨。林逋的"疏影横斜"表现的就是红梅孤瘦清绝的神韵。这个理解也是可以的，诗无达诂，没有固定的答案。

生：我觉得冷艳清绝也可以用来形容"酒晕无端上玉肌"，因为梅花是非常自持、玉洁冰清的，酒晕让我感觉到它有点娇羞，淡淡的红色晕开在花瓣上，所以可以用冷艳清绝来形容。

生：我从"寒心未肯随春态"中看出梅花的不流世俗。春天是百花争放的，红梅并不随着春天的来临而开放，不与百花争春。

师：俏不争春，待到山花烂漫时，它才在丛中出现，此时，它是一枝独秀。

生：我从"怕愁贪睡独开迟"的"独开迟"中读出了不流世俗。其他花都开放时，它因为害怕忧愁而贪恋睡觉。其他花凋谢时，它才开，这就是它与其他花的不同之处。

师：这是一种怎样的品格？

生：不流世俗。

师：刚才我们通过这首诗、这些词语去领悟一种梅格。在苏轼这首56个字的诗中，同学们读出了梅花的品格。当然，看到梅，更要看到人，这个人是——（生）苏轼。你从诗里看到了一个怎样的苏轼？让我们结合当时的写作背景来了解一下。

（出示写作背景，学生齐读）苏轼，又叫苏东坡。他才华横溢，堪称中国文学史上的全才。他的才华引起了一些小人的妒忌，这些人抓住机会，把苏轼关进了监狱。这就是著名的"乌台诗案"。被关了一百多天后，苏轼被贬到了黄州。黄州是一片萧瑟之地，连接黄州与外地的只有一条古老的驿道。贬官黄州，对苏轼的打击是最大的，刚到黄州，苏轼惊魂未定，整天闭门不出，他以为这辈子就完了。平生亲友，没人给他来一封信，即使他写信给他们，也没有人回信。深夜梦醒，伴随他的只有彻骨的孤寂。《红梅》就创作于他流放黄州的第二年。

师：将这个背景与这首诗放在一起，我们来全面地考量一下，你看到了怎样的苏轼？

生：苏轼的品格与红梅的品格很像，这是借物喻人。苏轼在贬官时，写了这首诗。他在被贬官时依然没有放弃写作，身处逆境，依然非常潇洒，一枝独秀。

生：红梅"寒心未肯随春态"，不愿于春天开放，而在寒冬里开放。像苏轼一样，在朝廷中虽不受重用，但在流放时也有人爱慕他。

师：梅花"不入时"，苏轼在当时的官场中，也与他人格格不入，但他不愿随波逐流，所以是"未肯随春态"。

生：苏轼与梅花有一样的品格，就拿西夏入侵大宋时，有人建议投降，但苏轼绝不投降。如果把西夏比作寒风，把红梅比作苏轼，寒风入侵红梅时，红梅坚决不投降，要与寒风争斗，所以它才会在冬天开放。所以，我觉得苏轼的品格与红梅一样，不惧严霜。

生："故作小桃红杏色，尚余孤瘦雪霜姿。"苏轼虽是个凡人，但他的才华与众不同，鹤立鸡群，就像那句话"是金子总会发光的"。

师：在这首诗中，我们看到了与梅花一样的苏轼。虽然冰容不入时，但寒心依然不肯随春意；表面是小红桃杏色，骨子里却是孤傲雪霜枝。除了梅花一样的孤标傲世、铮铮铁骨，还有一些细节值得我们注意，如夹杂其中的有"怕""恐"，还有"愁"，你关注到了吗？要学会倾听文本的声音，不放过任何细节。苏轼在怕什么？在愁什么？是什么令他惊恐？你读出来了吗？发现了吗？（生再读背景资料）

　　生：怕没人给他写信，恐的是自己给亲友写信而没人回他。

　　生：我觉得苏轼被害之后，被贬黄州时，惊魂未定，不知道为何被害，他也在想为什么没人给他回信。

　　生：他惊恐的是未来的路是否更加波折，他担心那些小人还会不会进一步迫害他，他更担心从此见不到自己的亲人朋友了。

　　师：苏轼之前是一帆风顺的，突然被小人所害，投入监狱，他真的以为这辈子就完了。因此，刚到黄州时，他闭门不出，整整两年，他都不敢踏出家门，惊魂未定。我们读苏轼，不能把他神化，他也是凡人，他也有害怕，也有惊恐。

三、对比阅读《定风波》，领悟苏轼思想的变化

　　师：《红梅》写于苏轼到黄州的第二年。在创作《红梅》一年之后，他写下了《定风波》这首词，此时的苏轼有何不同呢？

　　出示《定风波》及其诗意：（生读）莫听穿林打叶声，何妨吟啸且徐行。竹杖芒鞋轻胜马，谁怕？一蓑烟雨任平生。料峭春风吹酒醒，微冷，山头斜照却相迎。回首向来萧瑟处，归去，也无风雨也无晴。不用注意那穿林打叶的雨声，不妨一边吟咏长啸，一边悠然前行。竹杖和草鞋轻便得胜过骑马，有什么可怕的。一身蓑衣任凭风吹雨打，照样过我的一生。春风微凉，将我的酒意吹醒，寒意初上，山头的斜阳却应时相迎。回头望一眼走过来的地方，回去了，对我来说，既无所谓风雨，也无所谓天晴。

　　师：把诗词放在一起，会有一些相似的字眼，咱们来对比一下一年时间苏轼有怎样的变化。《红梅》当时是一种惊恐的状态，一年之后，他创作了《定风波》，此时的苏轼有什么不同？

　　生：一年后，他就算自己穿着一身蓑衣，任凭风吹雨打，别人又能拿他怎么样呢？

　　师：此时，用一个词来形容他，应该是什么？

　　生：潇洒。

　　生：《红梅》里有"怕"，《定风波》里有"不怕"，形成鲜明的对比。《红梅》中，他觉得一生可能就这样了。但在《定风波》中，如果这样苟且地过完一生就毫无乐趣。"莫听穿林打叶声，何妨吟啸且徐行"，可以看出他写《定风波》时，已经不害怕流言蜚语和小人，做好自己。

师："也无风雨也无晴"，自然界的风雨对他来说没有区别，内心自然已释然。在《红梅》中，他的内心还是有起伏的。

师：读着读着，苏轼在我们心中的形象也越来越饱满。

生：过了一年后，苏轼从去年的懦弱退缩到现在的生龙活虎，从"一蓑烟雨任平生。料峭春风吹酒醒"可以体现出来。去年喝酒都喝晕了，很苦闷，现在醉了，醒过来就觉得无所谓。（全场笑）

生：从去年的苟且活到今年的乐观。"料峭春风吹酒醒"，去年在醉酒中，今年就酒醒了。

师：这是两种状态。借酒消愁，酒后清醒。从纠结到豁达，这种变化仅仅用了一年时间。苏轼之所以让人钦佩，不仅在于他的才华，更在于他对于人生的洞彻、领悟。他能够迅速地走出困境，对人生的顿悟达到了一个新的境界。

四、写作内化，走近苏轼内心

师：设想一下，面对有负担、有起伏的苏轼，豁达又淡然的苏轼会怎么开导他？假如你是写《定风波》时的苏轼，你会怎么劝解写《红梅》时又怕又恐的苏轼？请写一段话，把你对诗的理解融入你的写话中。

生：你在干什么？外面的世界很精彩，不要放弃自己。流言蜚语没有什么，就像你被纸割到一样，虽然疼，但是一点也不严重。它们就像雨滴，打在你身上，你会被淋湿，但是如果你躲在屋檐下，就哪儿都去不了，所以要勇敢地走出去。

师：你是他的知音啊。（全场掌声）

生：苏轼，就算你被贬官，你也要以乐观的精神对待这个世界；就算你每天闭门不出，到头来还是会折磨自己的精神，何不用一种乐观的精神快乐潇洒地过完这一生。

生：被小人关进监狱又如何，他们都是嫉妒你的才华。像这种人都会遭报应的（全场笑），你要振作起来。人的一生不能因为一点起伏而堕落，要乐观下去，你的家人还在等着你。

生：你不能像井底之蛙一样，在井底苟且地活着，你一定要坚强地走下去，当你回头看你之前走过的地方，你就会发现，这没什么大不了的。

生：何必忧愁，何必惊恐呢？做好自己，不必为了别人而改变。任凭风吹雨打，照样过你的一生。

生：不用在意那朝廷上的流言蜚语，你的才华可以肆无忌惮地显露出来，任凭那风吹雨打，你也可以潇洒豁达，当你发现了这一点，回头望一眼一年前的自己，你会发现这有多么可笑啊。（掌声）

生：苏轼，你难道不觉得你的行为很可笑吗？那只是因为小人妒忌你罢了，振作起来，再去反抗，再去为国家效力，重新做回自己。纵使你被贬了，你也可以活得比他们更潇洒。

生：怕什么？那些人总会有报应的，要勇敢地走出困境。房子是挡不住火的，你待在屋子里就会被烧死，走出来才能发现救命的水。

生：红梅虽好，但只在冬季开放。难不成你要永远当红梅，躲在冬季的懦弱里吗？不用注意那些细碎的小事，不如开心一点。

师：你的理解有一点小偏差，红梅精神正是苏轼铮铮铁骨的表现。当然，你的意思应该还包括，劝苏轼不仅要待在冬天，还应该走出冬天，走向春天、夏天和秋天，活出真正的自我。

生：苏轼，你还有那么长的路要走，难道你要一辈子窝在家里吗？你天天喝酒，以前的你是多么潇洒啊，如今那么窝囊，你好好想想吧！（全场笑）

生：走出困境吧，就算那些小人把你关进大牢，却关不住你的才华。"生活不止眼前的苟且，还有诗和远方。"你可以走出来，将你的才华发扬光大，不必在意那些小人的暗算。（掌声）

生：大丈夫何怕打叶声，春风吹醒潇洒志。如果你不想待在别人的伞下，就勇敢地大步向前。就算你被风雨吹打得遍体鳞伤，依然可以抬头挺胸，那时，你潇洒地回头看一看，会有一串很长的脚印通向远方。（掌声）

师：来到黄州，刚开始是苦闷的。但仅仅一年的时间，苏轼就发生了脱胎换骨的变化。所以，很多人认为苏轼真正在文化上的突破是到黄州以后。生活的磨砺成就了他，难怪有人说，济世的苏轼走了，诗人的苏轼来了。

五、总结并推荐阅读

师：今天通过这一诗一词，我们感悟梅格，领悟人格。但是，这仅仅是走近了苏轼。苏轼是一个复杂的人、多面的人。（出示，全班齐读）苏东坡是个秉性难改的乐天派，是悲天悯人的道德家，是黎民百姓的好朋友，是散文作家，是新派的画家，是伟大的书法家，是酿酒的实验者，是工程师，是假道学的反对派，是瑜伽术的修炼者，是佛教徒，是士大夫，是皇帝的秘书，是饮酒成瘾者，是心肠慈悲的法官，是政治上的坚持己见者，是月下的漫步者，是诗人，是生性诙谐爱开玩笑的人。可是这些也许还不足以勾勒出苏东坡的全貌。

师：林语堂评价苏东坡，有二十个"是"，但即使这二十个"是"，也不足以勾勒出苏东坡的全貌。阅读苏东坡，光靠这节课是远远不够的，苏东坡是可以常读常新的。希望通过今天的学习，能为大家打开一扇阅读苏轼的窗口，在今后的阅读中真正走近苏轼。

师：老师为大家推荐阅读苏轼的诗歌及相关著作：（1）林语堂的书《苏东坡传》；（2）余秋雨的文章《密州突围》。下一次，老师将带领大家走近一个更全面的苏轼。

同行议课

一节无法模拟的课
杨宇蓉

今天，我们研讨的主题词中包括"平实课堂"这样的字眼。庄老师这节课给我的感觉，说是平实课堂，我们感受到的却是平实中的不平常。这节课不是一节孤立的课，庄老师不拘泥于教材，用教材而不是教教材，这是我们所有老师应该学习的一种课程意识。

在这节课中，我们可以感受到，学生的不平常主要体现在，课前的功课、课中的呈现及课后的延续，这是一个序列，学习的时间和空间都非常宽广。老师的不平常在于，课前的大量阅读和思考，课前的集体备课，课前的教学梳理以及课中极具科学性和艺术性的呈现。

这节课让我想到了一篇文章《索溪峪的野》，野性天成，浑然一体。这节课是一种自然的呈现，没有雕琢的痕迹，相信大家都有这种感觉。我们的课讲究设计感，但这节课大家可以感受到，它非常朴实，没有讲究什么技巧，可是我们的学生和老师都能融入这样的课堂，那种诗意的美，那种语言的魅力，如此神奇地吸引着我们。所以我觉得这节课是平常中的不平常，能把我们带进去，走近苏轼，走进苏轼的诗词，走进苏轼的人生。

在这节课中，我们可以感受到，特别是后来孩子们的思考，用孩子的语言去体会苏轼的人生，虽然稚嫩，却有深刻的思想，这就体现了老师引领的功力。唯一值得商榷的是，从"梅格"到"人格"的转化中，孩子思维的转变似乎略快，从孤标傲世、铮铮铁骨到内心的惊慌彷徨，存留的空间、情绪的过渡多留一点空间，或许更好。

这节课无法模拟，因为这样的课更依赖于教师自身的功底，所以我也希望我及在座的老师能加深我们自身文学素养的学习，那样，我们才能像庄老师一样驾轻就熟。

在生本课堂里厚实文化素养
刘富凌

庄老师的这节课以《红梅》和《定风坡》为例，从诗到词，从"梅格"到"人格"，引导学生一步步走近苏轼，了解他的生平经历，感受他的内心世界：从怕到不怕，从"有起伏"到"无风雨"，从字里行间触摸到了一个有血有肉的苏轼。精心的设计让学生在这节课中不仅收获了知识、技能，更重要的还受到了文化的熏陶。这样的课堂，收获颇丰的不仅是听课的学生，还有在场听课的老师们，我们带着期待而来，带着疑问而去：作为教师，你要给学生一节什么样的语文课？厚重的教学理念如何在实际教学中显得轻盈？如何根据学情给学生搭设梯子？这些在脑海中一一蹦出的问题，在思考中有了更清晰的答案，前进的路上也就有了更坚定的方向。

一、设计：厚重理念，平实设计

《语文课程标准》提出：语文课程强调以核心素养为本。语文核心素养是学生在积极的语言实践活动中积累与构建起来的，并在真实的语言运用情境中表现出来的语言能力及其品质；是学生在语文学习中获得的语言知识与语言能力，思维方法与思维品质，情感态度与价值观的综合体现，包括语言建构与运用、思维发展与提升、审美鉴赏与创造、文化传承与理解。

《走近苏轼》就是以丰富学生的语文素养、培养学生的文化根基为根本出发点。它不同于传统意义的语文教材，是庄老师自己开发的、为学生所需的、为教师所用的"正餐"（语文教材）之外的补充营养的微型课程。这样开放而富有创新活力的课程，让教师的个人魅力得以展现，学生的能力得以提高、精神得以熏陶、视野得以开阔，可谓一举多得。

有了厚重的理念支撑，我们还要思考如何切实落地，轻盈设计。综观这节课的教学目标，庄老师以《红梅》和《定风波》为抓手，巧妙设计教学环节：谈一谈、比一比、想一想、读一读、悟一悟，引导学生在对比中体会苏轼由"怕"到"不怕"，"有起伏"到"无风雨"的心路历程，进而领悟苏轼不屈不惧的人格。在庄老师的引导下，学生多次地品读诗词，在感悟中慢慢有了对苏轼的印象：他在别人的苟且中活出了自己的潇洒。

纵观整节课，庄老师的课堂没有花哨的架子，没有热闹的活动，有的只是让学生在读中悟，在悟中读，看似简单，实则巧妙。"高大上的理念"需要在"接地气的设计"中体现，才能落地生根，涵养学生。我想这就是"平实"吧，平凡又扎实。

二、课堂：以学定教生本课堂

苏轼的《红梅》和《定风波》对于六年级学生来说，是有一定难度的。尤其是《红梅》，读起来，相当拗口；理解起来，艰涩难懂。何况，我们要孩子们在一节课40分钟内读通学懂，更是难上加难。那么，庄老师是如何搭建桥梁，连通教学内容和学情，变不可能为可能的呢？

1. 课前铺垫，奠定基础

庄老师通过课前指导学生阅读《才华横溢的苏轼》，让学生带着对苏轼的大致印象走进课堂的学习。课堂伊始，他以"谈谈你对苏轼的印象"这样的问题，顺势带着学生进入苏轼诗文的学习。课前的阅读指导材料让学生对苏轼有了初步的认识。他们带着自己的认知，能更快地走进教师所预设的环节，走进课堂所营造的气氛。

2. 课中造"梯"，降低难度

为了更有效地达成教学目标，让学生感悟梅格，领悟人格，庄老师有意识地给学生搭设了"梯子"：介绍林逋的《山园小梅》、石延年的《红梅》，在三首描写红梅的诗文中，让学生对梅格有了初步的认识；介绍《红梅》的写作背景，让学生了解苏轼的创作历程；出示形容梅格的词语，让学生借此畅谈梅花的品格；出示诗意注解，帮助学生理解《定风波》……

通过这样一级又一级的"梯子"，教学难度降低了：学生慢慢地理解了诗意，感悟了梅格，同时，学生还认识了一个跟梅花一样的苏轼，知道了他的"怕"和"不怕"，他的"有起伏"直至"无风雨"的豁达心境。一层层地品析，一步步地接近，课堂的教学目标也就在不知不觉中完成了。

3. 课后阅读，走向深度

看着孩子们读诗读词时摇头晃脑的样子，那样认真；听着他们的侃侃而谈，那样兴奋；望着他们下课铃声响起时不舍的样子，那样投入……庄老师已经完完全全地激发了学生了解苏轼的兴趣，他们有了更强烈的愿望：想要了解一个更全面的苏轼。在课堂的最后，庄老师顺势推荐大家阅读苏轼的诗歌及相关著作，如林语堂的《苏东坡传》、余秋雨的《密州突围》。

不禁令人感慨：学生有了课上兴趣的激发，才有课下深度的阅读。我相信这节课只是一个引子、一个开端，给学生们一把钥匙，去打开了解苏轼的大门，他们才能真正地从"走近苏轼"变为"走进苏轼"！

庄老师用这样精彩的课堂告诉我们：教师在进行教学设计时，要把学生看作最重要的教学资源，要真正地为学生设计教学，要做到心中有生、目中有人。教师要研究学生的能力水平和认知倾向，根据学生的已有经验，调动学生的主动性，巧妙搭设"梯子"，让学生"顺藤摸瓜"，这样才能有效达成教学目标，提高教学效率。

三、教师：启蒙感悟生命牧者

生本课堂是探究与交流的课堂，要求学生在课堂上积极地自主实践，即要独立学习和整合学科知识，对学习问题及任务独立探索；生本课堂要求教师不要轻易将问题和任务的结果教授给学生，而是让学生经过讨论、实践、探索等方式与伙伴一起归纳、推理和总结得出。

启发思考，品读感悟，是这节课的主旋律。庄老师没有把自己的想法强加给学生，他以一种俯身的姿态，聆听学生内心深处最真实的声音。他在大量的语言材料中引导学生品读、思考、感悟，一步步地走进苏轼的内心。当学生的笔下倾泻而出："如果你躲在屋檐下，你哪儿也去不了，所以要勇敢地走出去""生活不仅有眼前的苟且，还有诗和远方""就算你被风雨吹打得遍体鳞伤，依然可以抬头挺胸。那时，你潇洒地回头看看，会有一串很长的脚印通向远方"……学生也就真的读懂了苏轼，成了他的知音。

生本教育理念认为："一切为了学生，高度尊重学生，全面依靠学生。""教"只是实现"学"的一种服务手段，学生的"学"才是教学的出发点和归宿，因而主张"先做后学""先学后教""以学定教"，最后实现"不教而教"的目标。

在这节语文课上，孩子们在庄老师的带领下进行了一次精神的洗礼，从字里行间感受到了一个真性情、有温度的苏轼。作为一个引路人，庄老师"介绍"苏轼给学生认识，在两者之间搭建平台，点燃阅读的激情。关于苏轼更多的内容，留待学生课下自己去阅读，自己去发现，自己去感悟。这样的课堂，教是为了不教。

庄老师作为抛砖引玉者、穿针引线人，他在课堂中的作用是提出学习的主题与需要解决的问题，维持必要的教学秩序，给予学生支持、鼓励，还有及时的、恰到好处的引导。给我们的启示是：教师不应再是"纤夫"，拉动学生这只"逆水之舟"；而应是生命的"牧者"，为"羊群"的成长服务，带他们到水草丰盈之处，给予他们广阔的天地，让他们自由地吃草，不受束缚，无拘无束。

作为语文老师，我经常思考：我要给学生呈现一节怎样的语文课？我想我在庄老师的这节课上找到了答案：平实的设计，生本的课堂，生命的牧者。在这样的课堂里，学生提升了语文能力，厚实了文化素养。

为师有为

郑云霞

有一天，一年级的一个孩子喊了我一声"老师"，我突然心里一震，我是"老师"，他就是"学生"。那么，这些讲台下的孩子，可以跟我学什么呢？今天，庄老师的课给了我启发，让我知道，为师应当有为。

为师有为，其一在素养的培养。这节课，学生通过自主阅读、课前了解、课堂交流三个环节，对苏轼从一无所知到略有所知，再到对苏轼这个人感兴趣，想进一步了解苏轼，学生从原本无知的状态走向求知的大门。我想，这正是我们语文教学最重要的目标。

为师有为，其二在灵动的点拨。课堂上有两处朗读的点拨令我印象深刻。第一处，学生读诗，庄老师指导："朗读要清亮"，"清亮"二字，言简意赅，清晰明确，学生一下子就知道该怎么读。看似简单的二字，却着实不简单。第二处，诗中"尚余孤瘦雪霜姿""诗老不知梅格在"是体现这首诗灵魂的语句。我们常说"以读促感"，朗读不仅能印证阅读成果，而且能促进阅读的感受。庄老师指导"尚余孤瘦雪霜姿"这句，指出"尚余"二字后要有停顿，留出思考的空间。这不仅是朗读的指导，也是阅读方法的指导，让学生在读中思考。

为师有为，其三在有效的铺垫。今天庄老师《走近苏轼》这节课中，两首诗都是代表作，都不简单。其中《红梅》更是晦涩难懂，尤其是对于六年级的孩子而言，就如面前出现巍峨的高山，一下子会把人吓蒙。第一次看这首诗时，我是蒙的，没法一下子抓住这首诗的重点，体会梅格。于是，本课的重点也是本课的难点，如何突破？坐在台下听讲的我百思不得其解。

只见庄老师出示了一组词语：

玉洁冰清　不流世俗　孤标傲世　傲雪凌霜　凌寒独放

俏不争春　铮铮铁骨　疏影暗香　一枝独秀　冷艳清绝

教师导读：在中文的视域里，这些词语都是形容梅格的，（生读）下面请大家回到诗中，你觉得诗中的哪些细节表现了红梅的品格，你就把相关的词语作为批注写下来。比如，"冰容"二字，我们可以联想到它怎样的品格？（冰清玉洁）

这一步骤看似普通，却深藏大智慧，体现了一个教师的功底。我们前面说这首诗难度太大，于是庄老师给学生搭建了一个梯子，这些词语就是学生走向领悟梅格的阶梯。在这些词语的帮助下，学生能从文中寻找相关的词眼进行体会，感悟梅花玉洁冰清、不流世俗的品格。更重要的一点，是庄老师在这里教给学生一种方法，让学生知道当我们阅读中读不懂的时候，就要通过寻找关键词，从关键词突破进行阅读。这是老师教给学生的一个重要的阅读技能。

生本教育提倡尊重学生的个体，而语文阅读教学只有在尊重生命个体感悟的基础上，才能碰撞出智慧的火花，才能让读者真正与文本产生交流。而我们语文老师所要做的，就是像郭教授说的那样，像庄老师做的那样，做个牧者，把学生带到水草丰美的地方，让他们在语文课堂上自由自在地汲取生命的营养，实现生命个体的成长。

从"三实"谈学生的获得感

——听《走近苏轼》一课有感

张 文

这是一节非常实在又不平凡的课。

一、备课实

今天听完庄泳程老师的这节课，我最大的感受是——作为语文老师，无论上"正餐"课还是"小吃"课，自己先要深入进去准备，实实在在地备课。我们可以看到庄老师刚才分享的资料。在这节课的背后，他对苏轼做了充分的研究，并且和我们许多老师一起交流准备。如此充分的准备之后，来到课堂上，却又不是竹筒倒豆子全部讲出来，而是厚积薄发，根据课堂现状，根据学生当时的学习需求，灵活地教学。我对这节课的观察也正是从学生的角度开始的。

二、学法实

听课，我总会以一个学生的视角来思考：作为学生，我在这节课中收获了什么？这节课，庄老师主要通过亲身体验教会学生掌握学诗的方法。上课之前，老师给同学们提供了一些资料，使我们对苏轼产生了初步的认识。所以在上课之前，我心中已经有了一些个人的思考，为下一步学习做好了准备（从课堂现场来看，学生课前预习很认真，短短几分钟内就有十几名学生能够或多或少地说出对苏轼的印象。比如，潇洒、诗情画意等）。接下来，是学习古诗《红梅》。老师让我们思考从诗中看到了一棵怎样的红梅。诗的难度很高，我一时间读不太懂，有些手足无措。这时候，老师提供了一些常见的对梅的形容词，让我们用词语来标注古诗。我立刻就找到了理解诗句意思的方法。通过词语的补充，我读懂了诗的内容，也就感受到红梅的品格了（词语的出示确实是课堂的一个转折点，学生的思维被激活，开始深入理解诗意。第一次提问："通过诗句你看到了怎样的红梅？"他们很沉默。出示词语后，再次提问，学生的发言就变得踊跃了）。

三、效果实

在课堂上，学生不仅记住了品诗的理念，还能用这种方法赏析古诗。在诗句中用意思相近的词语做标注之后，同学们对红梅产生了自己的认识。大家对红梅有各种各样的见解，有人从"寒心未肯随春态"看出红梅一枝独秀，有人从"尚余孤瘦雪霜姿"读出红梅的冰清玉洁，还有人从"怕愁贪睡独开迟"感受到红梅的孤单寂寞。到底谁是对的呢？老师说"诗无达诂"，鼓励我们多样解读诗文，包括后面"定风波"状态的苏轼给"红梅"状态的苏轼写信。我们的想法有些稚嫩，不太敢发言。但在老师不断的鼓励下，我们都勇敢地说出了自己的心里话。今后，我们也会记住这种"个性化解读"的理念（这节课所学诗文颇有难度，学生不免产生一种畏惧心理。正是在老师的不断鼓励下，学生才能突破自我，有信心继续往下读，并且越读越精彩。比如，最后的升华阶段，学生说"不要害怕外面的风雨"，教师肯定他的同时还顺势拔高，提示他继续说出"所以要勇敢走出去"。这样的点睛之语，使学生豁然开朗，接下来的发言更是精彩纷呈了。学生的阅读信心由此而来）。

整节课中，几乎每一个同学都发言了。大家跟着老师一起深入品读了两首诗词，对苏轼的认识也不断丰厚。课堂结束后，我们心里的那个苏轼是那么的多面立体，令人难忘，真想赶紧去读读老师最后推荐的《密州突围》和《苏东坡传》（课堂最后的推荐，引起了学生后续阅读的兴趣）。

以上是我从学生角度来猜想他们这节课的获得感。课堂上，庄老师一直非常关注学生的思维动态，不断激发学生的灵感，带着他们一步步深入体味诗意、诗情和诗人。课堂时间的分配一部分是给学生读写，另外一大部分都是师生、生生的互动。正是这些思想的碰撞，才让每个学生的心里都产生了一个鲜活的苏轼。总的来说，如果我们想通过阅读在孩子心中留下些痕迹，课前的实在备课、课堂的教法与贯穿课堂前后的效果都是必不可少的。

山明水秀有新意，"高起低落"谱美育

美术科组

💬 执教者说

在"高起低落"中，让创意话传统

申 慧

中华传统优秀文化蕴含着丰厚的民族精神和道德理念，是民族自立的资本、国家发展和创新的基础。随着美术新课改中提出的五大核心素养，即图像识读、美术表现、审美判断、创意实践、文化理解，这不仅是现代学生发展目标的重要组成部分，更是对现代美术教育及美术教育工作者提出了更加全面的要求。在平实的美术课堂中传承传统文化，平稳扎实地实现美术的核心素养，是美术课堂的基本要求。

我们美术科组共同开发了"超轻黏土校本课程"，在设计和研究系统的校本课程中，从教学大纲到单元目标再到每一课的课程目标，整个设计过程最终形成了"高起低落"。"高起"，指从美术核心素养所追求的价值和目标出发，以美育人；"低落"，指我们选择了学生欢迎度较高的超轻黏土作为学习媒介。

通过一高一低，潜移默化地在教与学中培养学生的审美能力、表达能力、识读能力及文化理解能力。"生于浮躁却立足踏实，长于繁华而显以朴实，起于高位却归于平实"，我们的课程充分体现了平实课堂的理念，真正坚持以生为本。

本次教研活动，我选择了超轻黏土校本课程上册第三单元的一课《山明水秀》。学习的具体目标是利用超轻黏土能够糅合的特性，用单纯的黑白两色混色，模仿和创作一幅山水画效果的超轻黏土作品。在水墨山水画中，线条自身的流动转折、墨色自身的浓淡效果以及它们所传达出来的力量、时空感、意味、情感，构成了重要的美学意境。中国山水画的意境其实需要一定的心境才能感受得到，对成长于现代生活环境的学生来讲，很难体会到古人的审美观。通过创设中国传统山水画风格的教学情境，带领学生走进山水画的方式，不仅是为了让学生从全方位感受山水画的意境，更试图让学生从视觉、听觉、心理上受到中国传统文化的熏陶。

对于四年级学生来讲，山水画的欣赏和学习是有一定难度的，从学生实际情况出发，以学会混色糅合模仿水墨效果为重点，其他山水画美学知识作为了解，通过感知山水之美——体会混色肌理——探究山水构图——创新山水形式，来增加对传统文化的关注与了解，培养学生的文化自信，热爱自然、热爱祖国的情怀。

学生能否在黏土制作技法课堂上，通过一系列的学习感悟到中国山水画的魅力，培养利于终身的素养，我们进行了尝试。

💬 课堂实录

山明水秀有新意，"高起低落"谱美育

——申慧老师《山明水秀》教学实录

李 超　申 慧

一、课前：水墨视频欣赏

师：在课前欣赏视频的同时，你脑海中有没有联想到哪些词语或诗词来形容你的感受？

生：水光潋滟晴方好，山色空蒙雨亦奇。欲把西湖比西子，浓妆淡抹总相宜。

生：遥看洞庭山水翠，白银盘里一青螺。

师：大家掌声鼓励一下！非常棒！还有没有词语或成语可以表达你的感受呢？

生：千山万水、山清水秀、绿水青山。

师：感谢同学们的分享。从这段视频中我们感受到了水墨山水画独特的

意境美，那么面对如此美好的大自然风景，除了用水墨的方式去表现，今天我们尝试用超轻黏土的方式来模仿山水画的效果。

二、感知水墨晕染，发现黏土新技法

教师出示山水画作品。

师：大家思考一下，山水画这种云雾缭绕的感觉是如何表现出来的呢？

生：渐变。

师：渐变是什么原因呢？再想一想，山水画用的是什么材料呢？它的材料特性是什么呢？

生：宣纸、墨、毛笔。

师：回答正确。大家思考一下，水和墨的特性是怎样的？

生：是可以散开的。

师：是可以流动的，可以晕染开来。来，看一下你桌面上的超轻黏土有哪些特性可以模仿这种晕染效果。

学生活动1：尝试并发现超轻黏土可以混色糅合的特点。

师：你发现了什么？

生：它很黏，还可以混色。

师：超轻黏土的黏性特点决定了它可以产生混色的效果。我们通过一段简短的视频看一下如何做出混色的效果。

教师播放视频。

师：通过视频是不是能够更加清楚超轻黏土的混色效果是如何创作出来的？！大家先不要着急，我还给大家准备了一段风景大片。

学生活动2：欣赏风景视频。

三、了解山水画专业知识，搜尽奇峰打草稿："三远"法

师：美不美呀？面对崇山峻岭，秀美山川，面对如此鬼斧神工的大自然，我们该从哪里下手创作一幅山水画呢？早在清代的时候，有一位大师苦瓜和尚石涛就提出了"搜尽奇峰打草稿"的审美观点。你能勇敢地说一说对这句话的理解吗？

生：意思就是，要到处去看，搜集一些画，搜集一些画山峰的画，把它们记在脑子里，等自己画的时候加入自己的想法，然后创作一幅画出来。

师：大家掌声鼓励一下！这位同学把"搜尽奇峰打草稿"的意思说对了百分之八九十，没想到知识储备这么丰富。简单来说，这句话的意思是说我们把客观的自然物象转化为胸中丘壑，添加自己的想象和主观的情感表达，根据画面所需为创作所用。接下来，我们一起来了解一下创作山水画的意境还有哪些方法。

教师出示平远、深远、高远构图法画作。

师：思考并讨论一下，这三幅画都是从哪个角度去观察的？

生：第一幅是从山下，第二幅是高一点，第三幅感觉是平着远观。

师：第一幅画的角度是仰望山巅，山水画中称之为"高远"；第二幅可以由近处的山看到远处的山，山重水复，层层叠叠，我们称之为"深远"；最后这一幅我们看一下画面中的风景与前两幅有什么不同呢？

生：看到的风景更多了。

师：在这幅画中我们看到的风景更加广阔了，这个构图我们称之为"平远"。我们通过三幅不同构图的画作，简单了解了传统山水画论的"三远法"。我给大家准备了三句诗词，看一下分别是描写了哪种"远"。

教师出示诗词：①潮平两岸阔。②山重水复疑无路。③疑是银河落九天。

四、学生作品欣赏，激发创作欲望

师：了解完山水画简单的专业知识，我们来欣赏一下学生作品！

教师幻灯片展示学生作品。

师：刚开始上课的时候我听到有同学说好难啊，现在你还觉得难吗？

生：不难。

师：我们一开始就认识并发现了超轻黏土的特点，利用它的材料特性运用混色糅合的方法模仿出山水画的效果。是时候展现你们真正的技术了！

教师幻灯片出示创作实践要求：运用黑白两色混色，模仿中国传统山水画效果创作一幅超强黏土作品。

教师播放示范视频。

师：在观看视频的同时，你看一下老师的用色规律是怎样的，线条是如何表现的。

视频播放完毕。

生：先用白色、灰色，最后再用黑色。用重色的线条勾勒出山的外形。

师：那么线条呢？

生：有的浅，有的深。

师：这位同学观察得非常仔细！大家仔细回想一下，山体凹的地方用深色线条，凸起的地方浅一些。

同学们面对桌面，运用我们刚才学到的方法创作一幅黏土山水画吧！

学生实践，教师巡视指导。

师（建议）：可以把你刚才想的诗句及成语或词语写在你的画面左上角或者右上角，让你的作品看起来更像一幅山水画，更加完整。

五、作品点评及长卷展示

师：大家看一下我们的大作吧！刚才已经听到连连的赞美声了，谁来评价一下，你喜欢哪一部分？你觉得它好在哪里呢？

生：我喜欢画卷前面这一部分，感觉连接得很好！

生：我喜欢中间这一部分，晕染连接得都很自然。

生：我觉得最后这一部分颜色过渡得再自然些就更好了！

师：感谢同学们的评价！古有李思训绘制三月完成嘉陵江三百里，吴道子一日完成，而你们却在不到一节课的时间内共同完成了这幅美妙的长卷风景！璀璨中华，江山如此多娇，我们不能折腰，我们要做的是众志成城守护华夏江山，因为绿水青山就是金山银山！

💬 同行议课

多给学生感悟美的机会
潘爱华

这是我听申慧老师的第三节课，作为一名教龄三年的年轻教师，她的成长很快。三节内容完全不同的课，给我一个共同感受：她的课堂总是给学生提供很多感悟美的机会，是让人很享受的美术课。

申老师的这节课以黏土表现水墨山水画为主题，从水墨山水动画观赏到风景赏析，从黏土技法的探究到黏土长卷的创作，从中国山水画三远构图法的赏析迁移到关于山水古诗词的赏析，给学生提供一切机会真真切切地感悟山水之美。

其一，给学生机会感悟肌理美。黏土混色技法的学习，是让学生在探究和试验黏土混色方法的过程中发展艺术感知能力。申老师先让学生观看水墨山水动画，对水墨的晕染肌理有了初步的感受，再让学生在操作中探究黑白黏土如何混出水墨肌理，对黏土混色的肌理美有自己的发现和疑惑，适时通过微课展示黏土混色方法，解决学生的疑惑，为学生感悟黏土混色的肌理美助力。在这个序列中，学生是主动去观察、体验、分析、感悟的，老师的教学设计给了学生机会感悟肌理美。

其二，给学生机会感悟意境美。意境通常指文艺作品通过形象描绘所表现出来的艺术情调和情感。中国山水画的意境是通过山水的描绘表现出的情调和境界，是画面的虚实相生、意象造型，这对于四年级学生来说是比较难以理解的，但是四年级学生已经学习过很多古诗词，可以借由诗词与绘画相通的情调和境界开展学习。申老师先让学生观看水墨山水动画，在音画氛围中初步感受意境美；进而引导学生分析山水画的三远构图法，领略不同构图形式的意境美；学习黏土混色方法，在试验中体会意境美；最后创意制作黏土山水作品，在合作中创造意境美。整个过程中都让学生结合学习过的诗词表述感受或迁移理解。例如，学生谈水墨山水动画的感受："遥看洞庭山水翠，白银盘里一青螺"；老师讲解深远构图法："由前窥其后为深远，山重水复层层叠叠"；学生由诗句"疑是银河落九天"判断其为深远构图法……老师对教学内容的深入挖掘和对学生已有学习经验的了解，通过跨学科的教学探索，让学生借由山水画与古诗词感悟中国传统文化语境中的意境美。

孩子们听完申老师的课，大概会更加想了解中国画，想捏塑黏土，想多学习古诗词吧，做申老师的学生是幸福的。

这节课从感受水墨晕染的魅力跳到三远构图法的细节设计值得斟酌。对于本课学习目标来说，或许换成山水画中皴法的学习更能帮助理解山水画中黑白、虚实的知识。尽管有些偏离，但瑕不掩瑜，仍然给了我们研究美、创意表达美的机会。

对《山明水秀》创意表达的一些思考

廖梓浩

在学习了申老师《山明水秀》课堂教学后，其中的素材分析环节使我受益匪浅，并进行了一系列的思考。可以说，《山明水秀》课程是把水墨画与超轻黏土创作有机结合的成果，想要把本课相关知识传授给学生，单方向的教学方式是无法达到本课的教学目标的。

如何使学生利用超轻黏土能够糅合的特性，用单纯的黑白两色混色，使用不同的工具和技法创作出一幅完整的中国水墨画的场景呢？首先，引导学生了解超轻黏土与水墨画的材料特征。众所周知，中国水墨画的工具是由毛笔、宣纸、墨等组成，在创作过程中，最常规表现的材料特征是非常鲜明的，联系本科学生乃至小学阶段学生所能感悟的中国水墨画材料特征，我总结了以下几点：第一，墨在宣纸上的晕染效果。第二，毛笔在纸上的笔触特点。第三，用墨之法，浓淡焦枯等方面。在超轻黏土材料特征中，学生能够直观地了解到以下几种特征：第一，超轻黏土的延展性强，可以通过捏、压、揉、拍、混色等技法进行操作。第二，超轻黏土的混色方式有很多种，可以模拟很多艺术表现形式，如剪纸、油画、水墨画、泥塑等。

超轻黏土融合水墨画目标，可以通过超轻黏土黑白色进行混色来完成。由于超轻黏土的可塑性较强，能用超轻黏土的黑白两色表达出黑白灰等多个层次的色彩，甚至能够形成较为自然的色彩渐变。另外，超轻黏土虽然无法完全达到中国水墨画的洇润肌理效果，但是能够形成画面内容凹凸不平的肌理触摸感加水墨风的独特艺术形式。这也是本课所要表现的内容目标，在这个过程中，学生能够对超轻黏土及水墨画有更加深刻、更加多面的认识。

尤其是引导学生尝试感受中国水墨画的构图方式平远、高远、深远的独特意境，并在创作过程中进行融合，使作品展现更深层次的艺术涵养。

发挥学生的学习主动性

——听申慧老师《山明水秀》一课有感

靳 洋

非常开心听了申慧老师一节非常精彩的超轻黏土校本课。首先，在这堂课中，申慧老师从备课到教具准备都进行了精心的安排。其次，从课堂教学来看，她能很好地把握教材要求，始终以引导学生善于观察，感受利用超轻黏土材料特性，学习制作方法，培养动手能力为目标，做到教学目标明确，课堂效果显著。总的来说，我认为这是一堂重创新、重合作、重主体，洋溢着现代化教育气息的美术课，让人耳目一新。但是，这堂美术课最让我触动的还是申老师能够极大地调动学生的学习主动性，让每个层次的孩子都积极地融入课堂、融入手工制作之中，也让我对如何发挥学生学习主动性有了一些思考。我认为申老师在调动学生主动性方面做到了以下几点。

一、营造开放、自由的课堂教学环境

申老师在教室的布置上就花了心思，她在窗户周围摆了大量精美的超轻黏土作品，学生课桌摆成了有趣的小组式，学生走进教室一下子就被教室的布置所吸引，调动了学习积极性。课堂上，申老师以水墨画视频、中国传统诗句导入，再一次激发学生对本堂课的兴趣。继而通过大量图片的欣赏，营造了一种和谐的学习环境和氛围，并在课堂活动中设计学生感兴趣的问答题目，同时穿插小制作环节，让整个手工课堂做到静中有动、动而有序、活而不乱。学生在这样一种轻松的情境中乐于尝试，不知不觉中学到中国山水画和超轻黏土混色的知识与技法，获得丰富体验，感受美术活动的乐趣，身心得到了舒展，情感得到了释放。

二、明确课堂目标，活动环节围绕主题

无论设计哪个教学环节，教师都要清楚这一环节的目的是什么，任何活动的设计、教学方法的运用都是为了实现这一目的，因此教师要准确地选择最有效的方法。我觉得申老师的课堂完全做到了，她的课堂设计舍弃了很多

"繁杂的花架子"，通过微课、短视频直接让学生明白课堂主题是运用黑白灰三色超轻黏土混色创作中国山水画。课堂重难点清晰突出，学生不会迷失在热闹的课堂活动中，他们明白环节任务，学习主动性极强。

三、有效示范，授之以渔

不知从何时起，"教师的示范会阻碍学生创造性的发挥"这种说法成了时髦的观点，久而久之，很多教师对示范有所忽略。其实我觉得凡事过犹不及，不能全部进行示范，也不能放手不示范任由学生发挥，适当示范引导学生创意表达才应是当下美术教师的追求。申老师这堂课的适当示范就做得极好，她只用了短短的两分钟微课视频，就把相关技法演示教给学生，既清楚地指明了制作方向，又给学生一定的创意想象空间。这种恰到好处的示范极大地调动了学生学习的主动性。在学生制作过程中，申老师对学生说道："画面效果好时就要保留，不要过度塑造。"她并没有走下去直接给学生们做示范，而是通过语言给学生建议，启发他们自己去感受中国传统山水画的独特美。这种语言的指导再一次给那些"迷失"制作方向的学生指明了去路。当然，美术课堂中示范的方法除了微课示范以外，还有众多形式，如范图欣赏、现场技能展示、游戏互动等。要想最大限度地发挥学生主体性，需要授课老师做到授之以渔。

四、创造更多的同伴交流空间

美术课堂上不能只关注师生之间的交流，学生与学生之间的交流同样重要。尤其美术手工课，很多制作细节和难点往往需要同学之间一起交流琢磨，不断去尝试、去纠错，最终总结出有效的制作方法。学生间的交流能够使学生在平等的氛围中交流探讨，解决问题，自然而然地对课堂有兴趣，拉近师生关系。在小组合作制作环节，我们能够明显感觉到这一点，小组成员在沟通交流中反复研究，最终用探究的技法创作出属于自己小组的作品，每个学生都有满满的成就感。

以上就是我在申老师这堂课中对如何发挥学生学习主动性的一点小小的思考。丰子恺说过："有生即有情，有情即有艺术。故艺术非专科，乃人人所本能；艺术无专家，人人皆生知也。"其实每个孩子都是天生的艺术家，怎样让我们的美术课堂最大化地发挥每个学生的学习主动性，还值得我们每一位老师针对不同的课、不同的学生进行思考和探索。

清新淡雅、简约秀美之《山明水秀》

孙美静

《山明水秀》这一课，要求学生对情景交融的中国山水画有一定的鉴赏能力，同时要求学生重在体验水墨画墨色变化及利用超轻黏土替代水墨来造型创作。这对于小学四、五年级的孩子来说，难度还是较大的。但申慧老师的课让我们惊喜连连。接下来，我想从以下几个方面说说自己的感受。

一、教学过程展现清晰思辨之美

众所周知，中国传统绘画注重情理、物理、画理，"理"即是绘画的基本形式法则。这节课不仅要求学生明"理"，还要求能引导学生利用超轻黏土特性表达这些"理"。申老师作为一名新锐教师，思辨能力强，她从激发情"理"、明晰物"理"、领悟画"理"三个方面设置了三个环节：①认识新技法，水墨晕染对应黏土糅合；②学习山水画布局；③运用超轻黏土的混色特点，创作一幅黏土版的山水画，清晰有序，层层递进，引导同学们积极地创作了一幅山明水秀的长篇画卷。整个教学过程先激发内在情感，再分析了解物象特征，继而用水墨意蕴创作作品。创作过程中，申老师特别注重保护儿童的天然拙趣，关注学生体验，用学生能够接受的方式与其讲"理"，这一点值得我们所有美术教师学习。

二、教学状态传达清新灵动之美

心理学研究表明：人的表达靠55％的面部表情+38％的声音+7％的言辞。申老师课堂上的教态就如同她本人给我们的感觉一样，明朗清新，快活灵动，庄重又富有感染力。提问前适当停顿，提出问题后也跟着做出思索的表情，非常生动形象。如申老师在第一环节中引导学生观察视频后，稍做停顿，先对学生环视一周然后提问："哪位同学发现这个秘诀了？快来分享一下！"这一停顿不经意间给学生以思考的提示和时间，是非常有效的教学提问，加上申老师丰富的肢体语言和面部表情随课堂的学习内容而不断变化，深深地吸引着学生。课堂上也时时可以听到申老师对学生的鼓励性话语，如

"你这么机灵，一定行""谁来勇敢尝试这个新的技法"等，清新明朗的微笑让人印象深刻。

三、教学氛围营造明净淡雅之美

课堂教学氛围的营造对教学效果影响很大，教学环境不同会使教学效果完全不同。这节课定在装修风格简约明净的录播教室进行，教室两边的展台上展示出以客家文化为主题的超轻黏土作品，申老师甚至细致到自己的着装也有意选择与山水画色调一致的黑白色系，将自己也融入为学生营造的水墨画气氛中，整体感觉正如坪山中学柳老师所说的明净淡雅、如入芝兰之室。整个教学过程中，申老师将中国传统诗词与山水画的意境相融合，引导学生感悟中国优秀传统文化的内涵，如教学片段"面对着江山美景，谁能不为之动容？前人就有'乘风好去，长空万里，直下看山河'的动情魄力"，学生带着这些诗词去感知、理解、判断与表达，酝酿情绪，以情动人，在饱含情绪的创作氛围中形成创意实践素养，有了无限可能和惊喜。

四、作品展示呈现大气国风之美

学生灵活运用本课所学，以小组合作在一块块标记了序号的KT板上用心创作超轻黏土版本的水墨画。完成创作后，陆续将作业按照序号粘贴在一块两端装饰了传统水纹、前端写有诗词的展示板上，这时，大家惊喜地发现，原来每个小组的作品组合到一起是一幅气势恢宏的中国山水画！同学们连连赞叹，成就感满满。听课的同事们也为孩子们的创作及申老师新颖的展示法赞叹不已。在这个环节，局部创作法是基础，犹如万丈高楼的基石，了解组合法则之后给学生自由组合和创作带来无限可能，并避免作业的千篇一律，申老师真可谓用心良苦。

听一堂好课，如同一场盛宴，常常感觉时间飞逝，刚听课就听到下课铃声，申老师的课就给了我这样的感受。

第五章

教学随笔

深刻理解"课堂革命"内涵，把握教育发展方向

程宏亮

2017年9月8日，中华人民共和国教育部党组书记、部长陈宝生在《人民日报》撰文，就"努力办好人民满意的教育"做了深入阐释。在讲话的第二部分提出："坚持内涵发展，加快教育由量的增长向质的提升转变。把质量作为教育的生命线，坚持回归常识、回归本分、回归初心、回归梦想。深化基础教育人才培养模式改革，掀起'课堂革命'，努力培养学生的创新精神和实践能力。"

要深刻理解"课堂革命"的内涵，必须从历次课堂教学改革的动因去分析，了解事物的进程，才能更好地把握方向。

在新课程改革启动之前，教育人所秉持的教育理念是"不误人子弟""传道、授业、解惑""春蚕到死丝方尽，蜡炬成灰泪始干"。这些理念源于中华传统美德，是教育理念的瑰宝，但带给我们的课堂教学观就是"先生"的教学状态非常浓，剥离了教和学的关系，把教和学分成了两条线。面对新的教育时代，我们的教学关系不应该是对立的剥离，而应该是师生教学相长的"和"。在这个教育背景下，启动了第一轮新课程标准改革，就是三维的课程教学目标。

第一次课堂革命，标志性事件应该是新课程标准改革。按传统备课的环节，备课主要包括：细致梳理教材的重难点和实验，对教材进行解读。从新课程标准来看，最主要的缺陷是教学环节的衔接用语和学生活动。这使我认识到干净、规范、指示性明确的教师用语对于一堂课品质的影响是巨大的，它可以直接提高课堂效率，形成高效课堂。在今天的自媒体时代，我们的教

师可以自拍自录，再自己看自己的课，就会发现自己的教师用语存在什么样的问题。我们千万不要小看了教师用语这个问题，如果说教育是一棵树摇动另一棵树，那么课堂教师用语是最为直接的方式，有些教师一辈子的教师用语都没有过关，这是非常令人沮丧的。至于说课堂教学中设计的学生活动，在当时来说，就是新课标中倡导的"三维目标"重要标志。在今天看来，学生活动与学习的产生密切相关。在桑新民教授的《学习科学与技术》一书中，结构主义者认为，学习是有目的的探究，是富有想象力的创造性活动。维果斯基建构主义学者认为，学习的产生，只能在协同活动和人与人的交往之中，强调学习的情境性，认为学习发生在真实的学习任务中。心理学普遍接受的学习定义是，学习是人和动物因活动经验而引起的行为。可以这么说，不管从什么维度定义学习，都和学生活动有关。

我所认识的第二次"课堂革命"，是源于我对一种教学模式的思考。2012年，我接触到了上海张人利校长所倡导的"后茶馆"教学模式，在赴上海静安区学习观摩了"后茶馆"课堂的结构后，要上一节汇报课。对于这节汇报课的设计，我按"后茶馆"教学模式做到尽善尽美：专家反复论证，同人多次打磨，实验器材不断调试，试讲不停观察，总之，想把预设变成生成。但这次汇报课的现场施教情况是很不如意的。当时，我也做了简单的反思：学生不行，大场面见少了，现场配合得不好。

这样的反思对吗？值得我们深刻探讨。人类基因的差异性会决定人的差异性，这一点毋庸置疑。我们要探讨的话题是，我们的课堂究竟要给学生什么？2014年3月30日，中华人民共和国教育部发布的《关于全面深化课程改革　落实立德树人根本任务的意见》中提出："将组织研究提出各学段学生发展核心素养体系，明确学生应具备适应终身发展和社会发展需要的必备品格和关键能力，突出强调个人修养、社会关爱、家国情怀，更加注重自主发展、合作参与创新实践。"这标志着我国新一轮教育改革正式开始，要发生课堂革命。如果比较新课程标准和发展核心素养，就可以发现我国对于人才要求的改变：核心素养把知识与技能、过程与方法提炼为能力，把情感态度与价值观提炼为品格，能力和品格的形成即是三维目标的有机统一。这么看来，我们的课堂要给学生的并不是一堂课和一次考试，而是要延伸到课堂之外，要让每一个学生有终身学习的习惯和方法，形成社会主义接班人的能力和品格。这无疑对广大教师提出了更高的要求。

我所认识的第三次"课堂革命"，是对未来教育的美好憧憬和展望。乔布斯和盖茨在一次对话中，直接表明了这样一个态度：信息时代对教育的影响是微乎其微的。如果说互联网改变了我们的生活，那么对于教育的改变还没有真正开始。如果非要说信息时代已经渗入教育，以所谓的"平板进课堂"为例，平板应用于课堂之中，其最大的价值首推即时反馈，除此之外，都可替代。那么，我们就可以提出一个尖锐的问题，用这么大的代价，仅仅实现这个价值，性价比究竟如何计算？按我思考的未来课堂的发展形态，大致有两个方向：第一个方向是在现有教学状态下的改良，这个方向首推复旦大学张学新教授提出的"对分课堂"。"对分课堂"提出的口号是：素养与成绩齐飞。主要教学环节是讲授、独学、讨论和对话，特点是流程清晰、简明易用、成本低廉、适用面广。仅仅看这些环节和特点，好像没什么特别之处，但似乎网上对"对分课堂"评价颇高，知乎上做出了"对分课堂对于促进学生学习、改善课堂氛围、提升学习效果有效"的结论。究其原因，我觉得"对分课堂"切中了三个要点：①师生分权，把学生学习的权利还给了学生，学生"学会了"，而不是教师"教会了"。这是用实操来改变教师的课堂教学理念。②有较为固定的课堂教学模式，可复制性强。③在课堂中，留给了与慕课、翻转课堂交互的空间，与信息时代接轨。这些应该是"对分课堂"具有生命力的原因。

未来课堂的第二个发展方向应该是互联网技术的接入，也可以说是纯技术流方向的发展。这个方向应该包括以下内容：①经过筛选的海量的教育资源。例如，课堂教学视频、试题、教案。②科学，人机交互简便的教学平台，便于课堂教学效率的提高。③直接的教学质量评价、监控软件，即时提出教学整改意见及方案。④诸如VR、在线课堂等新技术的合理应用。需要说明的是，上述内容的建设现阶段发展得并不理想，正如亚当·斯密在《国富论》中所说的，资本永远是逐利的，而教育的智慧化建设投入周期长，持续性强，就导致了现在资本投入既不充分，也没有有效的规模整合的现状。所以，教育的信息化急切地需要有担当和实力的互联网大公司介入开发，改变现在每所学校单打独斗的状态。另外，未来课堂技术流的发展方向很不确定，套用法国学者雅克·阿塔利在《未来简史》中的一句话，我们想要未来课堂变成什么样子都不知道，就更加不知道未来课堂的发展方向了。

教育变革的力量最终来自教师个人

罗锐锋

　　暑假，再次重读了一本好书，那就是《从原点出发》。缘何称其是好书呢？那就不得不先说说我国目前的教育教学研究现状。现实就是关于教育教学的研究大都要么大而空，脱离教育教学实际不实用；要么搞形式主义，搞个调查，开个题，写个报告，对一线教师没有多少实用价值，同时在这种背景下进行的研究又给他们造成很重的负担，所以广大的一线教师对这种所谓的研究很不屑。

　　而教育教学的真正执行者是一线教师，因此这种研究是徒有其表，事倍功半，甚至是劳民伤财的，这恰恰是我国教育教学研究最大的弊端。但《从原点出发》的教师团体给我们带来了巨大的惊喜，他们真正立足于教育教学的实际问题展开管理研究、课堂研究、团体研究、学生研究和策略研究，让教育回归平实、让课堂回归平实，从而能够帮助教师切实地解决实际问题，实现教师们的共同进步。

　　《从原点出发》讲述的是北京市海淀区中关村四小这个教师团体联合国内外教育专家致力于"教师学习与发展共同体"项目研究的故事。这个项目的目的是探索在中国特有的文化背景和新课改背景下，如何建立有效的以教师为主体的学习共同体，并通过共同体的建设更好地支持教师实现在新课改中的专业发展。而在这个过程中，他们的成功经验给我留下了深刻的印象，主要有以下几点。

　　首先，他们具有务实的教育科研理念。倡导教师立足教学实践和现实问题，通过教学研究寻找教学策略，积累朴实的教育故事。倡导教师立足自己的课堂和学校，关注学生的学习，关注学生的差异，而不是外在的东西。这种重实效、不拘泥于形式的教育科研理念正是他们成功的关键。

其次，采用切实有效的教育科研形式。让教师注重研究的实效，引导教师说出他们的日常教育教学感悟，记录下他们身边真实而具体的教育事件，而不是为研究的形式而研究，写出程式化且空洞的研究报告。从而消除了教师对研究高不可攀的畏惧，发现研究就在自己身边，并可以帮助自己切实地解决教学中的实际问题，因而教师从对研究的抗拒变成喜欢研究并自觉开展研究，这又是他们成功的一个关键。

最后，管理层有科学与人文并举的管理理念。在校长的人文关怀领导下，营造起开放、包容和支持性的组织文化环境，形成了独立、合作、分享、共享、平等和开放的教师研究文化。管理层坚信"每个人都是重要的"，鼓励共同体的多样性，相信"每个人都能发挥作用"，积极推动教师的实践研究，相信"每个人都能带来变化"，着力培养教师的专业气质。管理层认识到教师的发展是有差异的，每个人都是重要的，不仅包括成绩突出的教师，更包括能力水平一般的教师，而管理者应利用这些差异并将其作为教育的资源，引领教师朝共同的目标努力。管理层知道研究需要宽松的环境，过分强调检查、评比等外在的手段，很容易让教师反感；还知道研究需要现实的话题，过分强调系统和理论反而让教师感觉研究遥远，所以不搞"推门课"而推行"邀请课""研究课"和"成果课"；淡化检查，因为"检查可分出等级，但难检查出创造力"；评课"坦诚沟通，直说真话"，而不是流于形式和表面，不痛不痒，费时无获。因而把管理行为由规范、约束、检查、评比转向激励、引导、支持，唤醒教师个人成长的愿望，消除教师间的反合作倾向。管理层还把教学策略研究具体化，那就是研究解决教学实际问题的方法。这样实用性强，往往能帮助解决困扰教师的"具体难题"，还有助于增强教师的研究意识，提高教师的研究能力。总而言之，上面的人都不把自己当成专家，简单地告诉教师应该这样或那样做，而是努力成为教师研究的伙伴，因为"教育变革的力量最终来自教师个人"。这就是他们的教育科研持续健康发展的动力之源。

"教育变革的力量最终来自教师个人"，教师的积极性和责任心靠的是激发、关怀、引导和提升，但现实总是通过指令性语言分派教师做事，而教师不理解导致不尽如人意。教师迫切需要的是能帮助他们解决教育教学实际问题的研究，但现实是我国教育部门的上层领导老是在搞大而空、脱离教育教学实际的研究，不仅劳民伤财，还增加教师的负担而得无所用。

中小学教育科研的研究问题应该源于教师的教学实践，来自教师日常工作中遇到的困难，来自教师在执行新的教育理念时遇到的问题，还来自教师持续反思自己的教育实践时受到的启发。教育是需要教师用心和时间去完成的事业，凭的是教师的责任感，不是靠高压可以做到的，但现实总是我国教育部门的上层领导搞各种检查、评比和活动等形式主义，占用了教师许多本该用于教育教学实践的宝贵时间，这势必影响教育教学的效果，而导致事与愿违。是时候清醒了，教育教学管理应该是为每一位教师的成长搭建舞台，创造机会；应该是为教师提供服务，提供舒心的环境，提供人文关怀的开放、包容和支持的组织文化环境，让教师能无后顾之忧地醉心于教育教学的事业，大胆尝试，大胆创新，鼓励教师从教育教学小事做起，研究日常教育教学中的各种实际问题，并开发出解决这些问题的实际可操作的策略，有效地促进教育教学的研究；应该是让教师仿佛感觉不到你的存在，但又时刻能得到你的照应。

让教育回归原点，让课堂回归平实。

如能如是，则是广大教师之幸，学生之幸，更是我国教育事业之幸。

疑则辩，辩则通

梁海莲

现在我们的课堂学习方法已经是围绕着以学生为主体而设计，学生有了更多自主学习的机会，但我们教师要想培养一个个真正有学问、有真知的人，就要在最重要的课堂上给予孩子们"辩"的机会。我们要让孩子们在各种质疑、冲突、争论、协调过程中成长。

题目：康全药店搞活动，口服液买一盒送一瓶（一盒是8瓶装），1盒72元，平均一瓶多少钱？

班里绝大部分学生的列式都是72÷8=9（元），包括平时数学较好的学生都认为是9元一瓶。我再问：还有别的想法吗？

一个坐在后面的胖胖的男生高举着手，他说："我认为是72÷9=8（元），因为它送的一瓶也包括在72元钱里面。"他的话音刚落，下面的同学就争论起来了，"那一瓶是送的，不用钱的"，"你说错了，那一瓶是送的，不包括"，甚至坐在最前面的同学都忍不住回过头"投诉"胖男生，气氛很激烈。胖男生涨红着脸辩解："你不买那一盒它会送给你吗？"果然是人多势众，他们都忘了我这个老师的存在了，胖男生很尴尬，没人帮他辩解。

我又轻声问了一句："现在，你认为还是72÷9吗？"全班一下安静了，他们都"期待"着他的回答，胖男生点点头："我觉得还是72÷9。"但声音变小了。

同学们等不到想要的答案，都看着我。"首先，我很佩服邹同学的坚持，有自己的想法，而且在分析过后认为自己的想法有依据有道理时，能坚持，不轻易被别人所左右，而且在这么多同学都不同意的情况下还能坚持。"停顿一下，我接着说，"这道题，确实是72÷9。"下面一阵骚动，很多人都看向胖男生，他眼睛红了，呼吸急促了，眼泪瞬间出来了，同学们看到后都安静下来了。

"买一盒送一瓶，是商家的生意技巧，就如邹同学说的，不买那一盒，肯定不会送那一瓶给你，说明那一瓶的钱已经包括在72元里面了。用72元最终得到9瓶，所以72÷9才是一瓶的价钱。"我跟孩子们解释了一遍。

生生间的互动引发了一场小小的个人与群体的"争论"，但它引发了更多学生的新发现和感悟，从而让学生体会到了"疑则辩，辩则通"的道理。过程中或许会出现委屈，但这不正是成长需要的吗？相信这一次因为自己的思考引起的争论，是同学们的一个大收获。

辩通，是指富于辩才而又学问淹博的人。意指善于辨析、善于辩疑的人，才可能慢慢变成一个学问满贯的人。我们教师要想培养一个个真正有学问、有真知的人，就要在最重要的课堂上给予孩子们"辩"的机会。

由于平时的课堂上我们给予学生们更多的自由和权利，努力营造一种宽松、民主的教学氛围，所以课堂中时不时地出现争论辨析的场面，教师每次要尽量鼓励学生说出自己所思、所惑、所想；只要你觉得有理，就可以大胆地说出来。我们都知道，当学生能为自己认为正确的事情据理力争，说明他能弄清是非曲直，有助于他养成实事求是、坚持真理、以理服人的好品质。课堂中产生争辩，学生在争辩的过程中可以学到争论、辩论的逻辑技巧，这对他日后思维的发展是有利的。

古人言："前人之学可作后人之鉴，有疑则辩，辩疑则通，真知总是越辩越明。"质疑，是开启学生创新大门的钥匙。争辩，是学生自我意识的觉醒。课堂学习绝不仅仅是知识的传授或学习的方法，我们要让孩子们在各种质疑、冲突、争论、协调的过程中学会"生存技能"，因为他们也正在尝试走自己的路，学会社会能力。

课室里涌动的诗情

庄泳程

　　初冬乍寒，又要和学生一起学习古诗了。喜欢诗词的我，一直认为诗歌尤其是唐宋诗词是文学上的一朵莲花，神圣而高洁。每次邂逅古诗，内心总会莫名地兴奋。

　　此次教材安排的《古诗三首》分别是王昌龄的《出塞》、王翰的《凉州词》、李清照的《夏日绝句》。"秦时明月汉时关，万里长征人未还""醉卧沙场君莫笑，古来征战几人回""生当作人杰，死亦为鬼雄"等诗句吟唱千年，震古烁今。

　　按照自己备课的习惯，课前除了细读文本外，还要阅读大量资料，诗词中浓缩的文字，在细读中总能发现一股巨大的张力，这股张力体现在时空，彰显于情感，隐藏于字里行间。由此，备课或者说解读的过程就是借由诗歌的字眼去寻找这种张力的过程。这种张力往往决定了课堂的张力。

　　阅读的着力点放在王昌龄的《出塞》上。李清照较为熟悉，王翰的《凉州词》打算作为对比阅读材料。作为七绝"圣手"的王昌龄写下的"七绝压轴之作"——《出塞》，正是需要开足火力重点突破的作品。

　　首先阅读的是《中国古代文学史》的"唐诗"部分，这是大学自学考试教材，可作为文本解读源头资料，把边塞诗的流派特征、时空线索梳理清楚；再细读简书《百合的〈出塞〉》，该文洋洋洒洒近万字，把王昌龄这篇"七绝压轴之作"的写作背景、名人评价、风骨气韵解读得细腻生动，配上诸多精美的插图，可谓丰富的教学资源；紧接着又读了明月当归的简书《左手热血，右手柔情，一生唐吹》，文章用生动诙谐的笔调，详细介绍了王昌龄的一生。在此基础上，泛读了一些名家的相关教学实录。以上资料，让我拥有了《出塞》教学较为充裕的资料。

　　读着读着，三首古诗的内在关联也逐渐清晰了。"万里长征人未还""古来征战几人回""不肯过江东"，创作心境看似不同，但指向的不都是关于"坚守与回归"的主题吗？长征之人"未还"，沙场征战"未回"都是守家卫国的责任与担当，李清照的"不肯过江东"更是精神世界的责任与担当！而这正是本单元的人文主题——天下兴亡，匹夫有责！

　　这个发现，让我一下子找到了教学的抓手。于是，我带着迫不及待与学生分享的心情走进课室。

　　课堂从读开始。诗歌诗歌，诗就是歌，千回百转，朗朗上口，平长仄短，韵味悠长。在读中初探韵味，初感意境，初步建构朦胧的意象。三遍读下来，学生总会有发现。

　　"读着读着，你有没有发现这三首诗有何相通之处？"我把三首诗放在一起。

　　"这三首诗都和战争有关。"小何同学说。这个再明显不过了。

　　"三首诗都是豪放派。"小高同学说。不错啊！还知道豪放派，真不赖。他大概从诗中读出了一股豪情。

　　"宋词有豪放派和婉约派，诗歌也有豪放风格和婉约风格。这三首诗都写战争，都很有气势，都是豪放派。"他进一步解释。我肯定了他的说法。

　　"我仅仅发现了前两首诗的相通之处，都很有意境。写到了月亮、美酒、夜光杯。"班长小王同学说。看来她思维的触角更加细腻。

　　"同学们有没有发现这三首诗有些字眼看似不同，却在表达相近的意思？"我把问题问得更细一点。

　　"哦，我发现了。第一首诗的'人未还'和'几人回'都表示回来的人很少。李清照的'不肯过'也表示了不能回、不愿回的意思。"学生很聪明，一点就透。

　　"是啊，'人未还''几人回''不肯过'都与回来有关，回与不回，这与坚守有关。回归与坚守，背后体现的是一种担当，那就是'天下兴亡，匹夫有责'！"我一边板书，一边引出教学主题。

　　开课还算顺利，学生学习的情绪逐渐上来，思路也逐渐打开。课堂进入第一首诗《出塞》的教学。

　　首先是解题，了解"塞"的意思和具体的位置。我顺势引入了王维的《阳关曲》和王之涣的《凉州词》，借由诗中出现的阳关和玉门关、渭城和凉州，通过简单的示意图初步勾勒学生的空间认知：长安即渭城，往西近两千里是凉州，也即现在的武威市，凉州再往西到达敦煌，敦煌市内北有玉门关，南有山海关，这些地方就是边塞所在，出了玉门关和阳关，就是塞外了。

空间的认知有了，时间的脉络也需要梳理，通过一段文字稍做介绍：塞外主要是游牧民族，古称匈奴和突厥等，每到春秋时节，汉人农业收割之时，他们就闯入汉人地区抢夺食物和钱财。为了防止他们入侵，早在秦朝时期，秦始皇就下令修建长城。汉朝时期，汉武帝派出精兵强将远征，甚至还在边界地区修建了边关，最为著名的就是阳关和玉门关，远征的战士就在边关长长久久地留了下来。边关未宁，战士不归！

紧接着是整体感知，结合注释初步猜测诗歌大意，猜读的过程很有趣，借由字眼和想象大胆展开，人与诗歌的时空距离逐渐拉近，再拉近。

我顺势切入教学的重点："为什么'万里长征人未还'？你能在诗中找到答案吗？"

"'人未还'是因为'不教胡马度阴山'啊！等到哪一天外族骑兵不再侵犯了，再也不敢来了，战士们就可以归来了。"

"'人未还'是因为'秦时明月汉时关'吧。只要边关还在，战士们就要驻守，守土有责嘛！只要明月还在，战士总要思乡啊！"

"'人未还'是因为'但使龙城飞将在'吧。飞将不在，没有英勇善战的将领，战士们回家就遥遥无期了。"

这个切入点不可谓不轻盈，似有四两拨千斤之力，一下子把整首诗提起来了。但学生的思维还可以向纵深推进。

"假如你是战士中的一员，此刻长安城内安乐祥和，歌舞升平，而边塞戈壁荒漠，黄沙漫天，你为何还要驻守于此？""假如你是诗人王昌龄，你为何要说'但使龙城飞将在'？你想告诉我们什么？""此刻，作为当代的学生，当你读到这首诗的时候，你又想说什么？"

一个一个的问题，让学生的角色不断换位，思维不断转化。

"犯我中华者，虽远必诛。""热血男儿，当以家国为重，守土卫疆，责无旁贷。""虽有精兵，但无良将，可见统治者的无能。""我们的生活如此安好，是因为有人为我们负重前行啊！"

孩子们的语言虽然简洁，但字句铿锵，豪情涌动！他们触摸到了诗歌的灵魂，感受到了作者的心跳。此时让孩子们用同样的思路自行品读《凉州词》和《夏日绝句》，基本水到渠成。

于是，我和孩子们一起对诗歌的主题进行总结："一个关于坚守与归来的主题，唐朝的大男儿王昌龄掷地有声地说：'万里长征人未还……不教胡马度阴山'；王翰豪情满怀地说：'醉卧沙场君莫笑，古来征战几人回。'宋朝的李清照以羸弱的女性之躯，用'至今思项羽，不肯过江东'的诗句，表示宁死不屈的决心。这就是一种大义，这种大义用孟子的话来说，叫作'舍生取义'；用曹植的话来说，叫作'捐躯赴国难，视死忽如归'；用顾炎武的话来说，就叫作'天下兴亡，匹夫有责'。"

最后，孩子们用自己细腻的思维触角、真挚的言语方式，对诗歌进行了个性化的诠释：

还是那秦时光滑如珠的明月，高悬夜空；还是那汉时坚固冰冷的城关，伫立边关。守卫边疆的战士们，遥望着美丽的月亮，度过了一个又一个不眠的夜晚。王昌龄注视着这一切，暗自感叹："如果，龙城飞将李广还在，哪里容得胡马度过阴山，哪里容得外族骑兵侵扰中原。战士们也就不用这么苦了，也就可以早日回乡了。"说完，他遥望明月，又低头沉思，慢慢地走开了。

秦时明月皎洁如故，汉时边关屹立依旧。这明月，千百年来照着戈壁边关。明月柔和，却孤清冰冷，透着一股杀气。明月下，城墙边，战士们顶风屹立，月光把他们的背影拉得很长很长。长安城里歌舞升平，边关月下冰冷凄清。可是，战士们不能回家啊！如果有龙城飞将在，胡马就不敢度过阴山了。王昌龄站在城墙上，吟出了堪称七绝压轴之作的《出塞》。字字透着豪情却又有隐隐的苍凉。是啊，没有什么岁月静好，只不过有人为你负重前行罢了！边疆的战士，这群最可爱的人，热血报国，守疆卫土，为你们点赞！

暗夜漫漫，孤城矗立；尸骨遍地，胡笳声声。若隐若现的帐篷里，借着外面将熄的篝火，略微可见满脸疲惫的将士，偎依而坐。有人拿来了酒。美玉做成的酒壶和晶莹剔透的夜光杯，如此精致，倒上葡萄酿成的美酒，啊，芳香扑鼻，抿一口，仿佛就忘记了伤痛和疲惫。突然，一阵急促的琵琶声传来，催促战士们又要上马杀敌了。唉，哪一天我如果醉倒躺在沙场上，你们可千万别笑话。从古至今，征战的战士又有几个能够回来。大丈夫战死沙场，死又何妨，且大喝一杯，杀敌去也！

南渡南渡，路漫漫，风萧萧。伤病缠身，心在滴血。亡国之恨啊何时解。可是，我不会屈服。直到今天还在思忆着项羽，宁肯自杀也不肯过江东。宁死不屈啊！我虽然是个女人，可也有一身浩然正气，有一副铮铮铁骨。活着，要做人中的豪杰；死了，也要做鬼中的英雄！

......

孩子们的笔触，穿过历史的硝烟，越过时间的城墙，抵达戈壁大漠，牵着诗人的手，感受着诗人的心跳。此刻，沙沙的笔画声里，一股诗情在课室里悄悄涌动。

有人说，真正的课堂好比一场厮杀，学生在心底渴望你"劈开"他们的脑袋，迸发出"意料之外"的精彩。是的，教育就是唤醒，就是期待。语文课堂，就是要让孩子们在语言文字的世界里"出生入死"，就是要思接千载，神游八方。这样才能有思想的碰撞，美感的笼罩，情感的交融！

一平方米，好大啊

——生本课堂实践性作业的教学随感

陈首红

　　又是一个周五的到来，周末了，可以布置一些让学生操作的实践性作业了，这周学习了面积的知识，听前辈们说，面积的换算学生容易错。思考良久，我布置了一项实践性作业：让学生在周末用报纸、硬纸皮制作出1平方厘米、1平方分米、1平方米的物品，并在下周一带来学校数学课上用。

　　周末，我都在留意家长群，担心家长在群里炸锅，说这个作业难做，毕竟第一次布置这样的作业，也不知道学生能不能做好。还好，家长群静悄悄的。周一一早就有学生跑来我办公室，拿着她的作品来找我，让我看看她的"杰作"，都还不错，我让他们在数学课上分享是如何做的。

　　数学课堂上，我看到全班同学都带了作品过来，教室里满满的都是学生的作品，很多学生高举着作品，让我看到他的成果。我让学生安静下来，先小组分享自己做1平方厘米、1平方分米、1平方米的过程，再小组推荐两人上讲台跟全班同学分享制作的过程。我看到每个组的成员都兴奋地向组员介绍自己制作的过程，都说得非常开心。随后，小组上台分享，第一小组的陈同学汇报：1平方厘米我是用硬纸做的，剪边长是1厘米的正方形，这个正方形的面积就是1平方厘米，大约跟手指甲那么大；1平方分米，也是用硬纸做的，剪边长为1分米的正方形，所形成的图形面积就是1平方分米，大约是大人的手掌那么大；1平方米，我是用牛皮做的，我家是开皮革厂的，我家有很多这种软皮，我让妈妈从厂里带回来的。我问："那你知道1平方米有多大吗？"她说："1平方米就是边长为1米的正方形面积。"虽然不是她亲手做的，但她确实感知了1平方米有多大，1平方米的制作确实不那么容易，关键是在生活中没有那么完整的物品可以容易地做出来。我看到很多学生是用报纸拼出来的，折叠得很好，收展也容易。

　　到第八组汇报的时候，我注意到罗同学拿了一个用报纸与纸皮拼接的1平方米，用胶纸粘连，由于报纸和纸皮的属性相差比较大，粘得不牢固，只见他上台的时候还是先蹲在地上用手拍拍，粘住后才来展示的。我问他："你的1平方米为什么会这样？"他回答："老师，我没想到1平方米会是这么大，我用一张报纸不够做，家里又没有报纸了，我就用了苹果箱的纸皮来做。我先将苹果纸箱展开，然后看长和宽各是多少厘米，再用报纸粘贴上去，让长宽都是1米，这样，我制作的作品才是1平方米。1平方米，好大啊。"我内心一喜，这个体验对学生来说，真的是太重要了，在他以后的人生中知道1平方米有多大，而不仅仅是课本上的定义。从学生的汇报中，我知道了学生们都亲自参与制作了1平方米，深刻理解了1平方米有多大。学生的动手能力、解决问题的能力都得到了锻炼，学生参与了这个实践作业，满满的收获感，他们有很多想说的，有成功的感觉。生本课堂是探究与交流的课堂，生本教育要求学习具有开放性，这种开放性不仅包括课堂上的开放，而且包括课外的开放。生本教育强调让学生自己主动地进行学习，低入口、大感受、深探究。让每个学生都有话说，让每个学生都有收获。

　　最后，我问："那你们知道，1平方米等于多少平方分米？能不能用你们的1平方分米去量一量？"不等我说完，有学生就回答："老师，1平方米那么大，它等于100平方分米，不是等于10平方分米。"我说："对的，孩子们，你们通过自己的实践体会到了1平方分米与1平方米的区别，那做单位换算的时候，你们要记得1平方米=100平方分米，1平方分米=100平方厘米。平方厘米、平方分米、平方米之间的进制是100，不是10，与长度单位的进制要分清。"我相信，通过这样的感知，学生对面积单位的换算也就清晰了。

　　加德纳的多元智能理论告诉我们，智能是指在特定的文化背景下或社会中，解决问题或创造具有某种产品的能力，不仅仅是语言和做数学题的能力。实践性作业，让学生的多个感官得到了锻炼；生本教学模式，让学生的多种能力得到了提高，让学生在学习中收获更多的知识与自信。

在平实课堂中悟生本教育

韩琼丽

认真拜读了郭思乐教授的《教育走向生本》。掩卷而思，头脑居然一片混乱，因为每一章、每一节都蕴含着丰富的教育理论、深邃的教育智慧和经典的教育案例。由于自身知识和学科的局限，我的脑海中出现了大量的碰撞：生本与师本，连动式与激发式，现代生本与人本主义，先会后学与先教后做，小立课程大做功夫与大立课程小做功夫……

这些互相冲突的理论派别与实践操作是如何碰撞，又相辅相成的？在郭教授的经典列举中，在一次次的教学实践中，尤其是在学校平实课堂的学科探究研讨中，我逐渐发现了其中的内涵。

一、语文识字与课程整合

该书上篇第四章提到了"人生识字糊涂始"。我对这句话有点费解，于是借助百度稍做了解：北宋苏轼在《石苍舒醉墨堂》一诗中说过："人生识字忧患始"，意思是人的一生忧愁苦难是从识字开始的，因为一个人识字以后，从书中增长了见识，对周围事物就不会无动于衷了。鲁迅先生在20世纪30年代发表过一篇名为《人生识字糊涂始》的文章，该文论述了识字和读书的关系，建议青年少看那些经文、文言之类的古籍，认为读似懂非懂的古书是糊涂的来源。两位圣贤的高论都有其特定的时代背景，而郭教授今天再提这句话，又有其特别的深意。一识字就"犯糊涂"，是因为汉语的一个字往往有十分丰富的含义，能不断地被构成词、句、篇，从而产生新的意义变化甚至扩张。汉字和语文是以简驭繁的关系，用最简单的材料表现最丰富的对象。世界上很多语言的文字是字母，但是它们没有独立的意义，而且字母组成的词不能自由组成新词，而我们可以利用汉字表现词语，形成文章，构筑文化。这是汉字的优越性！所以，我们要在语文教学中打好汉字基础，教儿童认好字，写好字；然后鼓励学生大量阅读，进行阅读感悟；最后鼓励学生进行自主写作实践，而不要去教过多的写作经验。如果采用传统读写课，学生读范文，再逐段仿写，学生自主写作的兴趣得不到激发，儿童创新的潜能得不到充分挖掘。另外，结合郭教授做过的讲座，我们知道生本教育在语文学科中最不提倡文本片段的过度分析，而是让学生整体感悟。知识只有成为整体状态的时候，才会对儿童的个体产生意义，他们才能投入真正意义上的学习。学生自发地读，自发地写，整体输入，整体输出，最后写出自己喜欢写的、印象最深的话语。至于我们以前操之过急地给学生总结作文的规律，这个时候自然一点就通了。基于以上逻辑，课程设置应该把整体和意义还给学生，我们对语文教学从识字到读写的学科内课程整合是十分必要且事半功倍的。

二、数学游戏与"变异"新教育生态

很多见识过生本教育实验的老师都对课堂赞不绝口。新会实验小学一年级的生本教育实验班在进行20以内的加法学习时，学生却在玩一种"凑二十一点"的游戏。为了让游戏能玩下去，学生需要熟悉规则，需要会数数、读数、写数，需要分成一定的小组。游戏一开始，学生就体验到了其中的趣味，产生了要玩游戏的内部动力。同时，他们又有充分的自由去选择如何做、如何想。游戏规则、竞争和计算的压力与他们想玩的内部动力是一致的，所以没有任何学生抵制。而且，期末检查数据显示，他们的速算成绩比做了大量练习的普通班好很多。此时，我又想到了2018年上学期万圆梦老师在艺体中心上的一节数学生本课，老师让学生分组讨论任意三角形的内角和是不是180度。学生有直接测量三个内角求和的，有把三个角剪下来拼成平角的，有用细绳随意摆出三角形计算的……作为门外汉的我大开眼界。这些探索又何尝不是一种游戏呢？在游戏的学习状态中，学生摆脱了说教和盲目评价造成的逆向压力，学生在情感生成和智慧发展方面都发生着迅速而巨大的变化，这是一种情感和认知相统一的生态。生本教育的课堂，正是利用把社会规范要求与学生天性统一起来的"游戏"，对课堂进行根本改造，使学生的生命活动与社会需求统一，从而产生共振式的学习和教育生态。郭教授用外部环境发生变化导致物种发生变化作类比，如在高真空的航天仓内番茄的大丰收，所以他使用了"变异"这个词来形容处于新的教育生态下的学生变化。

三、英语表达与"新错误观"评价

生本教育能够胜任教育领域的改革者与开创者，自身一定是一个无懈可击的完整系统，我们自然不可避免地要考虑生本教育是如何评价和管理学生的。作为英语老师，我想以英语表达为例展示生本评价的冰山一角。前面两个方面的说明让我们再次认识到儿童更容易获得整体性的、有意义的知识，需要在自己的探索下获得。探索是一个多次尝试、克服错误的过程，所以儿童的认识并非一开始就完美无误。刚上讲台的我，特别排斥学生"屡纠不改"的惯性发音和固化表达，所以几乎是逢错必纠，以为自己的强化可以短期奏效，但结果导致自己和学生都失去了信心，我必须悬崖勒马，及时反省！处于青春期的初中孩子，他们本来就敏感多虑，只要他们大胆实践，即使有一些不规范的表达，我们也要给予宽容和耐心。语言是在与外界交际的过程中发展的。如果在课堂模拟的英语情境中，学生感到自己的表达没有得到组员或者老师应有的回应，就会反躬自问哪里出了问题，从而得到真切的提高。如果我们要求学生英语表达必须完美，他们会在做不到时产生负罪感和挫败感，导致放弃本来能做好的事。郭教授说："值得做的事，做得差一点也没关系！"除了接纳学生的错误以外，我们还要善于发现他们错误中包含的正确和灵气。比如，一次让初三的孩子写英语作文A special gift（一份特殊的礼物）。很多孩子写到了溜冰鞋、手表、书本等一些具体的物品，可是有一个男孩写的是kiss，一个吻，而且是一个女人留在他脸上的香吻。看到这里，我差点就要阻止他了，我会以"内容健康积极"这条评分标准说服他："我是为你好！"不过好奇的八卦心理战胜了我的理智，哪个女子走进了他的心？……谜团最后解开了，妈妈曾经每天放学后给他一个爱的亲吻，现在取而代之的是一顿乱揍……这是多么强烈的反差，多么无奈的人生，却又是多么出人意料的好文！所以，我们要具备生本教育格局下的"错误观"，让自己变得更加宽容和弹性，学生就不会产生挫败感，错误逐渐减少，学校将变成没有失败的学校。

以上就是我今天跟大家分享的关于生本教育的三方面内容。希望我的分享能抛砖引玉，给大家一点点启发。最后用郭教授的一句话与大家共勉："我们要创造适合儿童的教育，而不是选择适合教育的儿童。"